© Verlag KOMPLETT-MEDIA GmbH
2012, München / Grünwald
www.der-wissens-verlag.de

Lektorat: Liane Vedder, http://korrigierenundlektorieren.npage.de
Design Cover: Heike Collip, Pfronten
Satz: Schulz Bild & Text, Mainz
Autorenfoto: Ute Makler
Druck: fgb. freiburger graphische betriebe, www.fgb.de
Printed in Germany

Dieses Werk sowie alle darin enthaltenen einzelnen Beiträge und Abbildungen sind urheberrechtlich geschützt. Jede Verwertung, die nicht ausdrücklich vom Urheberrechtsgesetz zugelassen ist, bedarf der vorherigen schriftlichen Zustimmung des Verlages. Das gilt insbesondere für Vervielfältigungen, Bearbeitungen, Übersetzungen, Mikroverfilmungen und die Einspeicherung und Verarbeitung in elektronischen Systemen sowie für das Recht der öffentlichen Zugänglichmachung.

Thomas Fügner

Die wahre Kraft des Mannes

Thomas Fügner

Von dort komme ich:
„*Yes you, who must leave everything*
that you cannot control.
It begins with your family
But soon it comes round to your soul.
Well, I've been, where you're hanging
I think I can see how you're pinned.
When you're not feeling holy
Your loneliness says that you've sinned ... "

Leonard Cohen: Sisters of Mercy

Und das treibt mich an:
"*All that is necessary for evil to triumph,*
is for good men do nothing".   Sir Edmund Burke

Für Wolfgang L.,
Lehrer, Mentor und Freund
"Danke!"

Danke! sage ich auch zu meinem Vater, dem ich zum Teil dieses Leben verdanke, auch diese Suche nach dem "besseren" Mann, und der mir den unbedingten Willen zur Freiheit beigebracht hat.
Danke sage ich auch zu meinen Freunden und Lehrern, die mich gelehrt haben, auf der Suche zu bleiben. Und zuletzt zu den Frauen, die mich in und durch meine Suche immer wieder ermuntert, getragen – oder gezwungen haben.
Und ich bedanke mich bei Eckhard Kuhla und den Männern und Frauen von agens eV, die mir Mut gemacht haben und mein Vertrauen gestärkt haben, zu sagen: JA! Es gibt ein gutes MANN und Frau MITEINANDER.

Inhalt

Vorwort: „Wann ist ein Mann ein Mann?"	7
I. Ein Mann wie ein Baum – wie ein Buch	15
Mann! Auf den Punkt gebracht	15
„Tod" – Übungen zur Schärfung des männlichen Bewusstseins	37
II. Wurzeln	38
Auf dem Weg zum „Guten Mann"	38
Übungen auf dem Weg zur männlichen Kraft: Pflege deine Wurzeln	44
Würde, Demut, Anerkennung (1)	72
III. Der Baumstamm zeigt Stärken: Präsenz und Integrität	75
Ideale finden – im Außen	75
Die Suche nach dem „Guten Mann" – im Inneren	86
Das Emotionale Selbst	93
Würde, Demut, Mut (2)	100
Gefühle entdecken, zeigen, einsetzen	102
Männerarbeit – Schattenarbeit	109
Den Drachen zähmen	114
Tipps zur Schattenarbeit	121
Präsenz I – „Ich bin da!"	122
Präsenz II – Der feste Auftritt: kraftvoll ankommen	125
Präsenz III – Männer können nicht zuhören?	128
IV. Die Baum-Krone: Starke Äste, weiche Zweige	132
1. Männlichkeit, Macht und Kraft	132
V. Blüten am Baum	134
1. Potenziale, Ziele, Prioritäten	134
Praktische Analyse	149

2. Macht als schöpferische Kraft und verantwortliche Führung	151
a. Männliche Schöpfungskraft	151
b. Macht und Verantwortung	167
c. Führungsmacht und Manipulation	176
d. Der Gegenpol: Maximale Verantwortung	180
3. Mut zur Veränderung	186
VI. Der Baum und seine Nachbarn	189
1. Abgrenzung und Hingabe – Führung in der Beziehung zur Frau	189
Exkurs 1: Was auf keinem Beipackzettel der Anti-Baby-Pille geschrieben steht	192
Exkurs 2: Wie die Frauenbewegung die Männer zerstören wollte – und es noch heute tut	196
Exkurs 3: Weswegen ich allein erziehende Mütter meide	201
2. Hingabe: „Wir müssen reden"	222
3. Freiheit und Vertrauen – Eine Frau führen	233
VII. Männliche Erziehung: Über die Führung von Kindern	236
1. Führung mit und zu männlicher Energie	241
a.) Mentale und kognitive Führung	241
b.) Emotionale Führung	244
2. Manifest: Männliche Essenz	246
Was ist ein „Guter Mann" – heute und in Zukunft?	246
Literaturhinweise, Quellen	248
Persönlichkeitsentwicklung	248
Erziehung	250
Männlichkeit	251
Gesellschaft	252

„Wann ist ein Mann ein Mann?"

- Wenn er seine Probleme erkennt, sich ihnen stellt und sie anpackt.
- Wenn er sich seiner Mitverantwortung für ihr Entstehen und ihrer Lösung stellt.
- Wenn er Probleme zu seinen Aufgaben macht, um sie allein oder im Team zu bewältigen.

„MANN, WAS WILLST DU EIGENTLICH!?" Mehr Geld, mehr Sicherheit? Mann, lass dir nichts einreden: Du BIST gut! Du bist nicht nur gut, sondern gut genug. Und du hast bisher genug getan, vielleicht sogar mehr als das. Aber – empfindest du darüber Genugtuung? Es gibt 1.000 Gründe, so zu bleiben, wie man ist – und nur einen einzigen, besser zu werden: Zufriedenheit mit sich selbst.

Viele Männer glauben, sie hätten ein Problem: Zu wenig Sex, die falschen Frauen. Falsch. Wir Männer haben nicht nur ein Problem, wir haben fünf, und die haben kaum noch was mit Sex zu tun, und das erklärte ausgerechnet eine Frau: *„Den Anlass, tatsächlich von einer Krise der Männer zu sprechen, liefern harte, objektive Fakten: die massiven Erziehungs- und Bildungsprobleme des männlichen Nachwuchses; die zunehmende, praktisch ausschließlich männliche Gewaltkriminalität; die für Männer besonders ungünstige Entwicklung auf dem Arbeitsmarkt; ihre Unfähigkeit, sich auf Familie und Vaterschaft einzulassen; schließlich der Mangel an kulturellen Vorbildern für einen zukunftsfähigen Mann neuen Typs.* „*Es gibt keine Gesellschaft mehr, die dem jungen Mann mit einem bestimmten Bild von »Erwachsenheit« oder »Bürgerlichkeit« gegenüber tritt, zu dem notwendig Ehefrau und Kinder gehören.*[1]"
Norbert Bolz bringt es auf den Punkt: „*Eine überalterte, feminisierte, wehleidige, von historischen Schuldgefühlen gesteuerte,*

---

1   Gaschke, Susanne: „Ihr Verlierer" in DIE ZEIT v.14.6.2006

der **Gleichheit und der Androgynität huldigende Gesellschaft bekämpft expansive Männlichkeit** *mit halb priesterlichem, halb irrenärztlichem Gestus. Nach der Entnazifizierung kommt jetzt die Entmachoisierung, die Verwandlung des Mannes in ein sorgendes Haustier. Letztlich geht es um die Ausrottung von Stolz und Ehrgeiz".*[2]

Das sind nicht die Ursachen, sondern die Auswüchse, die Resultate dessen, was nach der „vaterlosen Gesellschaft" in der männerfeindlichen Gesellschaft geschieht. Das Problem ist die verloren gehende Männlichkeit, die schwindende, positive männliche Identität. Wir Männer wissen nicht, was einen „Guten Mann" ausmacht. Wir wissen nicht, was Frauen meinen, wenn sie von einem „gestandenen Mannsbild" reden. Und wir haben Angst, Antworten zu finden, „Antworten, die auch bedeuten, dass man sich ein Stück weit verändern müsste, weil sich die gesellschaftlichen Bedingungen verändert haben."[3]

Weil viele vor dieser Aufgabe kapitulieren, geschweige denn, sie anpacken, flüchten Männer gerne in ihre Arbeit – als ob da das Glück zu finden sei! Selbst ein Examen ist längst keine Job-Garantie mehr: Hochqualifiziert, motiviert und flexibel starteten 60.000 Uni-Absolventen 2009 vom Examen in die Armut. Die „Generation Praktikum" traf die Wirtschaftskrise am stärksten"[4]. Beruflich sieht es düster aus, schauen wir den Tatsachen ins Auge: *„Ich verdiene einen Teil meines Einkommens damit, die Chefs großer Konzerne zu beraten. Wenn ich die frage, ob sie* **in Zukunft noch Zehntausende von Mitarbeiter haben werden, dann lachen die laut los.** *... Wir vollziehen gerade einen Wandel hin zu einem Markt, der zum allergrößten Teil ohne menschliche Arbeitskraft funktioniert. Bis 2010 werden nur noch zwölf Prozent der arbei-*

---

2   zitiert nach Klonovski, Michael: „Der Held. Ein Nachruf" in: eigentümlich frei, Heft 92/Mai 2009, S. 18-26

3   Hollstein, Walter: „Das Weibliche ist heute mehr wert als das Männliche" – Interview auf „Väteraufbruch für Kinder", Vafk.de

4   Kuhn, Philip: „Von der Uni in die Armut" in: Welt online v. 22.1.2010

*tenden Bevölkerung in Fabriken gebraucht. Bis 2020 werden es weltweit nur noch zwei Prozent sein.... Von 1982 bis 2002 stieg die amerikanische Stahlproduktion von 75 auf 102 Millionen Tonnen. Im selben Zeitraum nahm die Zahl der Stahlarbeiter von 289.000 auf 74.000 ab. In den 20 größten Volkswirtschaften der Erde sind zwischen 1995 und 2002 mehr als 30 Millionen Arbeitsplätze abgebaut worden. Wohin Sie schauen, dasselbe Bild: **Die Produktion steigt, die Produktivität steigt, aber die Arbeitsplätze nehmen ab**.*"[5]

Ist das eine Karriere: Bafög, Hartz IV, Rente? Weil das wirtschaftliche und gesellschaftliche Umfeld, das Eherecht, die Frauen, die Arbeit sich geändert haben, müssen wir uns jetzt ändern. Und zwar gründlich! Aber in welche Richtung?

Wer hat Mut, wie Oliver Kahn nach dem Scheitern der Bayern auf Schalke zu sagen: „Eier. Wir brauchen Eier!"? Es gibt Leute, die machen 30 Jahre lang die gleichen Fehler und nennen es dann auch noch Erfahrung. Und wenn ein Mann 30 Jahre im Bergbau Kohle kloppt, dann heißt das nicht, dass er gut grillen kann.

Der Mann, der heute im Berufsleben steht, im Konkurrenzdruck, ob als Selbständiger oder als Angestellter – sieht sich mit fortgesetzten Entlassungen konfrontiert. Diese vermehren zum einen die täglich anfallende Arbeit und gleichzeitig die Angst vor der eigenen Entlassung, dem persönlichen Scheitern: „Er fühlte sich nicht mehr echt: der Herr in ihm war mäßig, und der Beischlaf war schlecht." (R.M.Rilke)

Eine Beschäftigung mit seinem Selbst, dem, was ihn als Mann ausmacht, ist in Anbetracht seiner materiellen Verantwortung kaum zu schaffen. Auf der anderen Seite gibt es eine Reihe von Männern, die gerade IN einer solchen Situation morgens vor dem Rasierspiegel stehen, schon gehetzt sind und plötzlich innehalten. Sie schauen sich im Spiegel selbst tief in die Augen und fragen

---

5 Rifkin, Jeremy: „Langfristig wird die Arbeit verschwinden – Deutschland führt eine Scheindiskussion" in Stuttgarter Zeitung v. 29.4.2005

sich: „Was tue ich hier eigentlich?! Und warum? Was passiert mit meiner Familie? Werde ich den nächsten Urlaub noch bezahlen können und mit meinen Lieben gemeinsam erleben?"

Und dann gibt es solche, die aus eigenem oder fremdem Willen vom Job, von der Familie „frei- gestellt" sind, die die Zeit dazu haben, tiefer zu gehen: „Ich bin frei – aber wozu? Wer bin ich, wer will ich sein? WAS IST MEINE AUFGABE IM LEBEN? Beruflich, privat?"

Also: Flucht ins Private? Ich war nie verheiratet, noch habe ich Kinder, ich war stolz auf meine Freiheit. Ich hatte häufig mehrere Beziehungen parallel, obwohl ich nicht vermögend oder besonders attraktiv war. Ich genoss den Luxus, keine Verantwortung tragen zu müssen. Aber heute weiß ich: Im Kern zerstörte ich dabei meinen Selbstwert, denn die „richtigen", die guten Beziehungen fehlten oder blieben auf der Strecke. Heute weiß ich, daß ich Kindern viel geben kann, eigene Kinder fehlen mir sehr. Ich vermisse das Gefühl, Vater zu sein, um das Beste in mir weitergeben zu können. Was ich aber in den vielen Affären und Beziehungen gelernt habe, war, dass es eine spezifisch männliche Kraft gibt, die attraktiv, vielleicht sogar unwiderstehlich für Frauen ist – gleich, ob sie uns für eine Affäre oder eine Ehe auswählen. Und sie wählen (fast) immer aus unter denen, die den Willen haben, die Nummer EINS zu sein. Dieser Kraft widme ich dieses Buch: Wahrer männlicher Kraft.

Ich grenze ab: Der Männlichkeitswahn ist ebenso wenig das Thema, wie die „partnerschaftliche" Verbindung von Mann und Frau. Es geht um den Unterschied, der eben KEIN „kleiner" ist, wie wir uns haben weismachen lassen. Auch wenn das immer noch viele Frauen und manche Männer glauben. Der „große" Unterschied ist – Thema in diesem Buch. Anders als frauenverachtende Machos und männerverachtende Emanzen würdige und widme ich dieses Buch dem Mann, der seine eigene, positive Männlichkeit entfalten will.

Denn die „Neuen Männer, die das Land brauchte", die (er)schaffen nicht die Frauen. Keine Emanzipationsbewegung, keine Partei, keine Männerinitiative wird neue Männer erschaffen können. Echte Männlichkeit findet kaum mehr Platz, denn sie wurde oftmals schon in der Jugend verachtet oder vernichtet. Neue, gute Männer – die erschaffen wir Männer nur aus uns selbst. Für seine eigene, positive Entwicklung ist jeder alleine verantwortlich. Mit Unterstützung von Männern, aus der berechtigten Kritik der Frauen heraus – aber die wesentlichen Entscheidungen, die es dazu braucht, die trifft jeder allein.
Anders als Ratgeber wie, „Frauen leichter aufreißen" oder „Frauen verstehen für Fortgeschrittene", ist dieses Buch eine Landkarte, eine Wanderkarte auf dem Weg zu einem eigenen, neuen, kraftvollen, männlichen Selbstverständnis, Selbstbewußtsein und Selbstvertrauen. Ganz bewusst geht es also nicht um eine Anpassung an Ansprüche oder gar das Angleichen der Geschlechter. Sondern ich will Kontraste aufzeigen. Ich *will* die Unterschiede, ich *will* die sich daraus ergebende Spannung, weil sich nur aus den Unterschieden heraus anregende Gespräche, eine lebendige Beziehung und eine leidenschaftliche Sexualität entwickeln können. Ja, und mehr und besserer Sex ist eine der schönsten Früchte der Umsetzung dieses Buches im männlich geprägten Alltag, ich hab's probiert, dafür lege ich meine Hand ins Feuer.
Es ist klar, dass sich gegen dieses Buch in mancher Frau Widerstand regt, denn es geht nicht nur um Erfahrung in Beziehungs- und Erziehungsfragen; es geht um Macht. Denn „Frauenrechte sind Männerpflichten", wusste schon Karl Kraus. Aber so wenig, wie sie uns Männer gefragt haben, ob sie sich emanzipieren dürfen, werden wir uns bei der Entwicklung zum „Guten Mannsbild" von ihrer Meinung oder gar Zustimmung abhängig machen. Also ausdrücklich: Kein Frauenhass, keine Weinerlichkeit über zu kurz gekommene Männerrechte: Es geht um Maskulismus in seiner nützlichen Form: Der stolze „Wille zur Macht" (Nietzsche) aus Verantwortung: *„So wie Frauen es geschafft haben, selbst sich um*

ihre Belange zu kümmern, so müssen das Männer tun. Und sich dem Wind, der ihnen entgegenweht, entgegenstemmen. Anders erreicht man nichts."[6]

Auch dem Vorwurf, hier würden „traditionelle, rechte Rollenvorstellungen" bedient, trete ich bereits im Ansatz massiv entgegen! Denn erstens ist die hier entfaltete männliche Psyche wesentlich differenzierter, als klassische stereotypisch von männerverachtenden Frauen beschriebene männliche und leider sehr primitive Rollenbilder ihn beschreiben. Zum anderen ist für die sogenannten rechten, traditionellen Rollenvorstellungen ein individualistisches Menschenbild typisch, das es dem Menschen erlaubt, mehr als die Bezeichnung „Rolle" unterstellt, sein Leben in der Gesellschaft frei, aktiv und eigenverantwortlich zu gestalten. Eine besondere Betonung der Abhängigkeit von einer sozialen Rolle menschlicher Entwicklung weise ich zurück. Denn auf diese Weise wird von Sozialwissenschaft und Politik versucht, den freien Menschen mittels überholter soziologischer Vorstellungen zu manipulieren. „Traditionelles Rollenverständnis" ist ein Widerspruch in sich, der bereits einer Stigmatisierung gleichkommt und den ich mit derselben Vehemenz zurückweise wie etwa den Versuch, Frauen auf Sexualität zu reduzieren: „Ich bin NICHT in DER Rolle, wie du sie siehst oder in der du mich sehen möchtest!"

Nach Matthias Matusseks[7] Fazit „Es reicht!" und dem darin zum Ausdruck gebrachten berechtigten Zorn über die Folgen verfehlter Familienpolitik geht es mir um den nächsten Schritt: Es ist dies der beharrliche Wille und die verantwortungsvolle Fähigkeit, sich selbst und andere zu führen. Wer führen will, muss wissen, wo er steht und wo er hin will. Bei dieser Orientierung und Zielfindung, diesem „Bei-sich-selbst-Anfangen", um andere, sowohl in der

---

6   Rupp, Joerg: „Gender Mainstreaming – Antwort auf eine grüne Pressemitteilung" in: „Blog grün (p)Pur"
7   Matussek, Matthias: „Die vaterlose Gesellschaft – Eine Polemik gegen die Abschaffung der Familie", Frankfurt 2006

Beziehung als auch im Beruf, führen zu können, unterstützt und ermutigt dieses Buch.

Gerade weil wir alle, Frauen wie Männer, aus einer Frau geboren werden, kommt männliche Kraft nicht von den Frauen – sie kommt aus uns Männern selbst. Dieses Buch zeigt, wo diese männliche Kraft zu finden ist: in uns selbst und in der Freiheit!

Das Land, das dieses Buch, diese Wanderkarte beschreibt, heißt vereinfacht: Freiheit. Aber *„Freiheit ist ein wegloses Land"*[8] Das Buch kann also nur Landstriche beschreiben – entdecken muss dieses Land jeder für sich selbst!

Woraus besteht nun diese Kraft, was macht einen Mann zum guten, starken, besseren und erotischen Mann? Sein Ideal in der Zukunft sehen und die Verantwortung zu übernehmen, diesem sich anzunähern, trotz und gegen alles Scheitern einfach „besser" zu werden für sich als Mann, mit einer konkreten, sinnvollen Aufgabe im Leben, in der Familie für Frau und Kinder, dabei wird dieses Buch helfen.

„Bessere dich selbst – das ist alles, was du tun kannst, um die Welt zu verbessern." Ludwig Wittgenstein

Dein Job:

- Finde deinen Lebenszweck – was ist das WICHTIGSTE in deinem Leben?
- Komm zur Ruhe, übe dich in Souveränität, beobachte dich: WIE tust du, was du tust?
- Suche und finde „gute Männer" in deiner Nähe.
- Geld macht dich nicht glücklich – MEHR Geld auch nicht. Sondern …?
- Sprich mit Freunden
- Wie lange bleibst du bei Frau und Kindern?
- Was passiert nach einer Scheidung?
- Was braucht es (von DIR!), um heute, morgen und in Zukunft glücklich verheiratet zu sein? Frag deine Frau.
- Was brauchen deine Kinder von dir? Frag sie.

I. Ein Mann wie ein Baum – wie ein Buch

Ansichten von Wurzel, Stamm, Krone und Früchten

Das wichtigste Sexualorgan, ob bei Männern oder bei Frauen, ist zwischen den Ohren. Ohne dieses Organ sind wir Tiere. Von dort kommt „Die wahre Kraft des Mannes" und ohne dieses Organ wird MANN auch dieses Buch nicht verstehen, nutzen und seine Kraft nicht entfalten können.
Die anderen mögen ihre Autos zum Tuning bringen, wahre, gute Männer nutzen ihr Hirn, ihr Herz und ihren Körper, um ihre eigene, wahre Kraft zu entfalten. Schauen wir uns den Mann, Dich an.

Mann! Auf den Punkt gebracht

Ecce homo – Siehe diesen Menschen! Mit diesen Worten deutete Pontius Pilatus nach der Geißelung auf den geschundenen Jesus, den Mann auf dem Weg in den Tod. Heute wird dieser Ruf auch übersetzt mit „Erkenne dich selbst!" Schau dich an! Wir Männer waren und sind Weltmeister im Verdrängen. Jetzt ist damit Schluss! Schau dir morgens im Spiegel tief in die Augen! Wie viele Jahre hast du noch? Wer bist du? Wie stehst du da? Vom Leben gebeutelt, gegeißelt? Wie fühlst du dich – mit Striemen auf dem Rücken?
Mann, komm auf den Punkt! Was ist dir wirklich wichtig?
Wenn du morgen sterben müsstest (und das ist nie so ganz unmöglich!), was musst du dann heute noch tun?
Der Tod ist männlich, die Auseinandersetzung, die Konfrontation mit dem Tod ist für den Mann bedeutungsvoll. Warum? Der Tod, das Zerstörerische ist der natürliche Gegenpol zum schöpferisch-gebärenden Weiblichen. Es stärkt seinen Mut, es bildet ihn als Mann im Angesicht des Todes buchstäblich heraus, sein Gegenteil, das eigene absolute Ende zu verinnerlichen. Denn die Frage reduziert mich augenblicklich auf das **WIRKLICH WICHTIGE: Mich selbst. Meine Verantwortung und Fürsorge.** Wenn

ich morgen sterben müsste, brauchte ich nicht mal mehr zu essen. Nichts mehr haben zu wollen, macht alles nebensächlich bis auf das, was es jetzt noch zu tun gibt: Was habe ich noch zu *geben*?

In der Ruhe liegt die Kraft, mehr noch in der Stille. „Während Ruhezeiten, wenn man keine Aufgabe zu bewältigen hat, ist man in einem Zustand, der sich auf das Selbst hin orientiert."[9] Die innere Sammlung, dies zur-Ruhe-Kommen, diese gewählte und gewollte Leere, ist für den Mann zunehmend wichtig, weil erst an deren Ende etwas Neues entstehen kann. Und „zunehmend wichtig" meint, dass diese Konzentration eine persönliche Entwicklung ist, auf deren Weg ich mich begeben habe. Es bedeutet nicht, ab sofort zu leben wie ein Eremit, sondern über eine unbestimmte Zeit, täglich „konzentrierter" zu werden, bewusster zu leben. Wir lenken uns mit allem Möglichen von uns selbst ab, meistens mit Lärm: *„Der Mensch liebt es, Geräusche zu machen, um sich bewusst zu sein, dass er nicht allein ist. Von diesem Standpunkt aus, ist totale Stille die Negation des Menschen. Der Mensch fürchtet die Abwesenheit von Lauten, wie er Leblosigkeit fürchtet. Die endgültige Stille kommt mit dem Tod. ... Da der Mensch der Moderne den Tod mehr als in vergangenen Zeiten fürchtet, meidet er die Stille, um seine Vorstellung vom immer währenden Leben zu nähren. In der westlichen Gesellschaft ist Stille etwas Negatives, ein Vakuum, Verweigerung von Kommunikation. Daher die Geschwätzigkeit der modernen Welt"*.[10]

Es sind die Äußerlichkeiten, die uns ablenken und davon abhalten, das Wesentliche, das *für mich* wirklich Wichtige, zu erkennen. Die Konzentration hat zum Zweck, DAS zu erkennen, wofür ich gerne lebe, wofür ich gerne morgens aufstehe, was wichtiger ist als jede Beziehung. Dazu muss ich mehr und mehr, vielleicht zeitweilig, alle Annehmlichkeiten aus meinem Leben entfernen, mit denen

---

9   Thompson, Evan: in „In der Ruhe liegt die Kraft" in fr-online vom 30.7.2009
10 Schafer, Murray in: „Klang und Krach", zitiert nach Haubl, Rolf, Prof. Dr. Dr.: „Lebenskunst – die Fähigkeit, mit sich allein zu sein" in psychologie heute, 03/2009 S. 22

ich mich vom Schmerz, den mir diese Unklarheit über den Kern meines Lebens bereitet, abgelenkt habe. Um aus den Alltagszwängen, den Finanz- und Sachzwängen auszusteigen, braucht es MUT, *„einen Mut, der auf der Fähigkeit beruht, allein zu sein und auf die eigene, innere Stimme zu hören. Wer dagegen einsam ist oder Angst vor Einsamkeit und sozialer Isolation hat, wird sein Heil eher in Betriebsamkeit suchen."*[11] Leider bleiben auch und gerade die Betriebsamen unglücklich, das wusste schon Lao-Tse in seinem Tao-te king: *„Das Reich erlangen kann man nur, wenn man immer frei bleibt von Geschäftigkeit. Die Vielbeschäftigten sind nicht geschickt, das Reich zu erlangen."*

Wie in der Bergpredigt: *„Eher geht ein Kamel durch ein Nadelöhr als dass ein Reicher in das Reich Gottes kommt."* (Matthäus 19, 24.) „Das Reich erlangen" steht bei beiden eben nicht für die klassische Vorstellung von Reichtum, wie Macht und Besitz, sondern – und hier sind sich Bibel und Tao-te king einig – das Glücklich-Sein in jedem Moment. Voraussetzung dafür wiederum ist das tiefe Einverständnis damit, dass die Dinge so, wie sie sind, gut sind. Geschäftigkeit und vermeintlicher Reichtum – was ist das wert? Es ist dein letzter Tag – wie wirst du ihn verbringen?

Wie schaffe ich es, zur Ruhe zu kommen, „das Reich zu erlangen"?

Alles muss raus. Das Fernsehen (als Erstes), denn *„das Fernsehen ist ja nur die Ersatzbefriedigung dafür, dass man in Wirklichkeit nicht dazugehört. Und das Internet ist nur die Ersatzbefriedigung dafür, dass man tatsächlich keine Aufgaben und keine verlässlichen Beziehungen hat ...Übrigens ist die einzige Beziehungsform zwischen Menschen, in der beide Partner das Gefühl haben, eng verbunden zu sein und gleichzeitig frei wachsen zu dürfen, die Lie-*

---

11   Haubl, Rolf, a.a.O. S. 23

be. In einer immer liebloser werdenden Welt brauchen die Menschen immer mehr Ersatzbefriedigung."[12]

Als Mann mit wachsender, innerer Stärke lehne ich Ersatzbefriedigung durch „Gefühlssurrogate" ab, kehre ich zum Kern, zur Essenz der Kommunikation und Beziehungen zurück. Dazu gehört, dass ich digitale Kommunikation reduziere zugunsten von persönlichen Gesprächen, mich bei Chat-Portalen, Social Networks und Partnerbörsen im Internet abmelde. *„Insgesamt belegt die Allensbach-Umfrage, dass Menschen glücklicher sind, die weniger fernsehen, häufiger Freunde und Verwandte besuchen, seltener am Computer sitzen, mehr lesen, mehr wandern, häufiger reisen und essen gehen als andere."*[13]

Kommunikatives „Grundrauschen" minimieren. Planloses Herumsurfen kann man abstellen, indem man sich für die private „Netzaktivität" eine halbe Stunde pro Tag Zeit nimmt. Nach mehr als 11 Jahren im Netz weiß ich, dass kommunikative Menschen nicht mehr brauchen.

Denn die digitale Beziehungs-Inflation ist eben das Gegenteil von vertrauensvoll gewachsenen und belastbaren, echten (!) Beziehungen.[14] Sie dient weniger den (jugendlichen) Nutzern, als ein paar Marketing- Agenturen. Es ist wirklich wunderbar, wie viele Informationen das Internet mit seinen Milliarden Websites bietet, aber brauchen wir diese Informationen wirklich? Was will ich, was muss ich wirklich wissen? Was macht die Information zum nützlichen Wissen? Was macht Information bedeutsam? ICH bin der Kontext! Der Kontext, unser individueller Sinnzusammenhang, das sind doch im Kern „funktionierende Beziehungen". Wie viele Kontakte brauche ich in wie vielen Social Networks? Ganz ehrlich

---

12 Hüther, Gerald: „Ist da jemand? TV der Zukunft", Interview auf sueddeutsche.de vom 27.4.2009
13 Fahrun, Joachim: „Sinkender Wohlstand: Wie Menschen mit weniger Geld glücklich werden", Welt online v. 4.5.2010
14 Haque, Umair: „Die Social Media Blase: Nennen wir es Beziehungsinflation" auf Carta.info v. 3.5.2010

– wie viele Kontakte bringen uns auf dem Lebensweg, auf den Abschnitten wirklich voran? *„Wir beschäftigen uns so sehr mit trivialer Kommunikation, dass wir immer weniger verstehen, was es ausmacht, Mensch zu sein."*[15]
Was macht es aus, Mensch zu sein? Sind es nicht die realen Beziehungen, die Freundschaften mit Blickkontakt, Händedruck, Umarmungen, die gelachten oder geweinten Tränen im Auge des lebendig vor uns sitzenden Gegenübers?

Der Weg zur „Leere" ist ein Weg, der mit der bewussten Veränderung von alltäglichen Äußerlichkeiten und in vielfacher Form beginnen kann. Welcher für jeden der richtige ist, muss er selbst herausfinden. Fastenzeit und November sind Jahreszeiten, die sich dafür eignen. Auch Job-, Beziehungs- oder Geldverlust sind Anregungen, die ein Mann zur Schaffung von Leere aufgreifen kann. Er folgt dann dem ZEN-Prinzip: „Wenn du gezogen wirst, dann schiebe, wirst du geschoben, dann zieh!" Ich verzichte auf den gewohnten Alkohol am Abend, reduziere Arbeit auf das Notwendige. Im Extremfall: Zehn Tage zum Schweigen ins Kloster, zum Beispiel Vipassana-Meditation. Oder ich frage mich im Alltag immer wieder: Wozu will ich den Rest meines Lebens verwenden?
„Wer das Lernen übt, vermehrt täglich.
Wer den Sinn übt, vermindert täglich.
Er vermindert und vermindert,
bis er schließlich ankommt beim Nichtsmachen.
Beim Nichtsmachen bleibt nichts ungemacht."

Lao-Tse: Tao-te King Nr. 48

Lao-Tse meint mit dem Lernen-Üben das Ansammeln von Wissen, gleich welcher Art. Wissen, mit dem man das Leben besser meistern lernt sowie nützliche Tricks und Techniken zum Überle-

---

15 Dresiewicz, William: „Internet, Ort der Einsamkeit." Interview auf Sueddeutsche.de vom 18.2.2010

ben. All das stärkt das EGO, entfernt uns aber vom „intuitiven, weiblicheren Selbst". Genau dieses Wissen ist letztlich nutzlos in Anbetracht dessen, was uns leben lässt: dem uns oft unbekannten höheren Sinn.

Den „Sinn" zu üben, ist die Entscheidung, der Weg des Glücklich-*Seins*. Im Gegensatz dazu steht das Glücklich-*Werden* westlicher Heilslehren. Dies geschieht immer nur in diesem Moment, im „Jetzt" Eckhard Tolles, in der sanften, unaufgeregten Beobachtung der eigenen Gedanken. Das Reduzieren des täglichen Ballastes führt zur Konzentration auf das Wesentliche. Wenn Lao-Tse schreibt „ … bis er schließlich ankommt beim Nichtsmachen", dann meint er nicht das Vergammeln des Alltags in Penner- oder Hippiehaltung, sondern ganz im Gegenteil: „Beim Nichtsmachen bleibt nichts ungemacht." Angefangen beim gemachten Bett am Morgen bis zum Abwasch am Abend. Die Mülltonne quillt nicht mehr über, sondern ich nehme sie auch mal dreiviertel voll mit raus, die Abstellkammer ist übersichtlich sortiert, das Prinzip „wie außen – so innen" konkretisiert sich im „Alltag als Übung" (Karlfried Graf Dürkheim: ‚Der Alltag als Übung', Bern 1977). Es wächst dabei eine spezifisch männliche Achtsamkeit und das Bewusstsein für mehr Sorgfalt für sich (die eigene Gesundheit und Ernährung, Finanzen, Wohnung, unmittelbare Umwelt) und andere: Frau, Mitarbeiter, Kinder, Eltern, Freunde …. „Es bleibt nichts ungemacht": Nichts und niemand wird vernachlässigt. Zur Konzentration gehört auch, endlich den Stapel Post zu beantworten und abzulegen, den Keller oder den Dachboden aufzuräumen, bis dort Struktur und Übersicht herrschen. Mit diesem Aufräumen geschieht auch oft eine Neuorientierung im Denken. Damit etwas Neues auftauchen und sich manifestieren kann, muss Platz geschaffen werden. Unwichtiges muss weichen. Schlafzimmer, Schubladen, Schreibtisch, Bastelkeller, Garage und Abstellraum, Garderobe – wo immer auch Chaos mich lähmt – entrümpeln!
Was soll das bringen? Mit Klarheit im Außen schaffst du Klarheit im Kopf – und umgekehrt.

Wo anfangen?

Um Prioritäten zu setzen, wenn es darum geht, einen Anfang zu finden, kann Feng Shui hilfreich sein. Feng Shui muss praktischerweise nicht langwierig erlernt, sondern kann sehr einfach angewendet werden. Und wer meint, das sei bloßer Aberglaube, der findet Unterstützung beim Atomwissenschaftler Niels Bohr: Als der über die Haustür seines neu erworbenen Hauses ein Hufeisen nagelte, wurde er von einem Studenten gefragt, ob er tatsächlich diesem albernen Aberglauben anhinge. „Nein", antwortete der Professor, „aber es hilft auch, wenn man nicht dran glaubt!" Den neun Baguas im Grundriss einer Wohnung entsprechen Lebensschwerpunkte. In der Regel stehen die Stellen des größten Chaos einer Wohnung für einen ähnlich chaotischen Lebensbereich. Wer also in einem bestimmten Bagua in der Wohnung aufräumt und Klarheit schafft, hat gute Chancen, dass sich der entsprechend zugeordnete Lebensbereich klärt. (Für Ungeduldige: Es hilft, eine Wirkungsverzögerung von 6–10 Wochen einzukalkulieren.)

Sterile Leere ist vielleicht unnötig. Könnte sie doch jeden Besucher um seine Abwehrkräfte bangen lassen. Doch auf dem Weg zur inneren Klarheit ist die äußere Ordnung kein Umweg.

Meinen Fernseher habe ich vor Jahren abgeschafft. Mir fehlt nichts und ich brauche mich seitdem nicht mehr über das dumme Programm zu ärgern. Das Autoradio nutze ich nur als Verstärker für meine digitale Musik. Chaosmeldungen der Medien bleiben außen vor, ganz im Sinne von Jacques Lusseyran: „Gegen die Verschmutzung des ICH"[16]. Das ist aktive geistige Hygiene. Klarheit im Hirn hängt vom jeweiligen Input ab. Mein Hirn ist kein Rosenstock, der am besten mit Pferdedung gedeiht, sondern ein Organismus, dem ich sorgfältig gewählte Energie und geistige Nahrung zuführe. Was ich sehen und hören will, was mir durch Auge und Ohr ins

---

16 Lusseyran, Jacques: „Gegen die Verschmutzung des ICH", übersetzt n. einem Vortragsmanuskript von Conrad Schachenmann, Stuttgart 1971

Hirn eindringt, entscheide *ich*. Werbung interessiert mich eh nicht; genauso wie die Musik im Radio. Ich übe „Nein" zu sagen zu überflüssigen Ablenkungen und zum Betäuben der Sinne. *„Die Fähigkeit, Nein zu sagen, ist die Geburt der Individualität."* (René Arpad Spitz) Ernsthafte Männer sind schon mit 18 zu alt für Stars, Sternchen und neue Superstars. Die Folge? Dem Mann, der sich so auf das Wesentliche beschränkt, quatscht niemand mehr ungefragt Banales ins Ohr. Täglich dieselben Staumeldungen, Berichte von Reifenteilen auf der Fahrbahn, Wetterberichte – wer braucht das? Wer wissen will, wie das Wetter ist, der schaue aus dem Fenster. Wer viel unterwegs ist, hat ein Navigationssystem, das Staumeldungen anzeigt.

Das hat auch zur Folge, dass ich viel intensiver mitfühle, wenn ich tatsächlich einen Film im Kino oder bei Freunden sehe. Ich lebe medial viel intensiver, vor allem aber auch im wirklichen Leben mit all seinen Höhen und Tiefen. Und erlange die Fähigkeit, Stille auszuhalten.

Für dich als Mann: Was ist wirklich wichtig?

Du. Du selbst. Dein Ziel. Dein Weg dorthin. Dein nächster Schritt. Hier trennt sich unter uns Männern das erste Mal die Spreu vom Weizen: Es gehört für die Muttersöhne zum Leben, zur Karriere, zur eigenen Gestaltungskraft, dass sie sich tendenziell dem Leben eher ausgeliefert fühlen, anstatt es meistern zu können. Für Mamasöhnchen sind Frauen immer das Wichtigste, sie bestimmen ihr Leben. Gemeint ist damit auch der Don Juan, der Casanova, dessen Lebensinhalt die Frauen sind, weil er sich einer einzelnen (in Anlehnung der Mutter: nie wieder!) zuwenden kann und will. Für diese sind Frauen ihr Schicksal, und ihr Schicksal ist eine meist launische Frau. Sie sehen sich den Umständen ausgeliefert, dem Schicksal und Glück. Liebe und Sex sind Synonyme, und sie sehen sich sehr eingeschränkt in der Lage, aktiv bei deren Gestaltung mitzuwirken. Ich komme später darauf zurück.

Mann, wofür stehst DU im Leben?

In der Konzentration auf mein männliches Ziel und meine Kraft ziehe ich mich bewusst und trotz aller Versuchungen von der Frau, von DEN Frauen, zurück. Und warum?

Ein Mann findet die Glück-Seligkeit in der Leere. Es lohnt sich, das auszuprobieren: Ein Zelt im Garten, nichts darin außer einer Flasche Wasser. Kein Handy, kein Laptop, kein Buch, keine Zeitung. Still sitzen, für Stunden, für ein, zwei, fünf oder zehn Tage; dazwischen immer wieder tun, was zu tun ist, dann wieder rein ins Zelt. Zur Ruhe kommen und schauen, was in den Gedanken auftaucht.

Fastenzeiten machen buchstäblich Sinn: Der Sinn entsteht aus der Leere! Jedes Jahr zehn oder mehr Fastentage einlegen, ohne Alkohol, ohne Kaffee, ohne Sex. Das Fasten lässt uns unsere Bedürftigkeit fühlen, macht uns vertraut mit dem Hunger und dem Mangel – und gibt uns die Kraft, die aus dem Triumph entsteht, wenn wir beides Tag für Tag aufs Neue besiegt haben. Beim ersten Mal fällt das schwer, doch im Laufe der Jahre wird es leichter. Disziplin ist ein Wachstums- und Lernprozess und nicht immer automatisch vorhanden. Manche pflegen dieses Hungergefühl für die eigene Performance: *„Ich muss wütend sein, hungrig und wütend!"* (Pianist Nikolai Tokarev, bevor er auf die Bühne kommt.)

Warum diese Beschäftigung mit der Leere? Weil dies männlich ist. Denn es ist immer ein todesähnlicher Moment, wenn die Gefahr überstanden, ein Ziel erreicht, ein Lebenshöhepunkt überschritten, ein Gipfel bezwungen und eine Aufgabe gemeistert wurde: DAS lässt uns unser Mann-Sein spüren! Das suchen pubertierende Jungs auf dem Weg zum Mann-Sein!

Wenn die eigene Getriebenheit erkannt wurde, wie etwa nach einer abgeschlossenen und bestandenen Prüfung, nach einer (der wievielten?) „ersten Nacht" oder gar der Hochzeitsnacht, nach jedem Orgasmus, dann entsteht eine innere Leere: Man fällt in ein

Loch: Das Ziel ist erreicht, der Weg war das Ziel, aber das Ziel ist weg. Und jetzt? Die Leere, das Nichts.

Werde dir als Mann bewusst: Im Gegensatz zur reichhaltigen Fülle der Frau, zur unendlichen Vielfalt des Weiblichen, wie sie in der Natur präsentiert ist, ist der Gegenpol des Mannes die Leere, die Stille. Es ist gewiss, wie kaum etwas anderes: Du kannst nicht gebären, nur zeugen: Und das geschieht im Kern in nur einer Sekunde.

Und du wirst sterben. Dahinter liegt der Tod. Das Nichts.

„Nichts" ist voluminös, 758 Seiten voller Nichts. Nur „Nichts"[17]. Der Untertitel ist erhellend: „Abschied vom Sein – Ende der Angst". Um nichts weniger geht es in der Meditation, in der Stille. Sitzen in der Einsamkeit ist tatsächlich eine Mutprobe, eine Übung. Denn *„weil wir ständig mit Menschen in Kontakt treten können, fürchten wir uns umso mehr, allein mit uns und unseren Gedanken zu sein."*[18]

Die Stille, die Leere, das Nichts auszuhalten ist offensichtlich für manche recht schwierig geworden.

Dabei hat das Nichts bei Lao-Tse sogar eine Funktion: Es ermöglicht „das Werk"!

„Dreißig Speichen umgeben eine Nabe:
In ihrem Nichts besteht des Wagens Werk.
Man höhlet Ton und bildet ihn zu Töpfen:
In ihrem Nichts besteht der Töpfe Werk.
Man gräbt Türen und Fenster, damit die Kammer werde:
In ihrem Nichts besteht der Kammer Werk.
Darum: **Was ist, dient zum Besitz. Was nicht ist, dient zum Werk.***"*

Tao te King, Vers 11

---

17 Lütkehaus, Ludger: „Nichts", Frankfurt/Main, 2004
18 Deresiewicz, William: „Internet, Ort der Einsamkeit." Interview auf Sueddeutsche.de vom 18.2.2010

Lao-Tse macht hier klar, dass sich kein Mann vor dem Nichts fürchten muss. Ganz im Gegenteil: Es ist die Wurzel, der Ursprung der Schöpfung! Ein Mann zeugt in der Dunkelheit der Nacht, in der Stunde des Tigers, der Zeit der stillen Meditation, zwischen vier und fünf Uhr morgens, wenn der Testosteron-Spiegel am höchsten ist. Das ist die mystische Stunde männlicher Schöpfung und Kreativität.

Diese Zeitspanne ist eine besondere: Die Griechen unterschieden zwei Zeit-Götter, Chronos und Chairos. Chronos ist uns noch geläufig in der Chronologie oder dem Chronometer und symbolisiert die Zeit in ihrem Ablauf, der Reihenfolge der Ereignisse. Der Tages- oder Jahresablauf dient zur Orientierung.

Daneben steht Chairos für eine bestimmte Zeit-Qualität. Es ist im Laufe des Jahres eine Zeit für Stille, um zu pflügen und zu eggen, zu säen, reifen zu lassen, zu ernten etc. Jede Zeit hat ihre eigene „Qualität", die zu spüren eine besondere Übung ist. Die Beachtung der Zeitqualität kann auch den Rahmen schaffen für Umbrüche. Und genau dazu dient eigentlich der Winter, die Fastenzeit, die Zeit der Stille, der Muße: „Deus haec otiam nobis fecit" – Gott gab uns diese Muße, sagten die Römer, wenn es darum ging, genau diese Leere, dieses Nichts, diese Langeweile nicht nur auszuhalten, sondern sie zu genießen, denn wer den ganzen Tag auf den Beinen ist, dem kann ja nichts in den Schoß fallen!

Dabei: absolute Leere gibt es eigentlich nie: Allein der Versuch, absolute Stille zu erleben, ist aussichtslos. Wer diese drinnen oder draußen sucht, wird bald scheitern. Wenn man sein Ohr schärft, kann man die natürlichen Geräusche vernehmen, die in der Natur vorkommen. Nicht jedem gelingt dies noch. Absolute Stille gibt es nur in der Arktis oder in nepalesischen Achttausender-Regionen. Irgendwann hört man dann immer die vielen Zivilisationsgeräusche und endet beim eigenen Atmen.

Wie schaffe und komme ich zu diese Leere?

Leere ist auch ein „leerer Tag" – ohne eine einzige Aufgabe. Einen Tag lang NICHTS tun. Diese Leere vorbereiten, und dann die eigene Sinnlosigkeit spüren. Wem das nicht reicht, sollte zusätzlich den ganzen Tag schweigen. Ich garantiere fantastische Erfahrungen, jeden Tag aufs Neue! Das führt zur Selbst-Erfahrung der ganz anderen Art: Wie „stehe" ich gerade da, hier, im Leben? Beide Beine fest am Boden, wie fühlt sich der Rest des Körpers an – alle Regionen? Oder beiße ich wieder gerade auf die Zähne? Bin ich ge- oder entspannt? Die Konzentration auf die körperliche Wahrnehmung stellt den Geist ruhig. Was ich mit den Sinnen wahrnehme, ist dem Geist nicht zugänglich, solange ich nicht in die Wertungen zurückfalle. Was also Augen, Ohren, Haut, Organe WAHR-NEHMEN, ist eine subjektive Wahr-Nehmung – meine Welt – und damit absolute Wahrheit:

„Schaffe Leere bis zum Höchsten!
Wahre die Stille bis zum Völligsten! ...
Die Dinge in all ihrer Menge,
ein jedes kehrt zurück zu seiner Wurzel.

Lao-Tse: Tao–te-king, 16. Vers

Was ist diese meine Wurzel?
Die Wurzel des Geistes ist Konzentration auf die Gegenwart: Nur jetzt ist der Moment, in dem ich lebe, den mein Verstand (als) „wahr-nimmt". Doch der Gedanke daran ist schon Beschäftigung mit Vergangenem. Wahrnehmen, was die Sinne erkennen – *ohne* es zu benennen, das kommt der Gegenwart etwas näher. Eckehard Tolle brachte es auf den Punkt: The Power of Now. Alles andere ist vorbei oder noch nicht. Auf die Frage: „Wie kann sich ein Mann daran erinnern, im Hier und Jetzt zu leben?", antwortete Bruce Willis im Interview: *„Umarme deinen Tod. Freunde dich an mit ihm, kitzel ihn unter dem Kinn und sei dir im Klaren, dass er dich heimsuchen wird. Benutze ihn als Anreiz, um all das zu tun, was du in deinem Leben tun willst."*[19]

---

19 Bruce Willis: „Ich stelle alles infrage", Interview in GQ, Mai 2010 S. 207

Ich sitze oder stehe hier, jetzt im Leben. Dann lenkt mich etwas ab, ein Gedanke, ein Geräusch, ein Anruf. Irgendwann gelingt es mir, auch dies zu ignorieren. Dann wieder Ruhe. So finde ich aus der Zurückgezogenheit, aus der Stille zu meiner inneren Kraft, dem ICH, dem wahren Selbst.

Wenn ich im Folgenden vom Sterben spreche, dann ist das, was sterben muss und wird, eben nicht der tiefere Kern, unsere Seele, sondern nur das Bild, das wir von uns haben, das EGO. Diesem Ego ist das Sterben ein Graus. Und dieses Ego mit dem Tod zu konfrontieren, ist das spezifisch Männliche in den folgenden Zeilen: Das „Sterben üben" macht und der Tod ist männlich. Aus der Leere entsteht irgendwann Todesbewusstsein. „Ein jedes kehrt zurück zu seiner Wurzel …" – "Erde zu Erde, Asche zu Asche". In jedem Moment kommen wir dem Tod um genau diesen Moment näher, wir tragen ihn vorbereitend in uns, indem wir altern. So gesehen kann ein Mann, anders als die Frau, dem Alterungsprozess als Vorbereitung auf den Tod sogar etwas Positives abgewinnen!

Indem wir uns innerlich auf den Tod vorbereiten, verliert er im Laufe der Jahre seinen Schrecken.

Die Verdrängung der Angst durch Arbeit, Vergnügen, Medien und alltägliche Dinge hindert daran, sich seiner Endlichkeit bewusst zu werden. Die Arbeits-, Party-, Medien- und alltägliche Verdrängungsmaschine hat dies als einen der stärksten Motoren: Die Angst zu verdrängen, das Bewusstsein um die eigene Endlichkeit zu vermeiden. Gespeist von der Angst vor materiellem Hunger oder der Kälte des Winters lässt das kindlich gebliebene, bedürftige und ängstliche EGO permanent nach „Mehr" in allen Formen schreien: Materiell, emotional, sexuell. Ein permanenter Wunsch nach dem ultimativen Kick im Erleben oder bei Events. Bezüglich des Prestiges peitscht sich das arme EGO für den Rest des Lebens. Doch nie wird der Mangel dauerhaft ausgefüllt. Das Ego ist nie nachhaltig satt.

Es ist dieses ewig hungrige und ängstliche Ego, das die Ilsebill im Märchen vom Fischer und seiner Frau dazu treibt, ihren Mann Tag für Tag zurück an den Strand zum Butt zu schicken. Mehr will sie haben, um dann zwar mehr Prestige, ein noch größeres Haus zu haben, doch dann wieder wie mit Gier gepeitscht ihn wieder und wieder ans Meer zu schicken – und doch wird sie nie satt, nie zufrieden. Denn - was fehlt ihr, was sucht sie wirklich?

Mut braucht dagegen die Erfahrung und das Bewusstsein, uns die Stille näher zubringen: Irgendwann ist Schluss. Ob mit oder ohne Wiedergeburt, das ICH, der Körper, den wir so lieben, das Leben in seiner Fülle, der Luxus, unsere Familie, Sex, Essen, der gute Wein, die Feiern mit Freunden, das wird so, wie wir es kennen, zu Ende sein. Das Bewusstsein um den Tod, die immer wieder vergegenwärtigte Klarheit um die eigene Endlichkeit ist ein Schritt auf dem Weg in die Freiheit, denn dadurch wird jeder Tag in all seinen Facetten zu einer Reihe kleiner Wunder. *„Wir beginnen zu leben, wenn wir innerlich zu sterben wissen."*[20]

Also werde und bleibe ich mir mit wachsender Offenheit, Klarheit, Mut und Vertrauen bewusst: ICH WERDE STERBEN.

Für Ernest Becker waren Spiritualität, Religion, die (kulturelle) Schöpfung in der menschlichen Kulturgeschichte, Sozialpsychologie und Psychoanalyse einzig Reaktionen auf die grundsätzlich verheerenden Erfahrungen innerer Leere, eigenem Tod, Verwesung und der Einsicht in die persönliche Bedeutungslosigkeit (Becker, Ernest: „Denial of Death"). Das Gegenteil von Freiheit ist eben auch der geistige Halt, Bindungen als Identifikationen und Projektionen, die den Gedanken, das Bewusstsein um die eigene Endlichkeit beiseite schieben, oder zumindest erträglich machen.

Die Frage, die dagegen steht: „Was würdest du noch tun, wenn du morgen sterben würdest?" bringt alle Bindungen, Verstrickungen, Abhängigkeiten, Versuche, „etwas für die Ewigkeit zu schaffen"

---

[20] Krishnamurti, Jiddu: „Einbruch in die Freiheit", München 2004 (27. Auflage) S. 74 ff

ins Bewusstsein, die uns auf Trab, am Leben halten, mit denen wir meinen, das Leben festhalten zu können. Das EGO-gepeitschte Leben, die Fremdbestimmung, die Ängste und Zwänge der ach so wichtigen Bedürfnisse, das unendliche „Brauchen", all das fällt ab im Angesicht dieser Frage.

Eine täglich sehr einfach zu praktizierende Übung ist die Wiederholung der Vorstellung, dass der heutige auch der letzte Tag gewesen sei. Sich hin zulegen wie auf dem Totenbett und genau diesen Gedanken einige Zeit wirken zu lassen. Sich dabei zu beobachten, *wie* dieser Gedanke wirkt. Auf Dauer: befreiend.
Dieses Lied, dieses Gebet hilft:

„*Die Frau, bei der ich Kind war, lehrte mich beten. ...*
Jetzt, mit meiner Angst, die schon von jeher so zum Lachen war,
will ich diese Worte sprechen, wie damals
vor vielen, vielen Jahren, als ich das erste Mal begriff,
dass wir nicht an der Fähigkeit zu sterben,
sondern an der Unfähigkeit zu leben zugrunde gehen:
Herr gib, dass ich Liebe gebe, wo Hass ist,
dass ich verzeihe, wo Schuld ist,
vereine, wo Zwietracht herrscht,
nicht um getröstet zu werden, sondern um zu trösten,
nicht um verstanden zu werden, sondern um zu verstehen,
nicht um geliebt zu werden, sondern um zu lieben.
Nur dies ist wichtig.
Denn da wir geben, empfangen wir,
da wir uns selbst vergessen, finden wir,
da wir verzeihen, erhalten wir Vergebung,
da wir sterben, gehen wir in das neue Leben."[21]

---

21 Heller, André: CD Kritische Gesamtausgabe 1967-1991, aus: „Abendland", frei nach „Friedensgebet", Franz v. Assisi zugeschrieben

Im ersten Teil des Gebets kommt ein Prozess der Reifung (*„wie damals, vor vielen, vielen Jahren,..."*) zum Ausdruck, der nie ganz abgeschlossen ist und der sich im Leben eines Mannes wiederholt: der Prozess des Sterbens und der Moment des Todes. Was in dem zitierten Gebet zu sterben hat, was in mir als Mann sterben muss, damit ich zum Mann werde, ist ein Teil von mir, der sich längst überlebt hat, nämlich das Kind. Damit ist weniger das leichte, das unbeschwerte, das herzliche, fröhliche, offene und viel zitierte „innere Kind" gemeint, im Gegenteil, als rationaler, übertrieben vernunftgesteuerter Mann muss ich mir diesen Teil oft wieder erarbeiten: den spontanen Gefühlsausdruck, das Lachen, das sinnlose Herum albern, das Staunen, das Wundern, Nachfragen, das Suchen von Überraschungen …
Das kann und will ich mir erhalten bis aufs Totenbett!

Nein, was wir als „gestandene Männer" aufgeben müssen, ist das Kind in uns mit all seiner Bedürftigkeit, in seinem uferlosen Verlangen nach mehr, in seiner grenzenlosen Erwartung an das Leben, des Haben-Wollens, in seiner Angst, zu kurz zu kommen. Das Kind, das nicht gelernt hat und nicht lernen will, wo *seine* Grenze ist, das Kind, das immer und nur NIMMT. Im Laufe der Jahre, des Reifeprozesses tritt an dessen Stelle in uns der Erwachsene, der Großzügige, der auf das Leben in seinem Reichtum Vertrauende, der GEBENDE, der Mann, der einfach IST. So, wie er in jedem Moment vollständig einverstanden ist mit dem, was gerade ist, denn er weiß, dieser Moment ist genau so, wie er ist, richtig und schön: perfekt. Göttlich, in dem Bewusstsein: „Ich habe alles, was ich brauche. Und was ich nicht habe, brauche ich nicht." Und wenn der Mann sieht, dass etwas nicht perfekt ist, dann verlangt er nicht, dass er etwas zusätzlich bekommt – sondern er hält entweder die Enthaltsamkeit aus oder er fügt in diesem Moment etwas hinzu: Aufmerksamkeit, Humor, Zuwendung, Herzlichkeit oder was auch immer er geben kann. So lange und so weit, bis er aus der Resonanz der Situation oder seines Gegenübers *Genugtuung* spürt, das Gefühl, genug getan zu haben. Und wieder und immer mehr Ruhe eintritt.

Der zweite Teil des Gebetes erhellt die Einsicht des Erwachsenen, dass ein Mann nur ernten kann, was er zuvor gesät hat:
„Herr gib, dass ich Liebe gebe, wo Hass ist,… da wir verzeihen, erhalten wir Vergebung."
Es ist ein unglaubliches Wachstum, eine Fülle, die aus einem einzelnen Samenkorn mit der Zeit „erwachsen" kann: Ein Korn trägt an seiner Ähre je nach Getreideart 45–60 weitere Körner. „Wer Wind sät, wird Sturm ernten, wer Hass sät, wird Gewalt ernten …" Und wer Respekt, Mitgefühl, Vertrauen und Liebe sät, was erntet der? Mann, such dir deinen Acker, wähle eine Frucht und dann pflüge, egge, säe – und habe Geduld.
Der Tod ist ein einzigartiges Ziel, an dem immer die Leere steht, im Falle des Todes absolut, in seinen Kulturformen als kurzer Moment. Leider merken wir es nicht, noch weniger suchen wir bewusst und leben wir diese Suche, denn der Tod ist ein gesellschaftliches Tabu. Aber die Suche nach Todesnähe schiebt sich meist unbewusst aus der Verdrängung in unser Leben. Als Männer suchen wir den Tod auf vielfältige Weise: Ob in der Ruhe nach dem Orgasmus, in der ZEN-Meditation, im Schachspiel oder auf der Jagd, im Versuch, diesen kleinen Golfball in dieses kleine Loch einzulochen, meinen Wunsch nach Kraftausbruch zu bezwingen (beim Golf bekämpfe ich mich immer nur selbst!). Oder bei Grenz-Erfahrungen der Extremsportler: Bei Rennen in der Formel 1, im Crashed Ice Kanal, oder in Todesnähe der Burschen-Rauferei oder des Boxkampfes unter Erwachsenen – es gibt durchaus kultivierte Formen der Suche nach todesähnlichen Erfahrungen. Die Suche nach Formen der Angst, diese zu durchleben und zu bestehen, das ist männlich. Und bevor jetzt Feministinnen aufschreien: Es ist sehr wohl bekannt, dass es auch begabte WEIBLICHE Bowlingspielerinnen gibt, ja doch! Und so wie der Norden und der Süden nicht nur aus ihren beiden extremen Polen bestehen, so gibt es

auch Zwischenpositionen. Ich plädiere auch nicht für das Ignorieren dieser Zwischenpositionen, sondern nur für die Wahl der Extremeren. Nicht die Verwischung der Unterschiede strebe ich an, sondern intensiver als Frau oder als Mann zu leben. Das Gegenteil der Gender- oder, die übersteigerte Form, der Queer-Theorie zu praktizieren.

Frauen geben oft vor, Mutproben zu verachten. Behaupten, sie würden das nie oder nur ungern tun. Das mag für manche so sein. Das soll auch für sie so bleiben. Aber die anderen, die weiblicheren, die für uns besseren Frauen geben sich dann uns, den Kämpfern (und nicht nur den Siegern!) hin. Oder warum sonst haben die erfolgreichsten Sportler die hübschesten Models an ihrer Seite? Welch köstlicher Gedanke!
Weniger kultiviert läuft die pubertär-jugendliche, ungelenke Suche nach Todeserfahrungen ab: Bei der Schlägerei der Straßengang, im Fight-Club oder als Disco-Raser, durch Koma-Saufen oder auch nur durch betrunkenes Fahren am Steuer. Auch eine Mitgliedschaft in der Gothic-Szene ist kultivierte, fast spielerische Todesnähe. Jede Sucht ist zugleich die unbewusste Suche *und* die Vermeidung der inneren Leere, wie etwa das Koma nach dem – Saufen. Sucht kommt nicht von suchen (Was sucht der Süchtige?), sondern von siech, krank, den Vorstufen des Sterbens.
Traditionelle Kulturen pflegen diese Suche nach Todeserfahrungen in der sogenannten Initiation. Die Initiation ist das Ritual, mit dem der Jugendliche seine Mutter, seine Kindheit hinter sich lässt, und beginnt, Verantwortung für sich zu übernehmen und ein Mann zu werden. Diese Jugendlichen werden, manchmal mit Gewalt, ihren Müttern unter Tränen oder mit Stolz entrissen, um sich zum Beispiel in Australien auf den Walkabout im Outback zu machen, in den Dschungel, in die Einsamkeit geschickt, „mit nur einer Kugel im Gewehr, um einen Tiger zu töten". Auf den Fidschi-Inseln binden sie sich, wie Bungee-Springer, eine Liane an den Fuß und stürzen sich in die Tiefe. Die Liane kann auch reißen, sie ist nicht

so elastisch wie Bungee-Seile. Das Blut stürzt ihnen in den Kopf, es folgt Ohnmacht. Todesnähe.

Auch Jesus verbrachte 42 Tage in der Wüste, begegnete den Versuchungen des Teufels. Die Fastenzeit und die klösterliche Enthaltsamkeit, das Za-Zen, sind spezifisch männliche Praxis.

Die offensive Konfrontation mit dem Tod kann auf vielfältigste Weise geschehen. Wichtig ist, DASS sie geschieht, dass der Tod nicht ängstlich tabuisiert bleibt, sondern betrachtet, angenommen und verinnerlicht wird. Ob im Film „Rendezvous mit Joe Black"[22], die harmlose Variante, in „The 6th Sense", der spirituelle mit Bruce Willis, oder „21 Gramm"[23], die ernstere, ob Turmspringer (Dana Kunze auf YouTube) oder Rekordjagden der Tieftaucher „The Big Blue – Im Rausch der Tiefe"[24] oder real, etwa durch Besuch eines Verwandten auf dem Friedhof. „Mit dem Tod vertraut werden" ist ein Untertitel in „Mit Vierzig fängt das Leben an".[25] Spätestens, wenn die ersten Freunde zu früh an Krebs sterben, eigene Krankheiten den körperlichen Verfall signalisieren, wird es für Männer Zeit, auch den eigenen Tod ins Auge zu fassen.

Mir war es beim Tod meines Hundes wichtig, ihn nicht anonym abzugeben, sondern ihn selbst zu begraben und die Traurigkeit auszuhalten. Von meinem Vater habe ich mich am Sterbebett verabschiedet, das wollte ich unbedingt, und ihm auch letzte Worte am Grab mitgeben.

Ob nach dem Tod oder der Trennung von einer Geliebten – Trauerarbeit ist eine Form der emotionalen Tiefe, an der ein Mann

---

22 „Rendevous mit Joe Black" von Martin Brest, mit Anthony Hopkins, Brad Pritt USA 2003
23 „21 Gramm" von Alejandro González Inárritu, mit Benicio del Torro, Sean Penn, USA 2004
24 „The Big Blue – Im Rausch der Tiefe" von Luc Besson, Frankreich 1988
25 Remmler, Helmut: „Mit Vierzig fängt das Leben an" aus der Reihe „Mit Märchen leben: Der Königssohn, der sich vor nichts fürchtet", Stuttgart/Zürich 2001

diese üben kann. Anstatt dem Schmerz auszuweichen, gilt es, dem Verlorenen einen Platz im eigenen Herzen zu schaffen und zu lassen, der ihn würdigt. Ein Tagebuch der gemeinsamen Erlebnisse und Erinnerungen zu schreiben, hilft, sich dem Schmerz zu stellen, ihn auszuhalten und im handschriftlichen Text Gestalt zu geben: „Was wir gemeinsam erlebt haben, geht nie verloren".[26] Warum handschriftlich? Es hat etwas meditativ Kräftigendes, wenn nicht in eine Tastatur getippt wird, sondern die Hand mit den Linien schwingt, wenn das zu Papier Gebrachte aus dem Arm kommt und die Gefühle die Hand führen. Und es ist ein wertvoller, wahrhaftiger Teil von uns darin, wenn auch eine Träne aufs Papier gefallen ist.

Wie auch immer ein Mann, bewusst oder unbewusst, die Suche nach todesähnlichen Erfahrungen zu erleben versucht, sei es durch Mutproben oder durch die Leere kultivierter Formen oder in der Sucht – es ist eine typisch männliche Sehnsucht und besonders männliches Verhalten: Wenige, besonders weibliche Frauen, können dem Verständnis abgewinnen oder sich in dem Maße für diese Erfahrungen begeistern. Frauen an sich begegnen dieser männlichen (Selbst-) Erfahrungs-Sehnsucht in der Regel mit Unverständnis und Ablehnung. Am wenigsten, wenn ihr Mann oder ihr Sohn „den Tod" suchen!
Während das weibliche Prinzip für Vielfalt und Natur steht, betrachte ich das männliche Prinzip als Streben nach dem Einzelnen, dem Konzentrierten, nach einem Ziel. Um unsere Männlichkeit zu stärken, braucht es meditative Formen der Konzentration und Reduzierung, die Konzentration auf EIN Ziel und die anschließende Leere. DAS aushalten zu können, schafft innere Ruhe, schärft Bewusstsein und PRÄSENZ. Denn im Bewusstsein des Todes, der Leere, sind wir frei, um das, was aus dem Leben, der Natur, der Frau uns begegnet, als das zu sehen, was es ist: vergänglich und -

---

26 Kachler, Roland: „Meine Trauer wird Dich finden", Stuttgart 2005, S.86ff

wunderschön. So ergänzen sich die Gegensätze in der Polarisierung – ohne einander in Frage zu stellen oder gar aufzuheben.

Nur zwei Dinge

Durch so viele Formen geschritten,
durch Ich und Wir und Du,
doch alles blieb erlitten
durch die ewige Frage: wozu?

Das ist eine Kinderfrage.
Dir wurde erst spät bewusst,
es gibt nur eines: ertrage
– ob Sinn, ob Sucht, ob Sage –
dein fernbestimmtes: Du musst.

Ob Rosen, ob Schnee, ob Meere,
was alles erblühte, verblich,
es gibt nur zwei Dinge: die Leere
und das gezeichnete Ich. (Gottfried Benn)

Hier begegnet G. Benn der Meditation im Tao-te-King: Stille (Benns Leere) heißt Wendung zum Schicksal. „Das gezeichnete Ich" ist die Annahme des Schicksals, dessen, was uns in die Wiege gelegt, für das ganze Leben gegeben ist.
Und aus dem Bewusstsein des Todes erledigt sich übrigens fast von selbst die dahinter liegende Frage nach dem Sinn: Es gibt keinen. Das Leben ist nur um seiner selbst willen. Das Leben in seiner Vielfalt selbst ist der Sinn. Nichts ist dahinter.
Nietzsche erkannte in seinem Werk „Die Entstehung der Tragödie" die umfassende Potenz und Lebenslust, die sich mit und nach dem Todesbewusstsein im Mann entfalten kann: *„Wir sollen erkennen, dass alles, was entsteht, zum leidvollen Untergang bereit sein muss. Wir werden gezwungen, in die Schrecken der Individu-*

alexistenz hineinzublicken und sollen doch nicht erstarren: Ein metaphysischer Trost reißt uns momentan aus dem Getriebe der Wandelsgestalten heraus. Wir sind wirklich in Augenblicken das Urwesen selbst und fühlen dessen unbändige Daseinsgier und Daseinslust; der Kampf, die Qual, die Vernichtung der Erscheinungen dünkt uns jetzt wie notwendig; ... Trotz Furcht und Mitleid sind wir die Glücklich-Lebendigen, nicht als Individuen, sondern als das EINE Lebendige, mit dessen Zeugungslust wir verschmolzen sind."[27]

Und *das* macht meine Chance, meinen Erfolg im Leben als Mann aus: Dem Leben „mehr" Leben zu geben, es schöpferisch reichhaltiger zu machen. Denn was ist Erfolg? Geduld gehört dazu ...

---

[27] Nietzsche, Friedrich: „Die Geburt der Tragödie aus dem Geist der Musik", Kap. 17; zitiert nach Safranski, Rüdiger: „Wieviel Wahrheit braucht der Mensch", Frankfurt 2008, S. 59

„Tod" – Übungen zur Schärfung des männlichen Bewusstseins

- Anstelle des Fernsehabends wach zu Bett gehen. Gedanken zur Ruhe kommen lassen, letzte Gedanken fassen.
- Frage Dich immer wieder: Wenn dies der letzte Tag deines Leben wäre – was müsstest du jetzt tun? – Was WOLLTEST du noch tun?
- Einschlafen wie aufgebahrt auf einem Totenbett.
- Fasten üben: Einen Tag kein Nikotin, keinen Alkohol, kein Fleisch. Diese Tage wiederholen. Hunger, Durst aushalten.
- Suche Stille, absolute Stille.
- Übe Abschiede: Trenne dich von alten Sehnsüchten. Hole überfällige Trennungen nach, indem du dich dem Schmerz des damit verbundenen Verlustes stellst. Schreibe auf, was zu Ende gegangen ist, was du genossen hast, was dir fehlt. Und segne wohlwollend das so Beendete.
- Einen Tag in der Woche zu schweigen bringt die Dinge hervor, die verschüttet lagen. Mann, lass dich überraschen von den Wirkungen!
- Lebe eine Zeit lang allein.
- Koche für dich allein, bügle deine Hemden selbst.
- Dusche morgens eine Minute lang kalt.
- Treffe dich bewusst öfters mit Männern, flirte nicht mit liierten Frauen.
- Beginne zu meditieren: Setze dich täglich für 20 Minuten in Dunkelheit und Stille.

II. Wurzeln

Warum ist es wichtig, sich auf seine Wurzeln zu besinnen? Weil die Wurzeln die Ursache der eigenen Entwicklung sind. Die Frage eines starken Mannes ist eng verbunden mit seinem Selbst-Bewusstsein, was weniger ein größenwahnsinniges oder narzisstisches Ego sein sollte als die Antwort auf die Frage zu wissen, wie Mann wurde, was er ist und wer er selbst ist.
Ein Baum kann nicht größer werden, als es ihm seine Wurzeln mit ihrem Halt, Nahrung und Stärke von unten erlauben!
Als Mann ist mir wichtig, zu wissen, wie ich wurde und was ich bin. Aus dieser gewonnenen Erkenntnis heraus kann ich mich annehmen, mich verstehen und meine Zukunft gestalten. Denn ich bin KEIN Kind mehr, und das Leben ist zu einem Teil gelaufen, Entscheidungen sind getroffen. Nicht alles ist mehr möglich. Es gilt eben nicht mehr „Alles kann – nichts muss!", denn ich stecke in der Verantwortung für frühere Entscheidungen, denen ich mich täglich stellen muss.
Was aber sind meine Gestaltungsmöglichkeiten?
Wie kann ich aufbauen auf dem, was ist, um zu wachsen?
Muss ich vielleicht sogar etwas aufgeben, zerstören, was mich hemmt, um der zu werden, der ich sein könnte?
An die Wurzel – wer bin ich, wie wurde ich, was ich bin?

Auf dem Weg zum „Guten Mann"

Wer ist dieser Mann, der sich selbst betrachtet, wer bin ICH?

Der Weg, den ein Mann im Laufe der Jahre geht, ist unabhängig von seiner familiären, sozialen und beruflichen Entwicklung. Manche Männer wollen um nichts in der Welt erwachsen werden und für immer ein Kind bleiben: „Manche werden nie erwachsen, sie werden einfach nur alt." (Mae West)

Krisen zwingen zum Umdenken. Durch Trennungen im Beruf, Jobverlust oder in Beziehungen entsteht für manchen Mann die Notwendigkeit, sich infrage zu stellen: Was tue ich hier – wer bin ich eigentlich?

„Die Frage ‚Wer bin ich?' ist die einzige Methode, allem Elend ein Ende zu setzen und höchste Glückseligkeit einzuleiten". – Shri Ramana Maharishi (1879–1950).

Was ein Mann ist, sein Ich, sei hier betrachtet als Modell von „Instanzen".

Zum tieferen, weiteren ICH

Der Weg des Mannes, der die Wiederholung von Berufs- oder Beziehungskrisen satt hat, ist ein Weg des EGO, vom rationalen, verstandesmäßig geprägten ICH zu mehreren, weiter gefassten Instanzen, „inneren Bildern"; sein geistiges, emotionales und spirituelles Selbst:

- EGO sei genannt das „geistige Selbst" – der „denkende" Mann" (das Freud'sche „Ich"). Es ist in erster Linie getrieben von den unreflektiert gewachsenen Bedürfnissen der Pubertät, der Rebellion gegen die Eltern und den materiellen Schwankungen. Mancher ist in diesen Dingen fremdgesteuert und abhängig von Anerkennung und Meinungen anderer. Gefühle wie Wut, Zorn, Angst, sowie das Bedürfnis nach Nähe werden unterdrückt oder unbewusst ausgelebt. Für diese „Dinge" gibt es in der Berufswelt nur wenig Platz. Die fehlenden Gefühle werden ausgelebt durch Leistungsdruck, unkontrollierte Aggression, übertönt durch Lautstärke, häufig wechselnde Beziehungen oder andere Süchte. In der höchsten Potenz ist der Mann ein Narziss, der weder sich selbst und seine Gefühle, noch andere Menschen, kaum spürt.
- Ein Mann bewegt sich zum DU. Er lernt zuzuhören. Aktiv den anderen, den Kunden, die Partnerin, das Kind wahr und ernst zu nehmen, zu spüren, dass deren Leben mit ihm verbunden ist. Diese wachsende Hinwendung zum DU bringt ihn seinem

„emotionalen Selbst" näher: Sein Leben hat durch Ausbildung und berufliche Konzentration auf einer sehr sachlichen Ebene im Kopf stattgefunden. Die wachsende Bedeutung des Privatlebens, so wie es Frau und Kinder – mehr als das Club- und Nachtleben – fordern, bringt es mit sich, dass er sich auf dieser Ebene entwickeln *muss*. Diesen Gefühlen – für sich und andere (!) – gibt er durch die aktive Beschäftigung mit sich selbst mehr „Raum" in seinem Leben, es wächst sein „emotionales Selbst". Es ist dieser Anteil des Weiblichen, dessen komplementäre Entwicklung die Frauen in der Folge der Emanzipation uns voraus haben: Sie haben den männlichen Anteil in sich gestärkt, sie sind karrierebewusster, rationaler, zielstrebiger, materialistischer geworden, nicht weiblicher. Das hat ihnen massive Vorteile gebracht!

Umgekehrt ist es jetzt unsere Aufgabe als Männer, weibliche Anteile in uns zu entdecken, Gefühle, eben auch Bedürfnisse und Ängste, sowie ihrer und unserer Intuition zu vertrauen – Emotionen in den Frauen und in uns wertzuschätzen.

- Ein Mann erkennt, dass er das Leben nicht ganz allein in der Hand hat. Sein Schicksal, seine Gesundheit, nicht einmal seinen Atem kann er den ganzen Tag kontrollieren. Er entdeckt sein „spirituelles Selbst". Ob als Christ im Kampfsport, ZEN, Buddhismus, Hinduismus, Taoismus, in seiner ursprünglich eigenen Religion, wie auch immer – er beginnt zu meditieren, erahnt, erfährt sein „Eingebunden-Sein" in die Welt.

Die Wege zum emotionalen und zum spirituellen Selbst sind die Horizonterweiterungen, die beiden „Erfahrungswelten", die einen Mann zum „Guten Mann" machen. Wie kommt der Mann zu diesem eigentlichen, tieferen „Selbst"? Auf diesem Weg möchte dies Buch dich begleiten.

Wie erlangt der Mann Selbst-bewusst-Sein?

Lusseyran[28] tastet sich ganz vorsichtig heran, indem er unterscheidet zwischen dem tieferen ICH und dem oberflächlichen EGO, das ums Überleben und Anerkennung kämpft, selbst im Unrecht rechthaberisch ist und von Habgier, Geiz und Eitelkeit getrieben, sich darzustellen versucht:

*„Es ist dieses EGO, das diese Ungeheuer erzeugt, die zu verurteilen niemandem einfällt: den Ehrgeiz, den Leistungskampf, den Fanatismus, ... die Krankheit, die unser Jahrhundert befallen hat, die die Melancholie der Romantiker abgelöst hat: die Nicht-Kommunikation, den Autismus ... Was tut man, es zu bekämpfen? Nichts, man hätschelt es auch noch ... Früher hatten die Schüler, ja sogar die Studenten, einfach Unrecht, wenn sie nicht arbeiten oder etwas nicht verstehen konnten. Ihre **verdienstvolle Leistung lag in ihren Anstrengungen**, ja in ihren Erfolgen. Heute eilt man dem Ego gewissermaßen vorsorglich zu Hilfe, nicht auszudenken, wenn es verletzt würde! Man denkt sich gemeinverständliche Wahrheiten und mittlere Schwierigkeiten aus, damit ja kein Ego sich unterdrückt fühle!"* (1971, sic!)[29].

Weiter geißelt er die Werbung, die eben an diese niederen Beweggründe appelliert („Geiz ist geil!") und die (Boulevard-) Medien, die diese zu bedienen weiß („Neiddebatte"). Meinungsforscher: *„Wir alle wissen, dass Meinungsumfragen drauf und dran sind, die Gespräche zu ersetzen."*
Dem tieferen Ich dagegen nähert sich Lusseyran ähnlich vorsichtig, wie ZEN- Meister, Buddhisten oder Lao-Tse:
„Es ist eine Kraft, die mir die Kraft verleiht, dass ich, um zu leben, nicht warten muss, bis das „äußere Leben" zu mir kommt. Das EGO braucht Dinge, (Geld, Geltung, Herrschaft, Beifall, Belohnung). Das ICH fragt nicht danach. Wenn es an der Arbeit ist, setzt

---

28   Lusseyran, J.: a.a.O. S. 7 ff
29   Lusseyran, J.: a.a.O. S. 8

es der Welt der Dinge eine eigene Welt entgegen. **Das ICH ist der Reichtum, inmitten der Armut; es ist das Interesse, wenn alles herum sich langweilt."**

Es sollte klar werden, dass unter der Persönlichkeit, die wir zu sein glauben, ein „ICH" steckt, das tiefer liegt, das vielleicht radikal anders ist als das EGO, das wir zu sein meinen. Ganz anders als die Fassade, die wir präsentieren. Das EGO, die Persönlichkeit, wird im Wesentlichen geprägt durch die Anforderungen, Erwartungen und die Reaktionen darauf von außen. Von frühester Kindheit bis zum Berieseln durch die Werbesendung kürzlich im Radio prägt unser EGO die Anpassung daran. Das hat sicher auch lebensnotwendige Aspekte. Ein völlig unangepasster Mensch, ein Autist etwa, hat es schwer im Leben. Aber es scheint mir eine Art Pendelschritt zu sein: Wie wir uns mit dem einen Bein außen bewegen, so geht es bei der Entdeckung des Inneren, des wahren Ich, um den Gang nach innen. Aber wie kommen wir dorthin?
Es ist ein zutiefst männlicher Weg, der sich in der Konzentration auf das Eine bewusst abwendet vom Vielen, dem Weiblichen, das ich betrachte als die unzähligen Formen der Fülle, des Reichtums (im weitesten Sinn des Wortes), der Natur und des Lebens überhaupt, der Masse Mensch, dem Außen, der Zerstreuung, der alle Sinne öffnet im Gegensatz zum Verschließen der Sinne für die Konzentration, die Stille. Noch einmal Lao-Tse:
„Rückkehr zur Wurzel heißt Stille.
Stille heißt Wendung zum Schicksal.
Wendung zum Schicksal heißt Ewigkeit.
Erkenntnis der Ewigkeit heißt Klarheit. Lao-Tse: Tao te king, Vers 16

Die Wendung zum Schicksal verstehe ich als Annahme, Akzeptanz des eigenen Schicksals, der Geworfenheit in die Welt als notwendiger, richtiger, guter Teil des Ganzen. Und mit dieser demütigen Akzeptanz gewinne ich Klarheit über meine Aufgabe im Leben. So kann ich mich mit meinen Eigenheiten und meinem

Charakter annehmen und Verständnis entwickeln für die „Richtigkeit" meiner Wurzeln und die Entwicklung, die mich zu dem gemacht hat, der ich bin: „richtig-gut".

Übungen auf dem Weg zur männlichen Kraft:
Pflege deine Wurzeln

- Betrachte dein Erbe als ein materielles, geistiges und emotionales.
- Finde auf allen drei Ebenen heraus, was du von den Eltern und anderen Vorfahren Positives mitbekommen hast! (Diese Suche kann durchaus Jahre dauern!)
- Besuche deine Eltern, Großeltern, ggf. auf dem Friedhof.
- Respektiere ihren Lebensweg.
- Gib den Fotos deiner Eltern und Ahnen einen würdigen Platz in deiner Wohnung. (Feng Shui: Familien-Bagua)
- Beobachte, wie du über dich sprichst: Werde dir zu Beginn eines jeden Satzes, den du über dich sprichst, darüber klar, dass er dein Ego formt – positiv wie negativ.
- Bleibe sanft im Umgang mit dir. („Wenn du es eilig hast, gehe langsam." ZEN)
- Dein EGO sind die Gedanken und Bilder, die du von dir und deinem Leben hast – dein „Selbst" ist nichts als reine Aufmerksamkeit. Sei also nur aufmerksam, *wie* du etwas tust, *was* du tust.

Halt mal die Luft an! Vom Geben und Nehmen

In der Stille hört man – irgendwann – sich selbst, den eigenen Atem. Atem, verwandt mit dem Sanskrit-Wort „ath-man"", das ist das „Selbst". Vom ersten Atemzug, dem Schrei des Babys nach der Geburt bis zum buchstäblich „letzten Seufzer" in den letzten Worten Jesu am Kreuz „Es ist vollbracht", ist es das, was uns zeigt: Wir leben. Interessanterweise ist es auch die einzige lebenswichtige Körperfunktion, die einerseits unbewusst funktioniert, die wir andererseits auch willentlich steuern können: tiefer oder flacher atmen, sogar aus- oder eingeatmet die Luft anhalten. All das zeigt, dass diese unsere elementare Lebensfunktion beeinflussbar ist. Das Atmen in seiner Ambivalenz aus Automatismus und Beeinflussbarkeit spiegelt aber auch den Gegensatz in der Frage: Leben wir bewusst, gestalten wir das Leben oder sind wir Objekte der Schöpfung OHNE eigenen Willen? Ja. Carl Gustav Jung brachte das Dilemma auf den Punkt. Es ist nicht das eine oder das andere, es ist das Und: *„Wir leben und wir werden gelebt."* (Aber von wem?) Beides erkennen wir im Spiegel des Atmens: Wir leben einerseits, erleben, werden vom Leben gelebt, erleiden Schicksal, wie etwa die Einbindung in eben genau diesen unseren Körper zeigt, und können andererseits *auch Kraft eigener Entscheidungen wirken:* willentlich zu- und abnehmen, Muskeln aufbauen, Gesundheit pflegen oder vernachlässigen. (Vgl. Kapitel V.2: „Macht als schöpferische Kraft …")

Die Erfahrung des Selbst als Athman, als Atmender, ist nicht weniger als essenziell: Daraus kann DeMut entstehen. Demut sei definiert als der Mut, den es braucht, anzuerkennen, was IST: Die Einsicht, wie anstrengend es einerseits ist, dauerhaft jeden Atemzug bewusst zu steuern, in der Lebens-Essenz ausschließlich willentlich zu leben –, und wie selbstverständlich andererseits das Leben uns atmen lässt – ohne jede Anstrengung, immer in der für den Körper richtigen Art und Weise. Diese Art von Demut führt, wenn ich sie häufiger praktiziere, zum (Ur-)Vertrauen: Das Leben lässt mich nicht im Stich, mein Atmen, mein Körper trägt mich, ETWAS lässt mich am Leben.

Eine andere, damit verbundene elementare Lebensfunktion zeigt und beweist uns mit unglaublicher Strenge und Konsequenz, wie „geworfen", wie unselbständig und ohn-mächtig wir in unserem Leben sind, der Schlaf: All die „du schaffst das!"-Gurus mögen uns ihre Macht über ihr Leben beweisen, indem sie probieren, nur eine Stunde Schlaf selbst beginnen zu wollen. Oder einmal drei Tage darauf zu verzichten. Wie im Schlaf, so zwingt uns des Schlafes Bruder, der Tod, zur Aufgabe des eigenen Willens an eine höhere Macht, in die Demut, eben zur Hingabe. Gezwungen, loszulassen: Erst in dem Moment, wo wir unser Denken, unser Fühlen, unser Wollen aufgeben, werden wir im Schlaf vom Tag, vom Leben im Tod er-löst.

Das Atmen spiegelt ein weiteres essenzielles Lebensprinzip: Im Ein- und Ausatmen zeigen sich Geben (ausatmen) und Nehmen (einatmen). Wenn ich Atmender bin, gebe und nehme ich, und keines ist ohne das andere denkbar, leb-bar oder mehr oder weniger wert. Auf der materiellen Ebene ist das Geben und Nehmen uns durchaus vertraut: Ware gegen Geld. Wenn Geben und Nehmen auch auf körperlicher Ebene stattfinden, wie sieht es dann auf der geistigen, und noch wichtiger, auf der emotionalen Ebene aus? Das geistige Geben geschieht etwa beim Sprechen, im Vortrag, bei der Präsentation von Gedanken, Ideen, Zusammenhängen. Das Nehmen auf der geistigen Ebene ist der Prozess des Be-Greifens und, als Mann besonders wichtig: Humor! Mann, lerne Witze!

Das Geben und Nehmen von Gefühlen geschieht durch Anerkennung, Würdigung, durch zärtliche Worte und Gesten. Wann hast du, Mann, zum letzten Mal Anerkennung, Würdigung selbstlos gegeben, d.h. ohne eine Erwartung daran zu knüpfen? Im Gegenstück: Wie oft hingegen gibst du Zärtlichkeit, nur um dafür Sex zu bekommen? Gefühle geben geschieht auch durch den Ausdruck, die Aussprache dessen, was du fühlst, das Defizit, das Frauen an uns sehr häufig kritisieren! Mehr noch als die Frage „Was denkst

du?" bringt viele Männer die Frage "Was fühlst du?" in akuten Erklärungsnotstand. Hier hilft die „Sprache des Körpers", eine erste Antwort zu finden: Kurz sich auf den Körper konzentrieren, wo spürst du etwas? Wärme, Kälte, Krampf, Zug (Flucht?) oder Druck?
Und das auszusprechen, schafft Nähe. Egal, was es ist – der Körper kann nicht lügen. Hier schafft das Aussprechen dieses Zustandes eine Ebene der Wahrhaftigkeit, die Vertrauen schafft.

Und wie nehme ich (als Mann) Gefühle an?
Blickkontakt im Moment des Gebens, der Moment, die Sekunden der Stille, des Spürens in mich hinein, wie und was mich berührt, wo ich dieses Gefühl, das mir gegeben wird, im Körper spüre.
Und, wenn ich etwas geschenkt bekomme, bedanke ich mich.

Ur-Worte
Aus dem bewussten Atmen entstand das *OM*, das Urwort, dem im Christentum das „Amen" entspricht.[30] Das meditativ gesprochene OM, aus der inneren Tiefe hervorgeholt, im AUS- Atmen, der *gebenden* Form des Atmens entsprechend, lässt damit erste und ursprünglichste Schöpfung, das Wort, entstehen. Es symbolisiert und wiederholt das christliche „Im Anfang war das Wort."
Worte, aneinander gekettet, ergeben Gedanken, ausgesprochen entstehen Sätze, die der (Selbst-) Erkenntnis folgen: „Ich bin ...", und dann Schöpfung werden: „Es werde Licht". (Siehe Kapitel „Wort sein")
„Ich bin ..." eben ein Gedanken-Gebäude in einem Körper. Der Körper hat diese und jene Gefühle, diese sind auch im Körper nachweisbar, aber es ist nicht mehr, nicht weniger. Die Geschichte

---

30 Behrendt, Joachim Ernst: „Nada Brahma – Die Welt ist Klang", Wurzeln und Bedeutung dieses Urwortes, sehr empfehlenswert zu hören als CD. (bei Zweitausendeins)

dieses Körpers ist bald vorbei, das Ziel ist der Tod. Dazwischen ist männliches Bewußtsein:
- Präsenz im Jetzt.
- Davor- vorbei. Danach- nocht nicht da. Also sind Vergangenheit und Zukunft – nichts als die Gedanken darüber.
- So entsteht männliche Souvaränität: Jetzt bin ich nackte Aufmerksamkeit.

Die fortdauernd wachsende, entspannte Aufmerksamkeit ist die taoistische Form der Meditation, der teilnahmslosen Beobachtung meiner Gedanken. Das fortwährend gesprochene „Nein!", zu der Idee, die eigenen Gedanken als Wahrheit anzuerkennen. Gedanken entstehen, unabhängig von meinem Willen, mein Gehirn produziert sie unablässig. Wer glaubt, der Herr seiner Gedanken zu sein, der versuche nur, den Gedankenfluss zu stoppen: Jetzt! Da kommt wieder ein Gedanke, – also stopp!

Es funktioniert nicht – der schlaflose Geist erfindet sich, das EGO, sich selbst permanent neu bestätigend. Und das tiefere, meditativ sich schulende Selbst kann diesen Prozess beobachten. Mehr nicht. Das ist Psychagogik, die eigene Seelenführung hin zur gelassenen, teilnahmslosen Betrachtung. Am Ende: Gelassenheit im Angesicht des Todes. Bis dahin: Freudige Gelassenheit beim Anblick des Lebens. Eine Einführung in diese Praxis der inneren Beobachtung findet sich bei Theo Fischer:[31] Sehr viel ausführlicher und konsequenter in der Beschreibung der Notwendigkeit stellt dies Krishnamurti dar. Die nackte Beobachtung, die reine Aufmerksamkeit zu dem, was (in unseren Gedanken) geschieht, reicht aus, um einen Wandel einzuleiten.[32]

Aus der Aufmerksamkeit, dem „An- e*rkennen, was IST*" entstehen die Worte, die, bewusst oder unbewusst gewählt, Schöpfung sind. Nach „Es werde Licht!" im ersten Gegensatz zur Dunkelheit, entstand das Erkennende und damit das Universum. Aus der Erkennt-

---

31 Fischer, Theo: „Wu wei – Die Lebenskunst des Tao", Reinbek 2009, S. 30ff
32 Krishnamurti, Jiddu: a.a.O. S. 30 ff

nis der Gegensätze gestalteten wir fortgesetzt und in Zukunft unsere Welt – mittels Sprache, mit unseren Worten. Und das geschieht nicht nur erweiternd, sondern auch einengend: „Die Grenzen meiner Sprache bedeuten die Grenzen meiner Welt", sagte Ludwig Wittgenstein.

Wir erschaffen unsere Welt und gestalten unser EGO durch die Worte, die wir sprechen. Das beginnt mit der ersten Selbsterfahrung, der fortgesetzten Selbsterkenntnis des Kindes und des Heranwachsenden. Bis zu einem unbestimmten Zeitpunkt nennt es sich beim Vornamen, sagt: „Peter Hunger", bis es irgendwann die Primär-Erfahrung gemacht hat und dann von sich selbst als „Ich" spricht: *„Ich bin … gar nicht müde!"*

War die Geburt des „EGO" ein Trauma? Diese Geburt des Ich-Bewusstseins ist vermutlich ähnlich schmerzhaft wie die physische Geburt, wie auch diese aus gutem Grund nicht erinnert wird. Von da an, so die These, vermeidet der wachsende Mensch diese Primär-Erfahrung wie der Teufel das Weihwasser, um nicht an diesen Schmerz erinnert zu werden. Diese Erkenntnis des ICH nennt die Psychologie „Primär-Erfahrung". Sie entspricht dem biblischen Biss in den Apfel vom Baum der Erkenntnis: „Und sie sahen an sich hinab und erkannten, dass sie nackt waren." Das damit verbundene „Primär-Gefühl": Scham. Weswegen Nietzsche es als höchste menschliche Tat empfand, jemand anderem Scham zu ersparen. Damit setzt (immer wieder!) auch die Vertreibung aus dem Paradies ein, denn seit dem Biss in den Apfel vom „Baum der Erkenntnis" erkannten Adam und Eva, was gut und was schlecht sei, begannen sich zu beurteilen und alle und alles andere zu bewerten. Und es war Schluss mit Paradies.

Ob das EGO, das „Selbst- bewusst- sein" durch ein Trauma in einem „Urschrei" geboren wurde, sei dahingestellt. Fest steht, dass sich das EGO zunächst weiterentwickelt aus der Übernahme der Worte und Wertungen der Eltern, später zunehmend auch aus den eigenen Gedanken, insbesondere während der Pubertät, auch durch das Fremdbild der Gruppen.

Die ersten Gedanken über uns selbst wurden während dieser Entwicklung selten hinterfragt. Dazu dient die Frage in der Meditation: „Wer bin ich?", die in der frühen Phase erst mal lautet: „Wie wurde ich, was ich bin?"

Unbewusste Wurzeln: Eltern
Nicht nur das EGO als Selbstbild wird geformt durch das, was die Eltern zu uns sagen und wie sie über uns sprechen. Auch unser eigenes, inneres Bild vom Mann als Partner und Vater wird maßgeblich geprägt vom Vor-Bild, das dieser uns liefert: *„Erziehung ist sinnlos: Kinder machen den Eltern eh alles nach!"* (nn)
Die Eltern werden dabei meist als gegensätzliches Paar erlebt – der eine stärker, der andere schwächer. Für uns Männer ist dabei prägend das *Vor*-Bild, das der Vater gegeben hat. Und 'prägend' als eine Art innerer Stempel, den unsere Seele trägt, trifft das Bild der inneren Gestalt haargenau. Denn es betrifft nicht nur die Momente, in denen sich der Vater seiner Rolle stellt und bewusst Vaterschaft lebt, indem er sich aktiv mit dem Kind beschäftigt. Dieses Vor-Bild lebt der Vater sogar in seiner Abwesenheit. Er kann *nicht* Nicht-Vorbild sein, denn zum einen ist das Kind in seiner Abwesenheit allen anderen Einflüssen ausgeliefert, insbesondere denen der Mutter: Wie sie über den Mann im Allgemeinen, den Vater im Besonderen spricht. Zum anderen entsteht durch das Fehlen auch ein inneres Vakuum, quasi eine „Nicht-Persönlichkeit", die sich selbst spätestens ab der Pubertät zu suchen beginnen wird.
„Um ein Mann zu werden, muss man einen Mann sehen."[33]
Dabei spielt es merkwürdigerweise keine Rolle, ob die Rolle des Mannes bewusst übernommen oder abgelehnt wird: Die ablehnende Auseinandersetzung führt ebenso zur Übernahme der elterlichen Muster. Selbst wenn sie zunächst kompensiert werden soll-

---

33 Sax, Leonard: „Jungs im Abseits – 5 Gründe, warum unsere Söhne immer antriebsloser werden – Die aufrüttelnde Analyse eines Kinderarztes", München 2009

ten, werden diese Muster oft auf der unbewussten Ebene wiederholt.

Ob ein Mann als Vater ab- oder anWESENd war, und in welcher Form, damit stellt sich auch für uns als Männer die Identifikations- und Entwicklungsaufgabe.

Das betrifft zum einen unsere eigene Entwicklung, der ich als verantwortungsbewusster Mann nicht ausweiche, sondern mich ihr stelle. Dort hinschaue, wo es weh tut. Nicht nur durch Abgrenzung, sondern durch die bewusste Gestaltung, die eigene Seelen-Führung, „Psychagogik".

Das betrifft aber zweitens auch die Entwicklungsaufgabe, die wir den Kindern, vornehmlich den Jungen, bieten. Oder eben nicht.

Ablehnung des Vaters – und die Auswirkungen

Ist der Vater schwach, die Mutter dagegen dominant, übernehmen wir die latente Abwertung des Vaters als Ablehnung unserer eigenen Männlichkeit. Robert Betz[34] erklärt daraus die besondere Aggressivität in der Sexualität schwuler Paare, die in krassem Gegensatz zu ihrer sonst feinfühligeren, kreativeren und weicheren Kommunikation steht.

Auch ohne das Risiko von Homosexualität durch massiv auftretende Mütter zu betonen, wird die Situation verschärft durch die vermehrt bei den Müttern aufwachsenden Söhne. Die Haltung der Mütter zu Vätern, Männern generell, beschreibt Gerhard Amendt so: Es gebe eine „*auffällige Wandlung vieler Ex-Partnerinnen zu manifest zerstörerischen Frauen und manipulativen Nachscheidungsmüttern, die ihre tiefe narzisstische Verletzung zwar nicht thematisieren können, sie aber umso gnadenloser in ihrer Hilf- und Sprachlosigkeit gegen den Ex-Mann wenden und zu diesem Zweck die Kinder in eine „vaterentsorgende Waffe" zu verwan-*

---

[34] Robert Betz: (Vorträge, CDs): „Vater Deiner Jugend – Tor zu Deiner Freiheit", ders.: „Mutter Deiner Jugend – Tor zu Deiner Freiheit"

*deln versuchen."*³⁵ Da das Kind, speziell hier wieder der Junge, in seiner Kindlichkeit den Einflüssen der Mutter ausgesetzt ist, weil sie oft unfähig zur Distanz dem Vater gegenüber ist, wirken diese umso tiefer und nachhaltiger. Durch Jugendämter, fragwürdige Entscheidungen der Familiengerichte und in der Fortsetzung der Männerlosigkeit, einseitig auf Mädchen konzentrierte Erziehungsstile der Frauen in Kindergärten und Schulen unterstützt, wird so nicht nur das Väter- sondern in dieser Generation das Männerbild, ein ganzes Geschlecht, langsam vernichtet. Unterstützt durch den materiellen Überfluss, lernen Jungen drei Dinge nicht mehr:
KRAFT – sich anzustrengen.
AUSDAUER – dies über längere Zeit und Widerstände hinweg.
AGGRESSION – Gefühle von Neugier, Mut, Selbstüberwindung (Wachstum), aber auch Zorn oder Wut fruchtbar auszuleben.
Daraus entsteht eine **Differenz, ein Defizit: männliche Energie.**

Das haben wir Männer lange genug zugelassen. Mit dieser Erkenntnis und Einsicht in „schuldhaftes Zulassen" liegt ab jetzt die Verantwortung für die Entwicklung der Burschen zu 100% bei uns. Stellen wir uns dieser Verantwortung, nehmen wir sie wahr!
Nehmen wir uns die Zeit für die Burschen, gehen wir auf sie zu, zeigen wir Ihnen mit Witz, Phantasie und Geduld die Welt, die Natur, die Geschichte, die Länder, die Menschen, das Leben, unsere Gestaltungskraft.
Und erleben wir das großartige Geschenk, das sie uns zurückgeben, wenn wir ihnen unser Bestes gegeben haben: Zeit und Aufmerksamkeit. Sie sind es wert, jeder einzelne.

Ödipus lebt!

Ein Risiko für die gesunde Selbstwertentwicklung von Jungen ist nicht nur der fehlende bzw. abwesende Vater. Auch ein zu starker,

---

35   Amendt, Gerhard: „Das Leiden der Männer" in: Die Welt vom 28.6.2006

möglicherweise tyrannischer Vater, bringt den Sohn in die Nähe zur Mutter, die er tröstend zu stützen versucht. Diese unbewusst gewählte Aufgabe überfordert den Sohn und belastet viele Männer ihr Leben lang. Ihr Versprechen: „Mutter, ich werde es später besser machen als Papa", zieht nicht nur die Geringschätzung des Vaters nach sich (das Kind mischt sich abwertend ein in die Beziehung seiner Eltern), sondern hindert den Sohn daran, das Besondere, das den eigenen Vater auszeichnet, anzunehmen. In der Folge fällt es ihm schwer, als dessen Multiplikator das Beste aus dem zu machen, was er vom Vater durch seine Gene, sein Vorbild, seine Erziehung und in Gesprächen an Kräften, Talenten, Begabungen und Werten mitbekommen hat.

Je länger ich in den letzten Jahren über meinen Vater nachdachte, desto mehr wurde mir bewusst, dass er ja gar nicht *nur* das Ekel war, als das ich ihn seit der Kindheit gesehen hatte: Er war beruflich erfolgreich, ein mutiger Einzelkämpfer, und gab mir die Liebe zur Natur, den Umgang mit Hunden, eine Offenheit gegenüber Fremden und Kindern mit. Zu verdanken habe ich ihm außerdem Neugier, Einsatzwille und Prinzipien („Ich will – ich muss!"), den Mut und den Willen, für die Wahrheit einzustehen und sie zu verteidigen.

Ein Bild für den nicht erwachsen werdenden Sohn ist z. B. der ewige Prinz, wie Prinz Charles, der die Rolle des Königs nicht annehmen will. Er lässt sich anreden mit dem Kosenamen aus seiner Kindheit, die Endung auf „i". Er weigert sich beharrlich, die Insignien des Erwachsenen anzunehmen. Hemd, Anzug, Krawatte, gute Schuhe sowie alle Formen männlicher Eleganz sind ihm ein Gräuel. Sein Haar trägt er jugendlich frei, offen, lang und gibt sich als ewiger Rebell.

Die Rebellion kann perfide Formen annehmen: Der Sohn eines berühmten Rhetorik-Professors beschrieb in einem Buch in aller Ausführlichkeit das Alzheimer–Siechtum seines Vaters. Was als beeindruckende Beschreibung des Verfalls aus der intellektuellen

Höhe und Brillanz in die beschämende Lebensform der Demenz und der damit verbundenen Belastung für die Angehörigen durchaus wertvoll sein könnte, entpuppte sich in der Widmung als ödipaler Vatermord: „Für Mutti" (!)
Wogegen rebelliert er?
In seiner „Prinzenrolle" steht der kindliche Mann für den ewig jugendlichen Verführer, der die innere und äußere Autorität des Königs ablehnt. Dies ist typisch für die Generation der ewigen 68er, die sich im Wesentlichen über die Ablehnung durch die Elterngeneration definiert und damit die Entwicklungsphase ihrer Pubertät ins Unendliche ausdehnt. Die darin liegende Problematik belastet nicht nur die Gegenwart, sondern auch die Zukunft und Zukunftsfähigkeit des Mannes: *„Die Autorität ist von den Erwachsenen abgeschafft worden,* und dies kann nur eins besagen: nämlich *dass die Erwachsenen sich weigern, Verantwortung für die Welt zu übernehmen, in die sie die Kinder hineingeboren haben."*[36] (⸺⁖ Männliche Kraft in der Führung von Kindern)

Rebellen sind macht- und verantwortungslos

Schon an der Sprachwurzel des „Patriarchats", fällt auf, dass es erst mit der Emanzipationsbewegung negativ konnotiert worden ist: es stammt von lat. pater ab, was nichts anderes als der Vater ist. Diesen Begriff „Patriarchat" in die Nähe des Machtmissbrauchs zu rücken und so negativ zu besetzen, ist eine verdeckte Diskriminierung der Vaterrolle und sicher nicht im Sinne des für-sorglich führenden Mannes. Wenn ich das Selbstbewusstsein in mir trage, ein wohlwollend-gebender, fürsorglicher und somit guter Mann und Vater zu sein, dann antworte ich auf den Vorwurf, Patriarch zu sein: „Ja, und? Maskulist bin ich übrigens auch!"

---

36   Arendt, Hannah: „Die Krise in der Erziehung" in: „Zwischen Vergangenheit und Zukunft" (Vortrag 1958)

Wer nur das Negative sieht, kann nicht abgrenzen, geschweige denn etwas Positives annehmen!
Gerade NICHT SO werden zu wollen wie der Vater, das ist das Dilemma, das aus der Abgrenzung entsteht. Durch die absolute Ablehnung des Vaters gelingt Männern nicht die positive Identifikation mit ihren eigenen männlichen Anteilen: Sowohl der schlechten als auch der guten, wie z. B. Präsenz, Leistungsfähigkeit und -willen, Zielorientierung, Stärke, Ausdauer, Verantwortung für sich selbst und Schwächere, Fürsorge, Entscheidungsfähigkeit, kurz, alles was den Erwachsenen auszeichnet.

Die Auswirkungen der Ablehnung des Vater können sein, abgesehen von der Frauenproblematik: Konflikte mit („Vater-") Staat, dem Gesetz, der Polizei, dem Finanzamt, den Vorgesetzten und leichtsinniger Umgang mit Finanzen. Damit wird auch das Verhältnis zur Macht ein gespaltenes: Wenn der Vater seine Macht entweder nicht wahrgenommen hat, weil er durch Abwesenheit glänzte oder seine Autorität überzogen und so missbraucht hat, können die ewig Pubertierenden sich nichts unter segensreichen Auswirkungen von eben dieser Macht vorstellen. Und so entstehen Konflikte mit Autoritäten, nicht zuletzt mit der ihnen innewohnenden, eigenen Autorität.

Pubertierende sind beziehungs-unfähig
Einerseits will man ein guter, gar ein „besserer" Mann als der eigene Vater sein, andererseits hat ein solcher Sohn als „Muttersohn" gar kein besseres Vorbild! Stattdessen orientiert sich der „vaterlose" Sohn an Frauen. In dem eklatanten Mangel an Vorbildern geschieht das aus Not durch Abgrenzung, in der harmlosen Version: „DAS ist weiblich, ich nicht ...", oder durch Verachtung des Weiblichen mit einer Affinität zum Macho. Die vermeintliche Nähe zu Frauen wird dann in Form von Affären oder polygamen Beziehungen gelebt. Das Verhältnis zu Frauen ist generell problemgeladen. Derartig schwache Männer suchen sich wiederum Frauen, bei denen sie ein Helfersyndrom entwickeln können, ähn-

lich wie bei der symbiotischen Beziehung zur Mutter. Unglücklich liierte Frauen, bei denen sie den Liebhaber spielen, „Play-Boys", lächerlich-tragische Verführer schwacher Frauen im Alter bilden die Zielgruppe der betreffenden Männer. Und solche Männer sind nicht in der Lage, mit Frauen eine gleichberechtigte Partnerschaft zu leben. Gute, starke, selbstbewußte Frauen wiederum können sich nicht auf solch schwächliche Männer einlassen. Von beziehungsfähigen Frauen werden sie in letzter Konsequenz gemieden und immer wieder verlassen, weil ihnen die innere, männliche Kraft fehlt und sie keine echten, wahren Männer sind – sondern psychische Schwächlinge.

Diese innere Unzulänglichkeit ist dem Prinzen nicht bewusst, er gibt der Frau ja vermeintlich sein Bestes. Da diese aber den Mangel an männlicher Kraft erkennt und bald das Weite sucht, entwickelt der Prinz allmählich Zorn auf die Frauen; später kann sich dieser zu einer massiven Frauenverachtung entwickeln. Bedingt dadurch verstärkt sich seine Unfähigkeit, der Frau an seiner Seite aktiv zuzuhören – er bleibt den launischen Prinzessinnen verbunden, denn eine Königin findet er nicht.

Keine Karriere in der Pubertät

Am deutlichsten spürbar wird das fehlende Vorbild des Vaters im Berufsleben: Weil der Vater eben für zielbewusste Kraft und Ausdauer steht, verweigert der ewige Prinz jegliche Anstrengung. Er ist nicht dauerhaft belastbar, kann Rückschläge und Ablehnung nicht verkraften, schreckt bei Problemen zurück und ist aus Angst vor dem Scheitern nicht in der Lage zu neuen Anfängen. Man muss dem Rebellen zugute halten: „Die Alten" haben es durch rücksichtslose Machtkämpfe den Jungen schwer gemacht, Vertrauen aufzubauen. Wer beobachtet hat, wie fähige Politiker wie Biedenkopf, Merz, Egger und Späth und der Verfassungsrichter Kirchhoff von den Seilschaften um Kohl und Schröder abgekanzelt wurden, weiß, warum das Misstrauen gegen „die Alten" berechtigt sein kann. Aber hier vermag der ewige Rebell nicht sinnvoll abzuwägen, wo er (weiter) kämpfen oder wo er klein beigeben und sich zurückziehen sollte. Konflikte werden gemieden oder verdrängt. Dem ewigen Revoluzzer fehlt die innere Kraft und Ruhe, aus sich heraus eine andere, seinen Talenten angepasste und erfolgversprechende Karriere zu wählen, selbst wenn sie bescheidener ausfällt. Seine wahren Talente als Mann kennt er nicht, da er seine Wurzeln ablehnt. Und so entscheidet er sich, typisch narzisstisch, für den Kampf gegen Windmühlen. Um sich und andere von seinen Defiziten abzulenken und sich nicht selbst erkennen zu müssen, wird auf Nebenkriegsschauplätzen gekämpft. Hierbei geht es mit Vorliebe um vermeintlich höhere Ziele, die nichts weniger als „die Rettung der Welt" versprechen – während die eigene Welt, die gegenwärtige Beziehung, Wohnung, Keller, Kühlschrank, das Bankkonto im Chaos versinken.[37] George Bernard Shaw: „Die besten Reformer, die die Welt je gesehen hat, sind die, die bei sich selbst anfangen."

Die dazu passende, typische Rolle, im Unterschied zum „guten Menschen" – ist der „Gutmensch": *„Der gute Mensch handelt gut im Dienste eines konkreten einzelnen Menschen. Ansonsten leitet er nichts daraus ab, es fällt ihm nicht ein, anderen ein schlechtes Gewissen zu machen. Der Gutmensch aber stellt sein Gutsein in den Dienst der Menschheit, darunter macht er es nicht. Sein Ziel besteht darin, als gut zu wirken, und er erreicht es am schnellsten, wenn er die anderen als Sünder erscheinen lässt."*[38]

„Richtige Männer" verzweifeln an solchen Träumern: „Vergiss den Weltfrieden, benütz den Blinker, du Arschloch!"

---

37 Leimbach, Bjoern: „Männlichkeit leben", Hamburg 2008 S.85ff. Sehr anschaulich findet sich hier die Beschreibung der an die Mütter und Frauen verlorenen „vaterlosen" Männer
38 Die Zeit: „Rechthaber und Samariter" vom 22.12.2009 Nr. 53

Innere Kraft und Spiritualität: Ein Gott fehlt.

„Im 18. Jahrhundert war der Atheismus so elegant wie der Liebesbrief. Heute ist er so plump wie die SMS." (Michael Klonovski) Neben dem beruflichen Scheitern zeigt sich bei den ewig pubertierenden Rebellen, die Schwierigkeiten mit Autoritäten haben, ein desolates Verhältnis zur Religion. Weil der Vater schon inakzeptabel war, wie viel weniger vermag ein Rebell dem Gott-Vater zu vertrauen!? Christliche Religion wird reduziert auf Inquisition und Kreuzzüge, ein höhnisches Zerrbild des Gottvaters als „alter bärtiger Mann". Und weil das Alte wie die Alten eh nichts taugen, ist jede Tradition überholt, am deutlichsten die überkommene Tradition des Papstes (lat."papa"). Ein „gütiger Gott-Vater" ist diesen Männern nicht nur undenkbar, unvorstellbar, am allerwenigsten als liebende und vorbildliche Leitfigur oder „religio", Ort des inneren Rückzugs, der Besinnung. Besinnung betrifft auch immer die Frage nach der eigenen Rolle „in der Welt": Wenn ich Schöpfung und Schöpfer identisch sehe, ist da keine Trennung mehr: Alles, was ist, ist Gott; dieser Moment ist so göttlich, wie er nur werden kann. Das betrifft aber auch mich: Ich bin Teil der „Schöpfung", erschaffe mir (mehr oder weniger bewusst) durch die Kraft meiner Erkenntnis und Worte meine eigene Welt: Ich bin für diesen Teil der Schöpfung (mein Leben!) selbst verantwortlich. Und als Teil der Schöpfung, eingebunden in das Leben ringsum, eben auch – göttlich!

Beim fehlenden Gott geht es nicht nur um die rein rationale ethische Reflexion, zum Beispiel im Rahmen der Zehn Gebote. Für den spirituellen Mann, den gläubigen, auf Gott vertrauenden Mann ist Gott auch eine Gestalt der inneren Wärme und der Herzlichkeit, eine Adresse, bei der er Trost empfangen kann. Seine Zweifel an Gott fallen im Laufe der Jahre von ihm ab wie welkes Laub, dadurch wird er innerlich gefestigt. Im lapidar dahin gesprochenen „Gott sei Dank!" ist Gott Empfänger meiner Dankbarkeit und meiner Freude am Geschenk des Lebens.

Somit fehlt dem kindlichen Mann nicht nur eine innere Frage- und Kontrollinstanz, ein innerer Dialogpartner, der das eigene Verhalten „infrage stellen" könnte, sondern auch eine innere Gestalt der Wärme, der Herzlichkeit, auch um sich und anderen z. B. Fehler verzeihen zu können. Für Nietzsche war es Ausdruck höchster Menschlichkeit, anderen Scham zu ersparen. Wer dies durch aktives Verzeihen nicht gelernt und geübt hat, der bleibt demnach – un-menschlich!

Zur Entfaltung seiner ganzen Persönlichkeit zählt auch die Entwicklung des „Emotionalen Selbst". Neben dem geistigen, dem rational denkenden, körperlichen Mann gibt es auch einen Raum für Gefühle. Dazu zählen neben Freude und Mitgefühl auch die sogenannten „negativen" Gefühle wie Angst, Trauer, Wut, Hass oder Zorn. Wer der Mutter zu nahe stand, dessen negative Gefühle werden tendenziell unterdrückt, weil für das Weibliche alle Aggressionen (lebens-) bedrohlich sind. Sie können schwer die Raufereien unter Jungs aushalten, weil jede Aggression negativ besetzt ist. Für Bjørn Leimbach ist in "Männlichkeit leben"[39] ein ganzes Kapitel vorgesehen: "Aggression als Grundbaustein der Männlichkeit". Er entfernt die Vorbehalte gegen männliche Aggression, differenziert die Formen der Aggression und stellt diese Energie in einen größeren Zusammenhang. Für mich ist sie als Baustein zu einem weiteren, größeren emotionalen Selbst lebenswichtig. Meine Gefühlswelt wird reicher, ich kann vielseitiger auf Ereignisse reagieren. Die Sprache hilft, etwa bei der Unterscheidung zwischen "blinder Wut" "rasendem Zorn" und "heiligem Zorn". Was Frauen verständlicherweise Angst vor Aggressionen macht, ist die Tatsache, dass für sie als Außenstehende nicht erkennbar ist, wer beim Ausleben dieser Gefühle der "Herr im Haus" ist. Sport, besonders asiatische Kampfsportarten, befähigen den Schüler, zu differenzieren, eben diese Gefühle beherrscht auszua-

---

39 Leimbach, Bjørn: "Männlichkeit leben", Hamburg 2008, S. 61ff

gieren, sie zu benützen, aber sich nicht von ihnen beherrschen zu lassen.

Kinder, die dank restriktiver Erzieherinnen ihre Aggressionen weder in Kindergarten noch Schule ausleben können, lernen nicht, wie weit sie gehen dürfen, kennen die Grenzen zur Verletzung nicht. Und so entstehen "Tottreter".

Wegen dieses fehlenden liebevoll-kritischen Über-Ichs und des Mangels an Beherrschung der eigenen „negativen" Gefühle, wird aus dem jugendlichen Rebellen im Laufe der Jahre – der Tyrann. Selbstherrlich, narzisstisch, unreflektiert, ... wie der eigene Vater. Und so v-erzieht – oder vernachlässigt er seine Kinder – Die Endlosschleife ist perfekt.

Biografie-Arbeit

Der Rückblick auf die eigene Kindheit, der Umgang mit dem Vater oder anderen an der eigenen Entwicklung und Erziehung Beteiligten fällt oft gnadenlos aus. Selbstkritik hat selten genau *das* Konstruktive in sich, was der Wortstamm im Griechischen eigentlich erwartet, sondern wird schnell mit „vernichtend" assoziiert. Weswegen Mann sich der Selbstkritik zu Recht so ungern stellt. Es breitet sich selten großes Wohlbehagen aus über der Frage beim Klassentreffen: „Alter Junge – was ist denn aus *dir* geworden?"
Ich hatte so große Träume. So viele Pläne. Manches habe ich tatsächlich geschafft, bin aber auch schon so oft gescheitert. „Ich bin, was ich werden könnte" – Aber das bin ich nicht! Also habe ich versagt. Warum – und ist das wirklich so?
Es lohnt sich, bei der Biografie-Arbeit „sanft" mit sich zu bleiben, auf Stärken zu achten und diese zu würdigen: „Was war das Gute im ‚Schlechten'"? Knigge referierte in „Über den Umgang mit Menschen" auch über den „Umgang mit sich selbst":
„ *'Willst Du (..) im Umgange mit Dir Trost, Glück und Ruhe finden,* ***so musst Du ebenso vorsichtig, redlich, fein und gerecht mit Dir selber umgehen,*** *wie mit andern, also dass Du Dich weder durch*

Misshandlung erbitterst und niederdrückest, noch durch Vernachlässigung zurücksetzest, ..." (5. 82).' Indem eine Person auf sich selbst ebenso Rücksicht nimmt wie auf andere, tritt sie sozusagen in einen Austausch mit sich selbst ... Die Person trennt sich in einen respektierenden bzw. sorgenden Teil und in ein ‚Selbst', dem die Fürsorge gilt."[40]

Auch Knigge hatte schon unterschieden zwischen dem EGO und dem (tieferen) Selbst und plädierte ebenso wie bei der Kritik am Nächsten dafür, vertrauensvoll und sanft mit sich selbst zu bleiben. Der Entwicklungsweg, den Mann nehmen muss, ob er will oder nicht, ist für einen gläubigen Menschen mit einiger Wahrscheinlichkeit vorgezeichnet, daher:

Vertraue!
Erlösung kommt von innen,
nicht von außen,
und wird erworben mehr,
als dir geschenkt.
Sie ist die Kraft des Innern,
die von draußen
rückstrahlend deines Schicksals Ströme lenkt.
Was fürchtest du?
Es kann dir nur begegnen,
was dir gemäß
und was dir dienlich ist.
Ich weiß den Tag,
da du dein Leid wirst segnen,
das dich gelehrt zu werden,
was du bist." Ephides

---

40 Galliker, Mark und Klein, Margot: „Knigge lesen: ...a.a.O. S. 55

Der erste Schritt

Für einen Mann, der sich in der Rolle des ewig Pubertierenden, des überalterten Rebellen, wiedergefunden hat, ist der erste Schritt der Schwierigste. Denn seit den 68er Jahren ist die Zeit der Rebellion gegen „die Alten", das Establishment, dessen zur Vernichtung angestrebten Kritik, die fortdauernde Pubertät zur allgemein anerkannten und zur beinahe einzig akzeptierten Lebens-Haltung geworden: *„Wir haben uns doch damals eine Gehirnwäsche verordnet, und die hieß ‚Entbürgerlichung'"*.[41] Damals? Der Einfluss der 68er kann trotz seiner fehlenden zentralen Organisation gar nicht unterschätzt werden. Da sie die kapitalistische Wirtschaft und Leistungsgesellschaft ablehnten, fanden sie in den 70er Jahren eine bequeme finanzielle Hängematte in der öffentlichen Verwaltung und den (damals noch weitgehend öffentlich-rechtlichen) Funk- und Printmedien: *„Unter dem Titel «Die Souffleure der Mediengesellschaft» haben einige Kommunikationswissenschaftler abermals die deutschen Journalisten gründlich durchleuchtet und dabei herausgefunden, dass **2005 immerhin 36 % die Grünen bevorzugten, 26 % die SPD** und 1 % die PDS/Linkspartei. **Unter Journalistinnen haben die Grünen sogar 43 % Anhänger**.*[42] Ein ganz ähnliches Ergebnis: Frau Professor Dr. Magret Lünenborg von der Freien Universität Berlin hat im Auftrag des Deutschen Fachjournalistenverbandes die Einstellung von Politikjournalisten untersucht und unter anderem herausgefunden, wo sie sich politisch einordnen: 36,1 % stehen keiner Partei nahe, sagen sie. Dann folgen die Parteien: Grüne 26,9 %, SPD 15,5 %, CSU/CSU 9,0 %, FDP 7,4 %, Linke 4,2 %, Sonstige 0,9 %. Bei einer Wahl, bei der die Unparteiischen als Nichtwähler zu Hause blieben, ergäbe das folgendes Ergebnis: Grüne 42 %, SPD 24 %, CDU/CSU 14 %,

---

41 Hannover, Irmela/Schnibben, Cordt (Hg.): „I Can't get No. Ein paar 68er treffen sich wieder und rechnen ab", Köln 2007, a.a.O.

42 „Seifert, Heribert: „Journalisten – links, aber unparteiisch?" in NZZ v. 30.8.2006

FDP 12 %, Linke 7 %, Sonstige 1 % – also eine Zweidrittelmehrheit für die neue Bundeskanzlerin Claudia Roth mit der SPD als Juniorpartner in einer rotgrünen Koalition. [43]

Weil der öffentliche Dienst während der Ära Helmut Schmidt eine außerordentliche Aufblähung erfuhr, erreichte er einen besonderen Wirkungsgrad bei der Verbreitung seiner Ideen im Bildungssektor und in der Justiz. So konnte sich das Gedankengut des ewig Pubertierenden in den letzten 20 Jahren zum anerkannten Lebensstil der 90er Jahre bis heute etablieren. Die 68er sind vielleicht politisch nicht zentral organisiert, aber das Band der „political correctness" verbindet sie über die Parteigrenzen von „Die Linke", SPD und „Die Grünen" hinweg. Auch heute wird fast jede „bürgerliche" Wertvorstellung als „überkommen" oder „überholt", oft gar „rechts" verurteilt (Fall Eva Herman), obwohl das Scheitern der von den 68ern geforderten neuen Formen von der Bildungs- (PISA) über Familien- (Scheidungsrate) bis hin zur Integrationspolitik (Rütli-Schule) immer deutlicher offenbar wird. (Siehe Kapitel „Männergewalt heute") Weil der Lebensstil der pubertären Männer in der Gesellschaft noch immer so hoch angesehen ist, und weil im Gegensatz dazu der männlich-patriarchalische Mann in Medien, Gesellschaft und von vielen emanzipierten Frauen abgelehnt wird, war diese vergleichsweise harmlose „Prinzen-Rolle" bequem und, als „Frauenversteher", sogar respektiert und in gewisser Weise erfolgreich! Es gibt unter den 68ern kaum Bekenntnisse zum bürgerlichen Leben. In der jüngeren Generation kann man dies viel häufiger verzeichnen, als Medien heute glaubhaft machen wollen: *„Ich glaube, ich habe in dieser Runde am meisten die Forderung der Frauenbewegung ernst genommen und auch gelebt, nämlich dass man keinen Mann braucht, auch nicht zum Kinderkriegen, zwar zum Zeugungsakt, aber danach brauche ich ihn*

---

43 ef-eigentümlich frei, „Journalisten sind links ... Neue wissenschaftliche Nachweise" vom 13.5.2010

eigentlich nicht. Und das habe ich ja zumindest mit meinem ersten Kind, meiner Tochter, auch voll durchgezogen, und bei meinem zweiten habe ich dann auch zum Vater gesagt: ‚Also, kannst gerne mitmachen, aber geht auch ohne.' Hatte Glück, war ein Ostmann, der sagte: ‚Aber selbstverständlich mache ich da mit' **Und so entdeckte ich – praktisch gegen meinen Willen – die Segnungen einer funktionierenden, bürgerlichen Familie."**[44]
Wie schön!

Die Zeit der Pubertät ist vorbei

Der erwachsene Mann merkt, dass seine pubertäre Rebellion sich nicht fortgesetzt gegen sich selbst richten kann, denn er ist zu dem geworden, gegen den er rebelliert: über Dreißig, ein Alter!
Schluss damit! Ausgerechnet die sehr emanzipiert schreibende Autorin Doris Lessing forderte: „*Männer wehrt euch! Ich bin zutiefst schockiert über die gedankenlose Abwertung von Männern, die so sehr Teil unserer Kultur geworden ist, dass sie kaum noch wahrgenommen wird*", sagte Doris Lessing in einem Bericht des The Guardian: „*Es ist Zeit zu fragen, wer eigentlich diese Frauen sind, die ständig die Männer abwerten ... Die dümmsten, ungebildetsten und scheußlichsten Frauen können die herzlichsten, freundlichsten und intelligentesten Männer kritisieren, und niemand sagt etwas dagegen*".[45]

Ein Mann hatte sich mangels Alternativen in eine solche Identität hineingefunden. Eine Anerkennung dieses Defizits an „Guter Männlichkeit" setzt zudem Kenntnis darüber voraus, was denn der Vorteil dieser bislang fehlenden Persönlichkeitsanteile sein könn-

---

44 Hannover, Irmela/Schnibben, Cordt (Hg.): „I Can't get No. Ein paar 68er treffen sich wieder und rechnen ab", Köln 2007, a.a.O.
45 Lessing, Doris: „Lay off men, Lessing tells feminists", The Guardian, 14.8.2001

te, lebte es sich doch in der Nähe von Frauen als Frauenversteher recht bequem!

Besonders für alleinerziehende Mütter ist der Sohn oft der kleine Prinz, ohne jede Schwäche, der kleine Halbgott, Ersatz für alles Männliche, das sonst in ihrem Leben fehlt und dabei auch noch: beHERRschbar!

Weil der Vater fehlte, ist die Persönlichkeitsstruktur häufig narzisstisch, denn diese Männer werden von den Müttern überhöht, verwöhnt, als Vater-, Freundes- oder Liebhaberersatz sogar psychisch, häufig unbewusst, missbraucht. Weil der „männliche Kern" ihrer Persönlichkeit fehlt, spüren die Muttersöhne diesen Missbrauch nicht. *Narzissten sehen ihr Verhalten nicht als Problem!*[46] Nicht zuletzt fehlt es den betroffenen Männern an etwas, das ihnen die Mutter häufig nicht nur nicht beibringen konnte, sondern auch nicht beibringen wollte: „DeMut vor dem guten, starken Mann".

Das ist der Respekt vor dem Mann, der die Nummer EINS ist: Er ist deswegen Führungskraft, weil er nicht nur seine eigenen Probleme mutig anpackt, sondern sich auch zur Verfügung stellt und Verantwortung übernimmt für die Sorgen der Schwächeren.

Das ist der Mut, hinzuschauen, anzuerkennen, was ist, auch wenn es gerade nicht angenehm ist: Dazu zählt, die eigenen Defizite anzuschauen. Eine Anerkennung der darunter liegenden Problematik ist dem Selbstwert im ersten Moment abträglich – für Narzissten sogar buchstäblich existenziell bedrohlich. Aus diesen Gründen ist das innere Wachstum, die eigene Seelenführung, „Psychagogik" nur wenigen vorbehalten. Sie ist dennoch notwendig, mindestens für Männer in Beziehungen, die sich verstärkt anspruchsvolleren Frauen bei der Beziehungsgestaltung gegenüber sehen. Notwendig aber auch für Väter, die sich ihrer Führungsaufgabe noch nicht einmal durch Abwesenheit entziehen können: Sie wirken immer, *auch so* als Beispiel. So, wie auch eine Abwesenheit als Form der „Nicht-Führung" Auswirkungen hat, so haben

---

[46] Leising, Daniel in : Psychologie heute 07/2003, „Die Allergrößten", S. 30 ff

auch unbewusste Defizite durchschlagenden Erfolg auf die Partnerschafts-, Familien- oder betriebliche Führungssituation. „Sie sind alle so dumm. Und ICH BIN ihr Chef!" – Eine solche Feststellung eröffnet die Möglichkeit, mehr Verantwortung für das unmittelbare Umfeld zu übernehmen – und bei sich selbst anzufangen.

Denn um glaubwürdig führen zu können, müssen zunächst die eigenen Defizite, die zur gegenwärtigen Situation geführt haben, offengelegt werden. Nur und genau dadurch und erst dann lässt sich das Umfeld gestalten. („Oh, der Chef ist seit ... irgendwie anders ...")

Bewusste Wurzeln: Geschichtsunterricht über eigene Werte und Gefühle

Der erste Schritt in die wachsende Eigenverantwortung, nötig für die Herausführung der eigenen Seele aus den unbewussten Mustern, ist die Anerkennung der eigenen Wurzeln. Nicht nur im Negativen, in der Kritik, der Verachtung, denn das kann jeder Pubertierende gut genug. Ab jetzt geht es um die Anerkennung dessen, was ich als Sohn Positives vom Vater bekommen, aber bewusst noch nicht angenommen und übernommen habe.

Auch auf der *nicht-materiellen Ebene* „Nehmen" zu können, muss ein Mann lernen! Dazu zählt nicht nur die Fähigkeit,

1.) Gedanken, Werte, Ideen vom Vater zu übernehmen, sondern auch die Fähigkeit,
2.) eigene Gefühle zu spüren, sie zu zeigen, auszudrücken und zu geben und
3.) eigene und fremde Gefühle anzunehmen (zu akzeptieren).

Die Formen, wie man diese Aufgabe angehen kann, sind vielfältig: Dazu gehört das gezielte Gespräch mit dem eigenen Vater durch offene Fragen (statt Vorwürfen, hier wächst man aus der Pubertät heraus): „Papa, was war dir während meiner Kindheit eigentlich wichtig? – Wie hast DU deine Vaterschaft erlebt? – Was hast du mir von Großvater weitergeben wollen? – Was ist das Verbindende zwischen uns Männern?"

Aus diesen Gesprächen, in Demut, wächst ein Mann zurück in die Rolle als Sohn und damit als des Empfangenden. Diesmal aber gezielt auf der Suche nach dem Positiven und dem bereichernden geistig-emotionalen Erbe.

Wo der Vater fehlt, ersetzt ein Brief oder der Besuch am Grab das Zwiegespräch. Es geht für den seine Männlichkeit Suchenden dabei nicht um die echte Resonanz, (am Grab: schwierig) sondern um die Änderung der inneren Haltung. Diese Änderung wird auch durch die intensivere, meditative Betrachtung gemeinsamer Fotos oder den „inneren Dialog" in Gang gehalten: Die Haltung ist geprägt durch die wachsende, dauerhafte Neugier: Das ist das Verbindende zwischen uns Männern, was weitergegeben worden ist von Generation zu Generation. Was will ich von all dem in mir sehen?

Als Männer, die wachsen wollen, müssen pubertäre Männer herauswachsen aus der fundamentalen Dauer-Opposition, hin zur Neugier, zur offenen Frage. Wir müssen uns auf die Suche machen nach den eigenen Potenzialen, die sich aus der langen Reihe der Ahnen jetzt in mir als Sohn gesammelt und konzentriert haben. Denn jeder Vorfahr war eben auch Vater und hat (mehr oder weniger erfolgreich) sich bemüht, seinem Sohn und Enkel seine Erfahrungen, sein Bestes, weiterzugeben. Diese Lebenserfahrungen und Erkenntnisse der Ahnen leben in konzentrierter Form in unseren Vätern. Und eben diese in meiner Ahnenreihe einzigartigen Lebenserfahrungen sorgfältig abwägend anzunehmen, bedeutet Reife: Erwachsen werden heißt auch, sich zuzugestehen, dass Eltern und Partner manchmal Recht haben – auch, und vielleicht gerade dann, wenn das Gesagte weh tut!

Denn „wer nicht hören will (weil er nicht zuzuhören gelernt hat), muss fühlen". Es liegt eine seltsame Ironie in dem Satz, wenn ich mir die vielen von Trennungen oder Trennungsabsichten überraschten Männer anschaue, die mit fragendem und entgeistertem Gesicht sich anhören müssen: „Ich hab dir so oft gesagt, wir müssen reden – ich geb's auf."

Auf-hören, inne-halten, hin- und zu-hören, horchen und ge-horchen.

Einer der archaischsten Männer in der Geistesgeschichte des christlichen Abendlandes, und mehr noch in der Tradition des jüdischen Volkes, ist die Figur des Stammvaters Abraham. Seine Geschichte beginnt spät, als Gott zu ihm spricht: *„Geh aus deinem Vaterland und von deiner Sippe und aus deines Vaters Haus in ein Land, das ich dir zeigen will. Und ich will dich zum großen Volk machen und will dich segnen."*
Und Gott führte ihn, immerhin, ins „Gelobte Land", wo er zum Stammvater eines „auserwählten Volkes" wurde – kein geringer Verdienst für einen Mann von 75 Jahren.
Wie die Juden nach dem Turmbau zu Babel in einer Sprachverwirrung lebten, ergeht es uns heute ähnlich. Auch wir erleben eine Sprachverwirrung nach der Nazi-Zeit. Das Vertrauen fehlt. Marianne Gronemeyer stellt[47] beeindruckend drastisch heraus, wie weit wir uns aus dem Verhältnis des Vertrauens entfernt haben, wie ganz anders die Haltung Abrahams im Falle seiner Anrede durch Gott aussah. Es ist für mich im Rahmen der Definition einer neuen, reifen Form von Männlichkeit von entscheidender Bedeutung, den Zwang zu erkennen, der hinter der egoistisch-rücksichtslosen Freiheitsforderung einer autistischen, vermeintlichen Selbstverwirklichung steht. Einer Selbstverwirklichung, die unfähig ist, aufzuhören und zuzuhören und nur selbstbezogen von vermeintlicher Freiheit plappernd unfähig ist, das DU als das nach dem

---

47 Gronemeyer, Marianne: „Genug ist genug – von der Kunst des Aufhörens", Darmstadt 2008, „Befehl contra Befehl" S. 33

schweigenden Innehalten im Gespräch konstituierende des ICHs auch nur wahrzunehmen: „*Indem Abraham aufhört, kommt er von der Ankettung an sich selber los. Das Auf-Hören im Sinne des Hinhörens auf eines anderen Stimme ist womöglich die einzige Hinwendung, die die ego-logische Fesselung sprengen kann, jene Logik, die mich in die unablässige Bewegung der Selbstumkreisung zwingt.*" „*Es ist ... wenn nicht unmöglich, uns einen Gehorsam vorzustellen, der kein Zwang ist, der keine Einschränkung der Freiheit, sondern im Gegenteil befreiend sein soll. Abraham wird durch seinen Gehorsam nicht erniedrigt, sondern erwählt, er wird nicht geknechtet, sondern begabt, er wird nicht zu dumpfer Befehlserfüllung abgerichtet, sondern zur eigenen Entscheidung befreit.*"[48]

Dass ausgerechnet im Ge-Horchenden, im demütigen Gehorsam, die Wurzel zu solch intensiver Erfüllung männlicher Größe liegen soll, kann derjenige leichter verstehen, der sich den Gesetzen der Polarität öffnet. Denn das Maßvolle im reifen König im Gegensatz zum willkürlichen Tyrannen liegt eben in der Demut, die religiös/spirituell getragen wird in Anerkennung seiner eigenen Grenzen, eben auch der „Geworfenheit" in die eigene Herrschaftssituation, der Verantwortlichkeit FÜR den Schutzbefohlenen.

Das Gift an der eigenen Wurzel kurieren!

Der Annahme des „psychischen Erbes", dessen, was der Sohn an Werten und Charakterzügen in sich trägt, steht meist entgegen, dass der Vater in seiner Machtlosigkeit, Abwesenheit oder im Gegenteil, in der machtvollen Präsenz, die bis in die unmenschliche Tyrannei gehen kann, in den Augen des Sohnes unverzeihliche Fehler gemacht hat. Die Vorwürfe, mit denen der Sohn bis ins hohe Alter seinem Vater gegenüber steht, sind so massiv, die Verletzungen oft so tief, dass eine Annäherung fast unmöglich er-

---

48   Gronemeyer, Marianne; a.a.O. S. 17

scheint. Auch wenn er darin *nicht* von der Mutter unterstützt wird, empfindet der Sohn die Fehler des Vaters als unüberwindliches Hindernis auf dem Weg zu Versöhnung. Mit diesem „negativen Erbe" stehen viele Männer im Kampf. Die fortdauernde Ablehnung des Vaters rührt vom in den Erinnerungen permanent wiederholten Vorwurf seines Versagens, der Fehler in der Erziehung. Väter mögen vieles falsch gemacht haben, eine Menge Fehler und Verfehlungen, die heute noch schmerzen können. Und dieser Schmerz verursacht Zorn auf das eigene Erbe. Dieser Zorn wiederum, der eben auch Zorn gegen mich als Sohn ist und wirkt, indem ich meine eigene, innere Autorität ablehne und untergrabe, meinen eigenen Erfolg unterminiere. Es ist ein „Gift an der eigenen Wurzel", das die Entwicklung der männlichen Kraft und des Erfolges, be- oder sogar verhindert!
Die positiven Seiten dagegen hat das EGO seit der Pubertät erfolgreich verdrängt. Positiv, das lässt sich nicht leugnen, ist zumindest, dass er seinen Teil zu unserer Zeugung beigetragen hat, und wer nicht gerade vor dem Selbstmord steht, wird zugestehen: „Das Leben ist nicht SO schlecht, wenn man sich das Gegenteil vorstellt." Wir verdanken dem Vater zumindest die Hälfte unserer Existenz. Das ist doch schon mal was.
Und was noch?
Es gibt ein Antidot, ein Gegenmittel gegen den Zorn: das Verzeihen. Wer sich auf den Weg, auf die Suche nach Verständnis und Mitgefühl in der eigenen Familie macht, wird selten scheitern! Das Ziel ist: aus der kindlichen Rolle des Opfers herauszutreten und eigenverantwortlich im Guten wie im Schlechten (!) das Erbe anzunehmen, das der Vater dem Sohn zunächst auf psychischer Ebene hinterlassen hat.[49]

---

[49] Für denjenigen, der sich auf diesen Weg, der durchaus ein Tal der Tränen beinhalten kann, auf hochkonzentrierte Weise machen will, empfiehlt sich der „Hoffmann Prozess", der unter anderem vom Quadrinity-Institut, Berlin, angeboten wird.

Der Weg des Verzeihens, wie in dem Gebet von Franz v. Assisi angedeutet, ist ein Weg, um den man bitten muss: „Herr gib, dass ich Liebe gebe, wo Hass ist." Verzeihen ist nicht etwas, was im Kopf entschieden und „durchgezogen" wird. Ähnlich wie die Entschuldigung kann sie in einem reifen, genauso wie die Liebe mich finden kann, so kann ein Verzeihen in mir wachsen. Das ist ein Prozess des Suchens und Findens, der eine Zeit des Verständnisses, der Einfühlung und Geduld braucht. Dann „kann die Verzeihung mich finden" – wie die Liebe mich findet.

Vergebung hat nicht nur eine passive Seite, des um Vergebung Bittens, sondern eine andere, heilende und gleichzeitig sehr machtvolle Seite, die der Vergebung, Verzeihung Gebens. Eine Frau, eine Jüdin, Eva Mozes Kor, Überlebende des KZ Auschwitz hat es vorgemacht: Sie hat ihren Peinigern vergeben. Obwohl ihre Zwillingsschwester an den Spätfolgen der an ihnen beiden ausgeführten Menschenversuche gestorben ist, hat sie die Größe gefunden, aktiv zu verzeihen, *„eine Geschichte des Verzeihens angesichts des unfassbaren Bösen - und zugleich eine Geschichte der persönlichen Heilung"* Darin liegt die große Chance all derer, die Unrecht erlitten haben: *'Ich fühlte, wie eine ungeheure Last aus Schmerz von mir genommen wurde. Ich hätte nie gedacht, dass ich so stark sein kann.' Indem sie persönlich ihren schlimmsten Feinden verzieh, habe sie **endlich ihre Opferrolle abstreifen können**."*[50]

Wozu dieser Weg? Was steht am Ende? Am Ende des Weges wartet die Chance, ein Erbe anzutreten, das nicht weniger als der vollen Entfaltung des eigenen Potenzials entspricht, der ganz persönliche, maximale Erfolg.

Am Anfang könnte ein wesentlicher Antrieb für diesen Weg der Vergebung die Einsicht sein, dass ohne die bewusst gewählte Übernahme der Verantwortung für das psychische Erbe der Kampf

---

50 Heflik, Roman: „Vergebung für einen Teufel" in Spiegel online vom 8.12.2005

bestehen bleibt, in dem man sich re-agierend gegen den Vater stellt – und nicht anders als scheitern kann: Denn wir tragen das psychische Erbe in uns, es lässt sich nicht auslöschen.

Würde, Demut, Anerkennung (1)

Der Weg in die Vergebung hat mindestens drei Abschnitte: Die Geschichte der Kindheit des Vaters, die Situation der Eltern während der eigenen Kindheit und die – gerade durch die Fehler des Vaters (!) so formulierte, eigene Entwicklungsaufgabe.

Auf dem Weg zur Versöhnung mit diesem Erbe hilft es, sich den eigenen Vater als Sohn, als kleines Kind des Großvaters, vorzustellen: Wenn man den Großvater vielleicht sogar noch kennt oder zumindest gekannt hat, dann kann man sich ausmalen, wie es dem eigenen Vater in seiner Kindheit ergangen sein mag – ähnlich?

Wer darüber hinaus sich von den Eltern einmal die Situation erzählen lässt, in der der Vater mit der eigenen Mutter gelebt hat, unter welchen Bedingungen die eigene Kindheit stattgefunden hat, der kann im Laufe der Zeit (das kann Jahre dauern!) ein tieferes Verständnis entwickeln für die Bedingungen, unter denen der Vater so oder so agiert hat und vielleicht nicht anders konnte.

Ich kann nach den dramatischen Ergebnissen[51][52], die die abwesenden Väter bei Scheidungskindern hinterlassen, den Einsatz meines eigenen Vaters für den Erhalt seiner Ehe kaum hoch genug schätzen. Selbst Scheidungskind, war er sich seiner psychischen Schmerzen aus dieser Zeit sehr wohl bewusst. Und so hat er – auf seine Art – für den Erhalt seiner Ehe verzweifelt gekämpft. Und auf viel schwächerem Posten, als ich jahrzehntelang glaubte.

Ein weiterer hilfreicher Schritt, sich mit dem eigenen Vater auszusöhnen, kann die Vorstellung sein, dass der Vater einen wesentli-

---

[51] Wallerstein, Judith S.: „Scheidungsfolgen – Die Kinder tragen die Last. Langzeitstudie über 25 Jahre", Münster 2002

[52] Marquardt Elizabeth: „Between Two Worlds: The Inner Lives of Children of Divorce" in SZ vom 28.1.2006

chen Teil zur Formulierung der eigenen Lebensaufgabe beigetragen hat: Die Fehler des Vaters zu überwinden, vielleicht mit Hilfe dessen, was er dem Sohn „im Guten" mitgegeben hat, könnte eine solche Aufgabe sein. Dazu *musste* der Vater sogar diese speziellen Fehler machen, an denen der Sohn jetzt, in seinem eigenen Leben, wachsen kann. Und hier könnte sogar die Ablehnung des vermeintlich Negativen ein notwendiger Schritt sein. Dieser Schritt wird dann aber nicht als Reaktion aus der Rolle des Opfers gewählt, sondern dient zur Orientierung, quasi als polares Negativ der eigenen positiven Lebensgestaltung.

In seinem „Versuch über das Böse in der Biografie"[53] versucht Mathias Wais, ein tieferes Verständnis für diese schmerzhaften Teile des Lebensweges zu entwickeln. Im Kern geht es darum, den größeren Zusammenhang zu erkennen, in dem diese Teile der Biografie einen Sinn ergeben. Das beginnt damit, dass ich als Mann diesem „Ungeist" einen Namen gebe: Wer bin ich – in *diesem* Zusammenhang? Mit der Benennung löst sich auch der Ungeist auf, wie Rumpelstilzchen sich selbst zerreißt, als sein Name bekannt wird. Das wirklich Erstaunliche an der Arbeit, an den „Schatten" des Vaters, ist, dass der Sohn sie erkennt als Hindernisse seiner eigenen Entwicklung. In der Verdrängung von „dunklen" Seiten spaltet der Sohn Fähigkeiten ab, erkennend, dass sie ihm eben auch nicht in dosierter Form zur Verfügung stehen, oder er „wird von ihnen beherrscht". (› Schattenarbeit)

Zum Beispiel haben Faulheit oder Aggression in dosierter Form durchaus Vorteile, wenn ich sie als Mann bewusst leben kann: Die Faulheit ist auch die Fähigkeit zur Entspannung, zum Genuss der Ruhe. Wer dies an seinem Vater fortgesetzt so massiv ablehnt, so dass er selbst nicht zur Ruhe kommen und das Leben nicht genießen kann, der ist prädestiniert für den Herzinfarkt.

---

53   Wais, Mathias: „Ich bin, was ich werden könnte – Entwicklungschancen des Lebenslaufs", Stuttgart, Berlin 2001 S. 103ff

Wenn ein zu aggressiver Vater vom Sohn noch als Erwachsener abgelehnt wird, dann fehlt dem Sohn die Fähigkeit, Aggression „fruchtbar" auszuleben: seine Familie, seine Rechte, sich selbst zu verteidigen, ausdauernd an seinen Projekten zu arbeiten, sich das Quantum mehr und länger anzustrengen, das es zum Erfolg gegen Widerstände im Inneren wie im Außen braucht.

Die besondere Bedeutung, die die Biografie und Geschichte des Vaters für den Sohn hat, macht auf zweierlei aufmerksam: Wie elend müssen sich Söhne fühlen, deren Vater Samenbank heißt? Und wessen Recht auf „informationelle Selbstbestimmung" wird wirklich geschützt, wenn Väter ihre Vaterschaft nach dem Gesetz vom 1.2.2010 nicht mehr prüfen dürfen?

III. Der Baumstamm zeigt Stärken: Präsenz und Integrität

Ideale finden – im Außen

Im Außen? Äußerlichkeiten? Reden wir nicht von den Markenfetischisten, die glauben, nur im Anzug oder der Streetware mit dem richtigen Logo auf der Brust ein ganzer Mann zu sein, denn „Nur Flaschen brauchen Labels!". Mit Äußerlichkeiten in der ach so hippen aber leider unisono blökenden Konsumherde kann kein wirklich starker Individualist entstehen. Ob Männer, Frauen oder Kinder – es scheint mir ein Ausdruck geistiger Leere, maximaler Fremdsteuerung und Dummheit, wenn der Selbstwert der Masse sich am „angesagtesten" Outfit oder Konsumobjekt – von Abercombie über Manufaktum bis Zegna misst. Äußerlichkeiten wie das ideale Outfit schaffen keine Zufriedenheit.
Was ist eigentlich ein „Guter Mann"? Da die „ewigen Revoluzzer" bei der mehrheitlich linkslastigen, von Emanzen und Homophilen geprägten Medienszene in hohem Ansehen stehen, werden diese von den Medien entsprechend hofiert und gefeiert. (Dieter Bohlen, Oliver Pocher, Dirk Bach, etc.). *„Die Kulturverantwortlichen, Intellektuellen und Medienbetreiber des Westens haben dafür seit Langem die zeitgeistigen Voraussetzungen geschaffen. Man könne, ... 'die gesamte künstlerische Avantgarde ohne Weiteres als eine ständige Verunstaltung und Beschmutzung des würdigen Menschenbildes interpretieren', und in der kommerziellen Massenkultur sei der ‚programmatische, kalkulierte Verlust der menschlichen Würde' längst zum ‚Hauptverfahren' geworden ... Die Lebensleistung eines Popstars ist nichts, verglichen mit der eines beliebigen Altenpflegers in der Pflegestufe III. Man muss nur anschauen, wen oder was eine Gesellschaft aus welchen Gründen verehrt, um nahezu alles über sie zu wissen. Glücklich das Land, das keine Helden nötig hat, so weit, so gut. Doch wie traurig das*

Land, das sich solche Imitate schafft."[54] Echte Männer, prinzipien- und verantwortungsbewusste Patriarchen, werden dagegen meist abgewertet. Im öffentlichen Leben ist es schwer, Ideale zu finden, die für Integrität, klare Ziele und aufrichtige (selbstlose) Fürsorge stehen.
Schauen wir uns um:

Gibt es überhaupt „Gute Männer"?

Wer Schwierigkeiten hat, im persönlichen Umfeld „Gute Männer" zu finden, der mag sich trösten: Auch im öffentlichen Raum sind sie rar gestreut. Die Frage, was einen guten Mann ausmacht, lässt immer wieder erkennen, wie schwer es für diese ist, sich Geltung zu verschaffen. Pubertierende haben die bessere Presse. Warum?
Als G. Schröder anlässlich der Lichterketten gegen Ausländerfeindlichkeit sprach vom „Aufstand der Anständigen", fühlte ich mich seltsam erinnert an die Fackelaufmärsche der Nazis und musste mich fragen: „Was ist eigentlich anständig"?
„Es gehört zu den Dingen, die man leicht ausspricht: 'Das jüdische Volk wird ausgerottet', sagt ein jeder Parteigenosse, 'ganz klar, steht in unserem Programm, Ausschaltung der Juden, Ausrottung, machen wir.'… Von allen, die so reden, hat keiner zugesehen, keiner hat es durchgestanden. Von euch werden die meisten wissen, was es heißt, wenn 100 Leichen beisammen liegen, wenn 500 da liegen oder wenn 1000 da liegen. **Dies durchgehalten zu haben und dabei – abgesehen von Ausnahmen menschlicher Schwächen – <u>anständig</u> geblieben zu sein, das hat uns hart gemacht.**" Reichsführer der SS, **Heinrich Himmler**, am 4. Oktober 1943. DAS war damals „anständig"!
Es schmerzt zu sehen, wie gründlich die Basis für Verständnis und Vertrauen zerstört ist: die Sprache. Weil sie von den „Alten Män-

---

54 Klonovski, Michael: „Der Held. Ein Nachruf" in: eigentümlich frei, Heft 92/ Mai 2009, S. 18-26

nern bis 45" so missbraucht worden war, haben wir Jungen (die 68er und danach) **kein Vertrauen. Nie gehabt, nie wieder gefunden. Bis heute nicht.** Das Sprachzitat ist krass, beleuchtet aber, wie sehr, wie gründlich und wie weit die ethische Basis unserer Gesellschaft, bis in die Bausteine der Moral, der Sprache, sogar der Worte durch die Nazis zerstört worden ist. Die Literaten spürten nach 1945 am deutlichsten, was ihnen abhanden gekommen war: *„Die Generation derer, die nach 1945 zu schreiben begannen,… sie verfügten nicht wie die Generationen zuvor getan hatten, über einen gesicherten Fundus des Sprechens und Denkens. …* **hatten keine Sprache mehr. Jedes Wort erwies sich als, sagen wir, krank,** *und sie verfügten über keine, sagen wir, gesunden Wörter. (Das Wort „gesund" war eines der kränksten: Was im Faschismus „gesund" genannt wurde, das Volksempfinden, der Humor, das Denken, war just die gefühllose Bereitschaft zu Gewalt und Mord.) … Aus diesem Bewusstsein sind die Konzepte des „Kahlschlags" (Wolfgang Weyrauch) und der „Stunde Null" entstanden. Aber natürlich ließ sich die Zeit auch damals nicht anhalten und transportierte unerbittlich weiterhin den alten Schrott von früher mit sich … Es ist heute kaum mehr nachvollziehbar, dass es tatsächlich die Arbeit von zwei Generationen brauchte, um der deutschen Sprache jenes Minimum an naivem Potenzial zurückzugeben, das die Dichter brauchen. (Das wir alle brauchen, natürlich)"*[55]

Es ist bis heute nicht ausgestanden: *„Deutschland, das seit dem Jahre 1945 ein Gespür für Rassismen und Totalitarismen aller Art entwickelt hat, misstraut sich selbst so sehr, das es die notwendige Integration jahrelang nicht zu leisten wagte. Vielleicht das Beunruhigendste an den Vorgängen ist, dass die Mehrheit keine Sprache für diese Bedrohung hat. Die Polizei in Berlin hat geprüft, ob man gegen die Gewalttäter auch wegen Volksverhetzung ermitteln*

---

55 Widmer, Urs: „Vom Leben, vom Tod und auch vom Übrigen dies und das – Frankfurter Poetikvorlesungen", Zürich 2007 S.13

könne. Das, so berichtet die ‚Berliner Zeitung', wurde verworfen. Erstens seien die Täter trotz Migrationshintergrund selbst Deutsche. Zweitens regelt das Strafgesetzbuch, dass Volksverhetzung vorliegt, wenn zum Hass gegen ‚Teile der Bevölkerung' aufgestachelt wird. Deutsche, so die Juristen, seien aber kein 'Teil'."[56] Es scheint, es leben die „furchtbaren Juristen" des Dritten Reiches noch immer.

Deshalb ist es für „Gute Männer" essenziell wichtig, eine klare Sprache, eben Klartext zu sprechen: Mit der „Liebe zur Weisheit", was Philosophie dem wörtlichen Ursprung nach ist, kommt die Liebe zur klaren Sprache: *„Alle Philosophie ist Sprachkritik"*, sagte Ludwig Wittgenstein, und weiter: *„Was sich überhaupt sagen lässt, lässt sich klar sagen; und wovon man nicht sprechen kann, darüber muss man schweigen"*.

Vielleicht hat es gar keinen Sinn, in der Sprache nach Beispielen für „GUTE MÄNNER" zu suchen. Finden wir sie im Leben!

In der Politik?

Helmut Kohl hat zur Gänze versagt, weil er mit dem Umrechnungskurs der DDR-Mark zur D-Mark die Zukunft des Ostens für sein Prestige und den Parteisieg verspielt hat. Weil er nicht nur wegen der Spenden- sondern auch wegen der Leunaaffäre unglaubwürdig bleibt.

Auch Gerhard Schröder ist kein Guter, weil er 3 Familien ruiniert hat und seine letzte Frau, die ihn nach oben gebracht hat, wegen einer Jüngeren verließ. Als „Guter Mann" hätte er außerdem nach der ersten Wahlperiode bei 3 Millionen Arbeitslosen gehen müssen. So hatte er es versprochen. Über die Männlichkeit eines Jo-Jo-Joggers Joschka Fischer möchte ich angesichts dessen 5. Ehe und der darin zum Ausdruck gebrachten Beziehungs(un)fähigkeit nichts sagen.

---

56 Schirrmacher, Frank: „Junge Männer auf Feindfahrt", F.A.Z., 15.01.2008, Nr. 12/Seite 31

Prinz Charles strahlt mit Mühen Würde aus. Und Ehre? In der „Prinzenrolle" zu bleiben, ist nicht wirklich königlich. Roman Herzog ist ein „Guter (alter) Mann". Einer der ganz wenigen, die mir das Misstrauen gegenüber den alten Männern zum Teil genommen haben. Und *einen* hab ich gefunden, der meilenweit über allen steht: Richard von Weizsäcker.[57] Überhaupt schien man für das Amt des Bundespräsidenten doch noch hervorragende Köpfe zu finden. Bis zu seinem mehr als fragwürdigen Abgang gehörte auch Horst Köhler dazu.[58] Wichtiger als seine internationale Wirtschaftskompetenz empfinde ich diese biografische Besonderheit: Als Staatssekretär von Waigel gab er nach drei Jahren seine Bonner Karriere auf, um für seine langsam erblindende Tochter Ulrike da zu sein. Das ist Herz!

In der Wirtschaft?
Ja, trotz Finanzkrise, Boni- und Kredit-Skandalen. Es gibt gute Mittelständler, Firmenpatriarchen im besten Sinne des Wortes: Die Inhaber Dr. Heinz-Horst und Heinrich Deichmann der gleichnamigen Schuhkette: *„Die Familie Deichmann fühlt sich dem christlichen Menschenbild verpflichtet und ist bestrebt, diesen Werten im betrieblichen Alltag zur Geltung zu verhelfen – wohl wissend, dass die Realität immer wieder hinter dem angestrebten Idealzustand zurückbleiben wird. ... Das Unternehmen muss den Menschen dienen. Damit sind unsere Kunden, Mitarbeiter, Lieferanten sowie Menschen in Not gemeint."*[59]
So kann Globalisierung auch aussehen!
Der Gründer des Drogerie-Discounters dm, Götz Werner, lehrt das Wahlpflichtfach „Unternehmertum": *„»Unternimm dich selbst«.*

---

57 Interview mit Richard von Weizsäcker: „Ich habe meinen Vater seitdem nie wieder lachen sehen", Frankfurter Allgemeine Zeitung vom 4. März 2005
58 Horst Köhler im SZ-Interview: „Reden, um etwas zu sagen", Süddeutsche Zeitung vom 25.3.2004
59 „Deichmann – Das etwas andere Familienunternehmen" in: Ruhr Revue 3.7.2009

Die Studenten sollen ihren eigenen roten Lebensfaden finden, um ihre Biografie selbst zu gestalten. Man könnte verkürzt sagen: Sie werden Lebensunternehmer. Denn wenn sie nicht einmal wissen, wie sie ihr eigenes Leben unternehmen, wie wollen sie etwas für andere unternehmen?
ZEIT: *Wie finden Ihre Studenten diesen biografischen Auftrag, von dem Sie sprechen?*
Werner: Die Frage, die sie beantworten müssen, ist: Gehe ich mit einem fragenden Bewusstsein durch die Welt, oder sage ich mir, ich kann alles, ich weiß alles? Das Leben mit offenen Fragestellungen fällt vielen Menschen nicht leicht, aber es macht empfänglich für Evidenz-Erlebnisse. Antworten machen hingegen immer gleich alles klar, und dann geht es nicht mehr weiter."[60]
Und Reinhard Mohn von der Bertelsmann AG: *„Schon als junger Firmenchef hatte sich Reinhard Mohn energisch um die ‚innere Ordnung' seiner Firma gekümmert. Diese innere Struktur seines Hauses wollte er von den Prinzipien Fairness, Partnerschaft und Gerechtigkeit geprägt wissen. Nicht soziale Utopien waren seine Triebkraft, sondern die Überzeugung, dass der motivierte Mitarbeiter, der sich an seinem Arbeitsplatz im vorgegebenen Rahmen frei entwickeln kann, zufriedener ist und mehr leistet. ‚Das Wichtigste für Wachstum und Kontinuität eines Unternehmens ist es', so Reinhard Mohn, ‚**dass möglichst viele sich verantwortlich fühlen** und an den Entscheidungsprozessen teilnehmen.'"*[61]
Wer sicher ein „Guter Mann" war, weil er Wirtschaft untrennbar mit Verantwortung verband: Alfred Herrhausen. Die Entschuldung der 3. Welt, was für ein mutiger Gedanke, gegen alle Banker der Welt vorgetragen! Zitate: „Die meiste Zeit verliert man dadurch, dass man die Dinge nicht zu Ende denkt." Und zum Thema Elite

---

60 Werner, Götz: „Wach geküsst – das eigene Leben unternehmerisch gestalten", Interview in DIE ZEIT Nr. 20 v. 12.5.2010
61 Website der Bertelsmann-Stiftung: „Der Stifter"

und Elite-Unis: „Es ist kein Luxus, Begabte zu fördern. Es ist ein Luxus, und zwar ein sträflicher, dies nicht zu tun."

Im Sport?
Von einem der erfolgreichsten Sportler Deutschlands kann man wohl lernen, wie Erfolg funktioniert. Michael Schumacher. Allein die Biografie seiner Jugend sagt unendlich viel darüber aus, wie wichtig segnende, wohlwollende, fördernde Väter sind. Auch er selbst ist wohl ein guter Vater, denn er schützt seine Privatsphäre vor den Medien.

Und er hat einen Grund für seinen Erfolg in seiner Arbeitsethik gefunden: *„Ich liebe meine Arbeit."* Wenn ich an die Interviews mit ihm denke, fallen mir immer sein klares technisches Verständnis und seine große Anerkennung für das Team ein.

Ein Mann, der seine Pubertät hinter sich gelassen hat: Andre Agassi hat es geschafft, vom enfant terrible zum „Guten Mann" und Vater zu werden.

Als Olaf Thon 1994 vom FC Bayern zurück auf Schalke ging, wurde er gefragt, was denn jetzt wichtig für ihn sei. Er bügelte geschwätzige Interviews ab mit den sehr männlichen Worten: *„Schnauze halten, Leistung zeigen."*

Louis van Gaal nötigt uns Männern Respekt ab: Jede Zeile des Interviews[62] ein Paukenschlag für die Haltung guter Männlichkeit: Klare, stahlharte Kante gegen die diametral unterschiedlichen Interessen von Medien auf der einen und ihm und seinem Team auf der anderen Seite. Und er lässt sich nicht korrumpieren: „Nun wird es komisch. Also versucht man es mit einem Lächeln. Er aber lächelt nicht." Fürsorge, absolute Integrität für sein Team, die er als seine Schützlinge ansieht, dass er sich als Vater seiner Spieler sieht. Und „er kann auch so leise reden, dass es wie Gebrüll klingt. *'Wenn ein junger Mann viel Geld verdient, dann ist er für Sie kein*

---

62 „Respekt"-Interview in der Süddeutschen Zeitung v. 21.4.2010 Seite 3

Mensch mehr? Für mich sind die Spieler Menschen, und Menschen können zuhören."'

In der Kultur?
Kulturschaffende, Philosophen? Alles Waschlappen! Philosophen-, Kultur- und Männerverachtung pur, vorgetragen von Frida Kahlo[63]: *„Ich bin die ganze Sache so leid, dass ich beschlossen habe, alles sausenzulassen und aus diesem **beschissenen Paris** abzuhauen, bevor ich durchdrehe. Du kannst dir nicht vorstellen, was diese Leute für Kanaillen sind. Ich könnte kotzen. Sie sind so verdammt ‚intellektuell' und mies, dass ich sie nicht länger ertragen kann. Es ist wirklich zu viel für mich. Lieber hocke ich mich auf den Markt von Toluca und **verkaufe Tortillas**, als etwas mit diesen schäbigen Pariser ‚Künstlern' zu tun zu haben. Sie sitzen stundenlang in den ‚Cafes', wärmen ihre feinen Ärsche und quatschen ununterbrochen über ‚Kultur', ‚Kunst', ‚Revolution' und so weiter, und so fort. Sie halten sich für Gott, phantasieren den aberwitzigsten Unsinn zusammen und verpesten die Luft mit immer neuen Theorien, die nie Wirklichkeit werden. Am nächsten Morgen haben sie nichts zu beißen im Haus, denn keiner von ihnen arbeitet. Statt dessen leben sie wie Parasiten von den **ganz reichen Schachteln**, die ihr ‚künstlerisches Genie' bewundern. Abschaum sind sie, nichts als Abschaum. Ich habe noch nie gesehen, dass Diego oder du eure Zeit mit blödem Klatsch oder ‚intellektuellen' Diskussionen verschwendet hättet, und deshalb seid ihr richtige Männer und keine lausigen ‚Künstler'. So eine Scheiße! Es war sinnlos, hierherzukommen, nur um zu sehen, warum Europa vor die Hunde geht und wie diesen ganzen Taugenichtsen den Hitlers und Mussolinis, Tür und Tor öffnen. Ich schwöre dir, dass ich diesen Ort und die Leute hier hassen werde, solange ich lebe. Sie*

---

63 „Ich werde Dich nie vergessen – Frida Kahlo und Nickolas Muray: Unveröffentlichte Fotografien und Briefe", Hrsg. Salomon Grimberg. Schirmer/Mosel, München 2004

*haben etwas **so Falsches und Unechtes** an sich, dass sie mich in den Wahnsinn treiben.*" Diesen Satz den Feuilletonisten ins Poesiealbum!

„Wann ist ein Mann ein Mann?"

Merkwürdig, dass Herbert Grönemeyer die Antwort auf seine Frage nie beantwortet hat. Sie findet sich im Interview mit Gunther Sachs,[64] (ausgerechnet!) dessen Credo:

Wenn
*„Wenn du den Kopf bewahrst, da rings die Massen
längst kopflos sind und dich als Anlass sehn,
dir treu sein kannst, wenn alle dich verlassen,
und dennoch ihren Wankelmut versteh'n;
kannst warten du und langes Warten tragen,
lässt dich mit Lügnern nie auf Lügen ein,
kannst du dem Hasser deinen Hass versagen
und doch dem Unrecht unversöhnlich sein –*

*Wenn du kannst träumen, doch kein Träumer werden,
nachdenken und gleichwohl kein Grübler sein;
wenn dich Triumph und Sturz nicht mehr gefährden,
weil beide du als Schwindler kennst, als Schein;
kannst du die Wahrheit sehn, die du gesprochen,
verdreht zum Köder für den Pöbelhauf,
siehst du als Greis dein Lebenswerk zerbrochen
und baust mit letzter Kraft es wieder auf –*

---

64 „Der Playboy liebt lieber ungewöhnlich" über Gunter Sachs in: Welt online vom 10.11.2007

Wenn du auf EINES Loses Wurf kannst wagen
die Summe dessen, was du je gewannst,
es ganz verlieren und nicht darum klagen,
nur wortlos ganz von vorn beginnen kannst;
wenn du, ob Herz und Sehne längst erkaltet,
sie doch zu deinem Dienst zu zwingen weißt
und durchhältst, auch wenn nichts mehr in dir waltet
als nur dein Wille, der „durchhalten!" heißt –

Kannst du zum Volke ohne Plumpheit sprechen,
und im Verkehr mit Großen bleibst du schlicht;
lässt du dich nicht von Freund noch Feind bestechen,
schätzt du den Menschen, überschätzt ihn nicht;
füllst jede unerbittliche Minute
mit sechzig sinnvollen Sekunden an:
Dein ist die Erde dann
mit allem Guten,
und was noch mehr, mein Sohn: Du bist ein Mann."

Rudyard Kipling.

Man ist versucht, Schauspieler mit ihren Rollen zu identifizieren. Tut man das *nicht*, fallen Schauspieler schon durch ihren Beruf durch: Schau-Spieler. Sie SPIELEN (das tut kein Mann aus Berufung) eine SCHAU. Das ist keine WIRKLICHkeit und deswegen nicht GUT.[65] Deutlich wird das bei den Selbstverliebten: Klaus Maria Brandauer, Peter Ustinov. Aber Bruno Ganz, Sean Connery oder Jeremy Irons?

---

65 Der Philosoph Taurus wollte einen Jüngling, der für Schauspieler eine Passion hatte, davon kurieren und schickte ihm ein Wort des Aristoteles mit der Weisung, es täglich zu lesen; es begann: „warum sind die Schauspieler meist schlechte Menschen?" in: Rabbow, Paul: „Seelenführung – Methodik der Exerzitien in der Antike", München 1954, über die Methode, ausgewählte Zitate der Klassiker wie Mantras zu verwenden

Jeremy Irons, einer der „großen, schwarzen Männer": Dazu zähle ich auch John Irving, Sir Roger Moore, Leonard Cohen und Brian Ferry. Melancholisch, sehr authentisch, auch privat. Ihre Nagelprobe: Schaffen sie das Alter, oder schafft das Alter sie …?
Das Problem „Verantwortung" hat **Ulrich Mühe** als Regisseur von Heiner Müllers „Der Auftrag" in Berlin angesprochen: „*Wie viel Verantwortung muss das Individuum für das Ganze empfinden, damit sich diese Gesellschaft erhält und nicht zum Spielball anderer Kräfte wird?*"[66]

Harter Kerl verzweifelt gesucht

Metrosexuelle Warmduscher – zieht euch noch etwas wärmer an, es kommt Gegenwind. Und der ist nicht cool, im Gegenteil, der ist heftig! Die englische Antwort auf everybodies darling George Clooney ist der knallharte Clive Owen. (Hier setze ich einmal gewollt Schauspieler und Rolle gleich:) Der Beleg ist ein Ausschnitt aus dem Film „Hautnah". Es geht wirklich unter die Haut wegen seiner gnadenlosen Konfrontation mit der schmerzhaften Seite der Wahrheit – ein anderer ist besser als er – und das im Bett! Er schreit den Teufel an; die Kraft dazu hat ihm eben diese Suche, dieser Gang durch den Schmerz nach der Wahrheit gegeben.
Und der Maler Hans Hartung gehört dazu. Nicht nur wegen seines konsequenten Kampfes gegen das NS-Regime. Er hat nicht gegen die Nazis ange'malt', sondern in der Fremdenlegion gekämpft und ein Bein verloren. Vor allem aber wegen seiner innigen und lebenslangen Liebe zu Anna Eva Hartmann.
Und Karl-Heinz Böhm zählt: Er hat Verantwortung übernommen, trägt sie über die Demütigung durch Leo Kirch hinaus! Bei Schriftstellern ist es einfacher – ihre Rolle ist klar: John Irving würde ich dazu zählen, auch Thomas Bernhard. Obwohl ich mir nach der

---

66 zitiert aus: Vogue I/2004

Lektüre des Briefwechsels mit Siegfried Unseld nicht mehr sicher bin, ob seine Wut nicht Mittel zur Tyrannei war.

Und Musiker? Fast MÜSSEN Popmusiker bei diesem Publikum ja pubertär bleiben, zumal es ganz schwierig ist, sich nicht vom Rummel in der Musikbranche bestechen zu lassen, aber Sting scheint einer zu sein. Die „Dunklen Männer" Leonard Cohen und Bryan Ferry – ? Unter den Musikern hab ich nur einen gefunden: **Roger Waters** von Pink Floyd: Diese würdevolle Bescheidenheit, die große innere Ruhe – selbst auf der Bühne, große Musik zu machen mit so kleinen Gesten.

Als „Guter Mann" braucht es Alter und Reife. Die Rolle des Revolutionärs ist für „Große Puberteure". Ganz deutlich wird das Dilemma bei den **Kabarettisten**: Dieter Hildebrandt ist zu alt, um noch als Revoluzzer durchzugehen. In seinem Alter hätte es längst etwas Konstruktives gebraucht, damit sein berechtigter Protest Wurzeln hätte schlagen können. Besonders pikant empfinde ich seinen Abgang im Streit (über den Namen) mit dem Nachfolger Matthias Richling. Gibt ein würdiger König des Kabarett so das Zepter weiter?

Die Suche nach dem „Guten Mann" – im Inneren

Wer bei der Prominenz auf der Suche im Außen nicht fündig wird, dem bleibt der Weg nach innen. Die Führung anderer (Mitarbeiter, Partnerin, Kinder) muss immer bei sich selbst beginnen: Der Führende muss wissen, „wo er steht", wofür er steht, was sein Standort und das eigene Ziel ist. Die Selbsterkenntnis ist die erste Aufgabe der Nummer EINS: Der Prozess der eigenen Seelenführung führt zur Klarheit im Außen: Weil Mann weiß, wer er ist und was er will, wird er für andere verlässlich, vertrauenswürdig. Dadurch, und weniger durch die PS-Klasse seines Autos, entwickelt sich seine männliche, innere Kraft und sein Charisma.

Diese eigene Seelenführung,[67] Psychagogik, hat vielfältige Quellen zur Verfügung, die hier unmöglich genannt oder gar gewürdigt werden können. Aber einen kleinen Teil aus dem Spektrum spiritueller Entwicklungsquellen möchte ich dennoch ganz kurz anreißen.

Ethik aus der Bibel? Undenkbar? Nicht ganz: Es gibt Menschen, selbst außerhalb des Christentums, die es für ein friedlicheres Miteinander hilfreich fänden, würden sich *alle* an die 10 Gebote halten. Als männliche Identifikationsfiguren bietet Anselm Grün[68] die archetypischen Figuren der Bibel an, von Adam, in „Mann und Frau" bis hin zu Jesus, dem Heiler, über den er schreibt:

*„Männer können an Jesus lernen, ihre heilenden Kräfte zu entwickeln. Doch die Voraussetzung ist, dass sie sich mit Jesus auf den Weg des Mannwerdens machen, auf dem sie alles, was **in ihnen** auftaucht, in ihr Mannsein integrieren, das Wilde und das Sanfte, das Harte und das Weiche, das Männliche und das Weibliche, das Helle und das Dunkle. In der Begegnung mit Jesus fällt von ihnen ab, **was unecht und nur gemacht** ist. Da kommen sie in Berührung mit ihrem wahren Selbst. Und nur aus diesem innersten Selbst heraus vermögen sie zu heilen."* [Hervorhebung d.d.Verf.]

Wege von der Mystik zum ZEN eröffnet „Die Flöte des Unendlichen" von Willigis Jäger und Beatrice Grimm.[69]

Wer im Rahmen der permanenten Meditation in Form der Beobachtung eigener Gedanken[70] sich in der Lebenskunst des Tao zu üben begonnen hat, mag sich für die Wurzeln des Tao interessieren: Das Tao-te King, die kleine „Bibel" des Tao in der Überset-

---

67 Rabbow, Paul: „Seelenführung – Methodik der Exerzitien in der Antike", München 1954, Die Methode: ausgewählte Zitate der Klassiker wie Mantras zu verwenden
68 Grün, Anselm: „Kämpfen und Lieben: Wie Männer zu sich selbst finden", Münsterschwarzach 2003
69 Jäger, Willigis und Grimm, Beatrice: „Die Flöte des Unendlichen", Mystische Rezitationstexte aus Ost und West, Holzkirchen 2009
70 Fischer, Theo: a.a.O. S. 33 ff

zung von Richard Wilhelm, bietet geeignete Möglichkeiten der inneren Führung.

„Wer das Lernen übt, vermehrt täglich.
Wer den ***Sinn*** *übt, vermindert täglich.*
Er vermindert und vermindert,
bis er schließlich ankommt beim Nichtsmachen.
Beim Nichtsmachen bleibt nichts ungemacht.
Das Reich erlangen kann man nur,
wenn man immer frei bleibt von Geschäftigkeit."

Die sprachlichen Parallelen zur Bibel stammen aus der Feder des Übersetzers, des Jesuiten Richard Wilhelm, der, was sehr umstritten ist, natürlich seine eigene Sprachwelt in die oft blumigen Urtexte einfließen ließ. Dennoch: Wenn man sich einmal den sehr einfachen, bildhaften Metaphern der chinesischen Sprache geöffnet hat, wird man darin immer wieder neue Weisheiten entdecken. Sogar beim Verfassen der eigenen Steuererklärung:
„Dass das Volk hungert,
kommt davon her,
dass seine Oberen zu viele Steuern fressen;
darum hungert es."[71]

Von einem, der es wissen muss, einem Berliner Psychotherapeuten fortgeschrittenen Alters, der von seinen Klienten die Nase voll hatte, ist überliefert, er empfehle potenziellen Klienten mittlerweile die Verwendung des I Ging, des alten Chinesischen Orakel-Buches. Das ist weniger wegen seiner großen Erfahrung nur bedingt scherzhaft zu sehen. Denn das I Ging bietet dem, der sich darauf einlässt, im Laufe der Zeit mit einer einfachen Symbolsprache einen nur scheinbar mühsamen Weg zur eigenen, inneren Stimme. Zwei Übersetzungen stechen hervor: Die für Christen etwas leich-

---

71 Lao-Tse: Tao-te-King (Deutsch v. Richard Wilhelm) Diederichs, München, Vers 75

ter zu nehmende von Richard Wilhelm[72] und die therapeutisch-ehrgeizige Fassung von Carol K. Anthony.[73]

Um sich den Ideen einer eigenen, tieferen Ethik zu öffnen, bietet es sich an, den „Inneren Raum" zu erweitern. Das lässt sich leichter umsetzen im Modell vom „Inneren Team". In mir leben eben nicht mehr nur das „innere Kind" oder der pubertäre Rebell, der herzliche Familienvater, der kämpferische Radsportler, sondern es gibt noch einige mehr. Wenn man niemanden gefunden hat, der als idealtypischer guter Mann herhalten kann, außer dem eigenen Vater, (jawohl, auch der kommt infrage!) stellt sich die Frage, wie man eine solche Figur in sich selbst etabliert. Wie gibt man diesem „Guten Mann" in sich selbst den so dringend benötigten Gedanken-, Gefühls- und Handlungsraum? Es reicht nicht, ab und an von dieser Figur etwas zu lesen, mit ihm in Gedanken vielleicht zu sprechen, denn der Prozess der inneren Reifung braucht einen Dialogpartner.

Das innere Team
Ein Modell für den „Guten inneren Mann" lässt sich durch das Modell des „Inneren Teams" nach Friedemann Schulz-von Thun[74] beschreiben und entwickeln: Persönlichkeitsanteile werden Teammitgliedern gleichgesetzt, die für konkrete Charakterzüge stehen: Dem „vaterlosen" groß, aber eben nur unvollständig erwachsen gewordenen Mann fehlte bislang der „Innere König", ein „Häuptling": Das ist eine rein fiktive innere Figur, ein wohlwollender und reifer Mann, der, nachdem er die anderen Teammitglieder befragt und ihre Argumente sorgfältig abgewogen hat, dann selbstbewusst und besonnen Entscheidungen trifft und Verantwortung übernimmt. Anstatt eben willkürlich aus der Stimmung, noch schlim-

---

72 Wilhelm, Richard: „Das I Ging – Das Buch der Wandlungen", Wiesbaden 2004
73 Anthony, Carol K. I Ging, München 2004
74 Schulz von Thun, Friedemann: Das Innere Team in: „Miteinander reden 3"

mer, aus der Laune, kindlich aus dem Bauch heraus zu entscheiden.
Zwei Bilder mögen das Bild des „Inneren Teams" vom gütigen, reifen König und dem weisen Indianer- Häuptling veranschaulichen.

Der gute König
Ein König hatte im Thronsaal Gericht zu halten. Neben ihm auf der rechten Seite saß seine Frau, die Königin, zu seiner Linken der weise Alte. Im Laufe der Verhandlung wurden beide Parteien gehört. Ausführlich legten sie Klage und Erwiderung dar, auch der Weise an des Königs Seite stellte manche Frage, die den Fall durchaus erhellte. Irgendwann, nach ermüdender Verhandlung, erhob der König seine klare und feste Stimme: „Nachdem wir nun beide Parteien gehört haben,..." Da legte seine Frau ihre Hand auf seinen Arm, er hielt inne, beugte sich zu ihr und hörte aufmerksam zu, was sie ihm leise ins Ohr sprach. Er nickte, sah dabei lange in die Runde, sein Blick verharrte kurz bei den Klageparteien. Er senkte den Blick nachdenklich zu Boden, dann schaute er die Königin kurz an, nickte ihr dankbar zu, fragte den alten Weisen noch etwas, hörte auch ihm zu und mit ein wenig ruhigerer, weicherer Stimme hob er von Neuem an, sein Urteil, den Schiedsspruch, zu verkünden.
Er war zur Zufriedenheit aller.

Der weise Häuptling
Ein „Inneres Team" kann auch repräsentiert werden durch die Mitglieder, beispielsweise personifiziert in unterschiedlichen Charaktertypen eines Indianerstammes, die Kriegsrat halten. Den Kriegsrat beruft der Häuptling ein. Diese Figur ist die zentrale Entscheidungsinstanz des reifen Mannes. Ihn in sich zu etablieren ist eine Entwicklungsaufgabe, ein innerer Gestaltungsprozess, der psychisches Wachstum in eine verantwortungsbewusste Führungspersönlichkeit möglich macht.

Bildlich kann man sich jeden schwierigen Entscheidungsprozess, ob familiär oder beruflich, wie einen Kriegsrat vorstellen. Eine Beratung im Kreis der Erfahrenen, den Vätern, die Verantwortung tragen und WIRKLICH etwas zu verlieren haben. Welche Figur jeder aus seiner Erfahrung, aus seinen markanten Persönlichkeitsanteilen hier einbringen möchte, ist ihnen freigestellt – jeder ist herzlich eingeladen. Bei Hofe – oder bei der Hochzeitsplanung auch mein Clown. Wichtig ist, dass der Häuptling alle Figuren des inneren Teams respektvoll begrüßt, ihre besondere Rolle sieht und ihren Beitrag zur Entscheidungsfindung achtet und respektiert. Wer mag dazu gehören? Sicher besteht der Rat neben dem Häuptling aus dem weisen Schamanen, der die Zeichen der Götter versteht, der die Zeitqualität mehr intuitiv als kognitiv zu deuten weiß. Dann aus dem alten Scout, der das feindliche Land wegen seiner fremden Herkunft kennt. Außerdem gehört dazu der Freund und Kampfgenosse des Häuptlings, der mit ihm die Erfahrungen teilt. Dann der Heißsporn, der Neffe des Häuptlings, der Mutige, der sich bewähren möchte, und der Novize, der seine Initiation hinter sich gebracht hat und seine erste Teilnahme am Rat der großen Männer erleben darf. Er darf nur nach Handzeichen sprechen und hört mit gespannter Aufmerksamkeit zu, stellt später die nur scheinbar unwichtigen Fragen …
Wie lief denn der Kriegsrat ab? Malen wir ihn uns aus:
Die „berufenen" Männer trafen sich im Wigwam des Häuptlings. Es wurde eine Friedenspfeife bedächtig gestopft und angesteckt. Als alle da waren, machte die Pfeife schweigend die Runde. Der Häuptling sah dabei alle reihum an, nickte ihnen zu, schaute ihnen zum Gruß fest in die Augen, damit sie sich innerlich sammelten und konzentriert „da" waren. Manch einen sprach er kurz persönlich an, nachdem er saß und ihn so auf besondere Weise eingeladen hatten, wie es die Freundschaft oder die Runde brauchte. Die Konzentration auf die Friedenspfeife stellte ein gemeinsames inneres Band her, eine Geste der EINigkeit, mit der alle anderen Konflikte außen vor bleiben sollten.

Der Häuptling stellte das Anliegen vor und gab dann das Wort an den Initiator. Der sammelte sich, dankte den Anwesenden für die Geduld und die Gelegenheit, sprechen zu dürfen und ... sprach. Alle schwiegen zunächst, lange, und ließen das Gesagte bei sich ankommen. Erst im Geist, dann ließen sie es bis ins Herz sacken, prüften, wie sie das Thema bewegte, berührte. Der Häuptling übernahm die Gesprächsführung, würdigte die Situation des Sprechers und fragte nach Redebeiträgen. Wieder war langes Schweigen,... In der Reihenfolge des Alters sprachen die Ratsmitglieder. Zwischen den Beiträgen: Schweigen ...

Und all das kann in mir als Mann auch passieren, wenn ich in mir Kriegsrat halte, in der Stille. Je mehr Verbündete ich in meinem inneren Team habe, je unterschiedlicher die Figuren sind, die ich „befragen" kann, um so differenzierter, durchdachter und damit reifer kann ich auf die wirklich wichtigen Fragen des Lebens und Anforderungen des Alltags als verantwortungsvolle Kraft reagieren. Welche Bedeutung hat das Bild von der inneren Kraft und seinem Team? Ich kann jeder Persönlichkeit, die mich herausfordert, angemessen gegenübertreten, habe ein ganzes Spektrum an Gestaltungsmöglichkeiten meiner persönlichen Beziehungen zur Verfügung, anstatt (pubertär) hilflos meinen Stimmungen und den Einflüssen meiner Umgebung ausgeliefert zu sein wie ein launischer Tyrann. Wie *anders* laufen unsere Teambesprechungen heute ab ... ?

Das Bild des innerlich wachsenden, reifenden Mannes in all seinen Facetten der Männlichkeit ist vielleicht vergleichbar eine Gruppe von Derwischen beim Säbeltanz: mit Leichtigkeit, vielleicht sogar mit Humor, dabei hoch konzentriert aufeinander bezogen, schnell, in dauernder Gefahr, daher kampfbereit, und: fliegend, eben tanzend. Es heißt bei ihnen: „Ein Mann, der nicht tanzen kann, sollte kein Schwert führen."

Das Emotionale Selbst

Vernünftig und rational, wie wir Männer nun mal sind, fehlt uns oft das gute Verhältnis zu unseren Gefühlen. Probleme werden besprochen, um Lösungen zu finden. Nicht, um des Besprechens willen, noch weniger, um durch das Besprechen Beziehungen aufzubauen. Die damit verbundene Nähe, das dadurch entstehende Vertrauen ist dem Mann als Jäger fremd: Bei der Jagd wurde nicht geredet, sondern gespäht, gelauscht und eine Beute, ein Ziel verfolgt. Dabei wurde die Klappe gehalten. Beim Sammeln von Beeren dagegen … Ein Stereotyp, das aber das kommunikative Verhalten bis heute prägt, wie Klagen über die Sprachlosigkeit der geschiedenen Frauen über ihre Ex-Männer belegt.

Bei der Vorstellung der Selbst-Konzepte hatte ich unterschieden zwischen dem geistigen, rationalen Selbst, dem emotionalen und dem spirituellen Selbst.

Kleines Pech für uns Männer: Das männliche, rationale Selbst haben die Frauen für sich entdeckt: Geld, Macht, Status, Sport, Kampf. Ob sie mit diesem männlichen Anteil glücklicher werden, solange sie den weiblichen in sich ablehnen, bleibt deren Frage und deren Problem, aber sie sind durch die Übernahme männlicher Anteile freier geworden. Und das ist auch gut so. Und mit dieser Entdeckung des „Männlichen in sich" sind sie uns definitiv voraus: Unsere Aufgabe auf dem Weg hin zum „Guten Mann" ist es, neben den spezifisch männlichen Seiten auch den emotionalen Anteil unserer Psyche zu erkennen und zu stärken. Dadurch gewinnen wir in doppelter Weise: Zum einen suchen wir mit dieser Kenntnis nicht mehr das Weibliche in der Frau, weil wir um das Weibliche in uns wissen. So wie die Frauen freier geworden sind durch die Eroberung männlicher (Entscheidungs-) Kraft, finanzieller Macht und Selbständigkeit, so gewinnen wir Freiheit in uns, indem wir unsere Intuition, unsere Leichtigkeit, Akzeptanz und Hingabefähigkeit stärken. Zum zweiten „verstehen" wir Frauen auch mit diesem Wissen besser, wenn es um spezifisch weibliche

Probleme geht: Fehlendes Vertrauen, Unsicherheit, Verwirrung. Wir schmettern ihre Bedenken dann nicht mehr ab, brauchen sie nicht mehr zu verachten, sondern können gemeinsam mit einem „Ach! Interessant, erzähl" die Bedenken der Frauen aufgreifen und für die Gemeinsamkeit, für die Beziehung, für die Arbeit nutzbar machen. Es lohnt also, diese weiblichen Anteile in uns zu entdecken.

Wir tragen einen gegengeschlechtlichen Anteil in uns, und das sogar in beiderlei Formen der Emotionen: als sonnige, lichte Seite des anderen Geschlechts und als deren Schatten. Wir sind als Männer weiblich, leben unseren „weiblichen Schatten" aus, wenn wir launisch, rechthaberisch, unsicher, unkonzentriert sind. Die sonnige Seite des Weiblichen ist die fröhliche, ausgelassene in Kunst und Musik, im Tanzen, im Spiel, in der Freude und im Lachen, im Natur- und Sinnen-, in jedem Lebensgenuss. C.G. Jung nannte diese gegensätzlichen, gegengeschlechtlichen Komponenten der Seele beim Mann Anima und bei der Frau Animus.[75] Die ausführliche Beschreibung dieser beiden Komponenten von männlicher und weiblicher Seele geht hier zu weit, deren Kenntnis ist aber unerlässlich für den Aufbau des Verständnisses und des neuen Selbst-Bewusstseins! Deshalb nur kurz zu Anima und Animus mit Worten von Jung: *„Wir gehen ja naiverweise von der Annahme aus, dass wir in unserem Haus allein Meister seien. Unser Begreifen [Denken] muss sich erst an den Gedanken gewöhnen, dass wir auch in unserem intimsten Seelenleben in einer Art von Haus wohnen, das zumindest Türen und Fenster zur Welt hat, deren Gegenstände und Inhalte zwar auf uns wirken, aber nicht zu uns gehören … Man kann Frauen nicht ein inferiores (minderes) Bewusstsein zusprechen; es ist bloß anders als das männliche Bewusstsein. Aber wie der Frau öfters Dinge klar bewusst sind, so gibt es naturgemäß Erfahrungsgebiete beim Mann, die für die Frau noch im*

---

75 Jung, C.G. „Die Beziehung zwischen dem Ich und dem Unbewussten" darin: „Anima und Animus", München 2007 S. 74ff

Schatten der Nichtunterscheidung liegen, hauptsächlich Dinge, für die sie sich nicht interessiert. Persönliche Beziehungen sind ihr in der Regel wichtiger ... deren unendliche Nuancierung dem Mann in der Regel entgeht, ... Was also den Unterschied zwischen Mann und Frau in dieser Beziehung ausmacht, also den Animus gegenüber der Anima charakterisiert, so kann ich nur sagen: wie die Anima [beim Mann] *die LAUNEN,* [hier gilt es für uns hinzuschauen! Anm. d. Verf.], *so bringt der Animus MEINUNGEN hervor, und wie die Launen des Mannes aus dunklen Hintergründen hervortreten, so beruhen die Meinungen der Frau auf ebenso unbewussten, apriorischen Voraussetzungen."*

Ein Kampf gegen Meinungen ist aussichtslos und nicht zu gewinnen, wie eben der Kampf gegen Feministinnen, Amazonen oder Medusa, die ja eben die furchtbarsten Seiten des Mannes darstellte. Ein Mann, der in der griechischen Mythologie für die Entdeckung der Anima steht, ist Perseus, ein Halbgott. Er sucht die „dunkle Seite" der Frau in Gestalt der Medusa auf, ein Monster mit Schlangen in den Haaren, das so furchtbar ausschaut, dass jeder bei ihrem Anblick versteinert – wie im ersten Anfall von Liebe: Verlust des Bewusstseins. Eine schöne und mächtige Metapher auch hier, dass die (geistige) Versteinerung gegenüber der sonnigen Seite des Weiblichen, der Liebe, wie gegenüber den Schattenseiten der Frau, dem Verschlingenden, Launischen, den Tod des männlichen Bewusstseins mit sich bringt – in der Liebe wie im Tod selbst.

Wie begegnet er Medusa? Es ist die Klugheit, eine List der Pallas Athene, mit der er sie besiegt: Indem er ihr einen Spiegel vorhält! Helden von heute erschlagen keine hydraköpfigen Ungeheuer mehr. Wenn sie denn den Mut dazu haben, suchen sie in den Dunkelheiten ihrer eigenen Seele, entdecken, erkennen im Spiegel der Betrachtung den weiblichen Schatten in sich und LEBEN ihn, eben durch das Spiegeln!

„Was nutzt ein hoher IQ, wenn man ein emotionaler Trottel ist" oder „Schlau kann dumm sein", Daniel Colemans[76] Forderung nach emotionaler Kompetenz ist für Manager und Ehemänner gleichermaßen bedeutend. Aber EQ ist nicht nur wichtig, weil Frauen oder Kunden im Reklamationsmanagement das brauchen. Intensive Gefühle sind für mich selbst als Mann wichtig, weil sie mein Leben insgesamt nachdrücklicher und lebendiger werden lassen. Gefühle werden erlebt in einem breiten Spektrum von „gut", angenehm, (Freude, Lachen, Wärme, Liebe, ..) bis „schlecht", also unangenehm: Wut, Angst, Trauer, Aggressionen, Zorn ... Das Problem bei den unangenehmen, schlechten Gefühlen liegt weniger im Fühlen selbst – sondern in der Vermeidung derselben. Die moderne und unmenschliche Tendenz ist, die guten zu mehren und die schlechten auszuschalten – mittels Verstand. Die dazu möglichen Techniken wie Verdrängung und Rationalisierung beherrschen Männer ausgezeichnet. Dieses Unterfangen gleicht dem Versuch, ein Uhrpendel in nur eine Richtung schwingen zu lassen. Präsenz entsteht aber eben in der Fähigkeit, Herr über ein möglichst breites Spektrum an Emotionen zu werden. Der ewig grinsende, alles ganz toll findende metrosexuelle Frauenversteher hat ausgedient. Er ist ein verlogener Hund, der seine Unfähigkeit zu Zorn, Trauer und Wut in stundenlangen Labereien verleugnet. Wir Männer müssen ein gutes Verhältnis zu unseren „dunklen Seiten" finden und diese kennenlernen, um sie beherrschen zu können – besser noch, um *damit* herrschen zu können! Dazu müssen diese „dunklen" Seiten aber ebenso ausagiert werden können, wie die hellen. Die Angst vor „negativen Gefühlen" entsteht aus der Unkenntnis der Beteiligten über die Frage: „Hat der seine Gefühle, die er auslebt, im Griff, oder haben die Gefühle ihn?!"

---

76 Coleman, Daniel: „EQ – Emotionale Intelligenz", München 1997 S. 53

Als emotional kompetenter Mann liegt meine Aufgabe genau da: Gefühle wahrzunehmen, sie an- und auszusprechen und so Tiefen meiner Seele kennenzulernen und auszuleben.

Im Aussprechen meiner Gefühle und im Ansprechen der Gefühle bei meinem Gegenüber stelle ich den notwendigen Kontakt zu meinen Mitmenschen her, gewinne „emotionale Kompetenz", indem ich ein breiteres Spektrum an Gefühlen angemessen ausagieren kann, ohne mich von ihnen beherrschen zu lassen.

Im LEBEN und Umsetzen dieser Gefühle, auch der negativen, nutze ich sie; sie geben mir eben die Handlungsenergie, um meine Ziele durchzusetzen. Dazu zähle ich auch die destruktive Kraft beim Kampf gegen meinen „inneren Schweinehund", die Aggression, die mir Impulsivität gibt, die Angst, die mich wachsam sein lässt bei Gefahr. Der Zorn, mit dem ich mich und meine Lieben vor Ungerechtigkeit oder Willkür von außen schütze. Wie ich auch sie selbst bei ausufernden Gefühlen schützen kann. Wer überflutet wird von Angst, sehnt sich danach, *mit* dieser Angst angenommen und aufgefangen zu werden. Dazu muss ich sie aber als Mann zunächst sehen, anerkennen und aushalten können und in der Lage sein, sie auch anzusprechen: „Ok, sprich es aus – wovor hast du genau Angst?!" Das ist das Gegenteil von Deckeln, Verdrängen oder gar Verachtung im Sinne von „Stell dich nicht so an!", das solche Männer praktizieren oder es gar für männlich halten, die Ängste weder bei sich noch bei anderen aushalten zu können.

Warum sind Gefühle, ihre Wahrnehmung und ihr Ausdruck so immens wichtig? Sie sind Voraussetzung für innere, eigene und damit zwischenmenschliche Veränderungen!

„Natürlich hatte ich von Anfang an gewusst, dass die Überzeugungskraft meiner Argumente allein nicht ausreichen würde, um eine Veränderung zu bewirken. Diese Erfahrung hatte ich oft genug schon gemacht. Auch bei meiner eigenen Therapie hat es nie funktioniert. Nur wenn man eine Einsicht auch im Bauch spürt, hat man sie wirklich erreicht. Erst dann kann man damit arbeiten und etwas verändern.

In der Psychologie für den Hausgebrauch wird unentwegt von „Verantwortungsübernahme" geredet, aber das sind nichts als Worte. Es ist außerordentlich schwer und beängstigend zu erkennen, dass Du und NUR Du für Deinen eigenen Lebensplan verantwortlich bist.

Das Problem in der Therapie besteht darin, einen Weg zu finden, wie eine wenig wirkungsvolle intellektuelle Selbsterkenntnis in emotionale ERFAHRUNG umgesetzt werden kann. **Nur wenn in der Therapie [und in der Beziehung?!] tiefe Emotionen freigesetzt werden, wird sie zu einem machtvollen Instrument der Veränderung."** [77]

Das Fernsehen zwingt uns fast permanent, die mit den Bildern normalerweise verbundenen Gefühle zu unterdrücken. Die Katastrophenbilder müssen rational analysiert werden, denn es ist ja nur ein Film, die Naturkatastrophe passiert ja nicht hier. Dasselbe spielt sich bei Video- oder PC- Spielen ab: Das Gehirn kann nicht – nicht lernen, es lernt bei allem, was es tut. Beim Fernsehen übt es also Verdrängung, das NICHT-Fühlen. Die Kinder folgen der allgemeinen Abstumpfung in der heroischen Alltags-Maxime: „Sei cool!". *„Desensibilisierung gegenüber Gewalt: Je häufiger Gewalt erfahren wird, ob nun real oder medial, umso stärker verringert sich die Reaktion auf solche Ereignisse. Man stumpft ab."* [78] Was ich im Laufe des Fernseh-Verzichtes der letzten Jahre bei mir beobachte, ist ein viel intensiveres Erleben von Kinofilmen und vom Alltag. Ich bin mit meinen Gefühlen im Alltagsgeschehen intensiv „dabei". Und ich kann meine Gefühle, auch und gerade die negativen, „einsetzen", im Ernst und spielerisch – ich bin „Herr im eigenen (Gefühls-) Haus".

---

77 Yalom, Irvin D.: „Die Liebe und ihr Henker" München 1999 S. 53,54
78 Spitzer, Manfred: „Vorsicht Bildschirm. Elektronische Medien, Gehirnentwicklung, Gesundheit und Gesellschaft." In: Transfer ins Leben. Band 1. Stuttgart S. 236ff

Im Endeffekt ist es neben geistiger Wachsamkeit in der Wahrnehmung genau diese Vielfalt und Lebendigkeit meiner intensiv und aktiv, bewusst ausgelebten Gefühle, mit der ich auf diese Welt reagiere und die meine Präsenz ausmacht.

Eine besondere Qualität von Aggression, und das trifft auf männliche und weibliche gleichermaßen zu, ist die zerstörerische. Es gibt in jedem Menschen Persönlichkeitsanteile, die er selbst nicht zu sehen vermag. (vgl.: C.G. Jung: Schatten, Kapitel "Schattenarbeit"). Er selbst kann sie nicht nur nicht sehen, sondern sie werden vom Partner gesehen, und das überdeutlich, insbesondere bei Auseinandersetzungen. Es sind die Eigenschaften, Angewohnheiten z. B. aus der Pubertät, auch tiefer sitzende Haltungen, die aus früheren Entwicklungsstadien verinnerlicht wurden, sich aber überlebt haben. Manche Männer sind noch als Erwachsene echte "fashion victims", sie kleiden sich wie modische Konsumäffchen, noch infantiler als ihre Söhne. Sie wirken für diese schlicht peinlich. Frauen sehen da manches klarer: Das Fremdgehen zum Beispiel hat im jugendlichen Alter eine fast sportliche Note – im Alter wirkt der "ewige Stenz" eher peinlich daneben.

Das läuft diametral entgegen der Haltung derjenigen, die mit ihrer seltsamen Mischung aus kindlichem Trotz und in die midlife-crisis vorgezogenen Altersstarrsinn, besser: Demenz, kokettieren mit den Worten: "Ich will so bleiben, wie ich bin." Solche Unfähigkeit zur Selbstkritik wird nur noch übertroffen durch das Bekenntnis zum eigenen schwachen Sinn: "Ich bin ich – …" So lässt sich auf Dauer keine Beziehungsdynamik aushalten – einer wird den anderen verlassen. Weil Aggression beim Partner auf Zerstörung und Vernichtung hinzielt, aber dagegen ein solcher gegen alle Kritik immunisierter Mann sich nicht wandeln mag, wird er mit einiger Wahrscheinlichkeit aus allen Wolken fallen, wenn er eines Abends nach Hause kommt und in einer leer geräumten Wohnung steht. Der Zettel auf dem übriggebliebenen Tisch trägt nur den einen Satz: „Ich wollte so oft mit dir reden …!"

"Nur die Betrachtung der Destruktivität in Zusammenhang mit der Liebe kann weiterhelfen: Ich stelle eine seltsame Behauptung auf: Liebe ist der Sinn der Destruktivität. Oder anders formuliert: Destruktives Verhalten will die Voraussetzung für die Liebe schaffen – und manchmal gelingt das auch."[79]

Es fordert immensen Mut von der einen und großes Vertrauen in die andere Seite, dieser "Zerstörung" alter und damit fast konstituierender Bestandteile der eigenen Persönlichkeit zuzustimmen. Was viele Paarbeziehungen zerstört, ist nicht die fehlende Liebe, sondern der fehlende Hass. Sie hassen einander nicht genug für das, womit der andere die Liebe zerstört: Gleichgültigkeit bis zur Resignation, verlogene Selbstbeherrschung oder falsche Rationalisierung töten das Beziehungsleben schleichend und gründlicher, als der intensive Streit: Denn darin liegt ja immer auch maximale Bezogenheit und Konzentration aufeinander. Stattdessen zeigt der Streit dem Partner auch immer: „Du bist und unsere Beziehung ist mir nicht egal!" SEINE Rücksichtslosigkeit gegenüber ihrer Hausarbeit in den achtlos weggeworfenen Socken oder IHRE Kontrollsucht aufgrund mangelnden Vertrauens in seine Beziehungs-Integrität. Hier kann ein Streit, offensiv, laut, vielleicht sogar hasserfüllt, wie ein reinigendes Gewitter wirken.

Gras, das sich im Wind nicht zu biegen vermag, wird von eben diesem gebrochen. Indem andererseits die alten, kleinlichen, albernen und überholten Persönlichkeitsanteile aufgegeben werden, entsteht wahre innere "Größe".

Würde, Demut, Mut (2)

„Demut ist der Mut, den es braucht, anzuerkennen, was IST."
Und das betrifft nicht nur das Offensichtliche, die Anerkenntnis des Offensichtlichen ist hohles Gelaber, sondern das Benennen,

---

79 Schellenbaum, Peter: „Das Nein in der Liebe – Abgrenzung und Hingabe in der erotischen Beziehung", München 2008 (21. Auflage) S. 86

das Aussprechen dessen, was uns bis dahin verborgen geblieben war. Das setzt aber voraus, daß sich jemand auf den Weg gemacht hat, um mit Neugier hinzugehen, („aggredere", lat. hingehen, angreifen, ist der Ursprung des Wortes „Aggression"!) und hinzuschauen, um zu erforschen, was im Dunkeln, im Hinter- oder im Untergrund, vielleicht sogar im Tabu liegt, und das an- und auszusprechen.

Aber fangen wir beim Positiven des Würdigens im Außen an.

Mitarbeiter und Ehefrauen klagen und beschweren sich häufig über die Selbstverständlichkeit, mit der Chefs und Ehemänner deren Leistung ohne Anerkennung nehmen. „Nehmen" und annehmen, dass das Geben selbstverständlich sei. Ob in der Mitarbeiterführung oder in der Partnerschaft, viel zu selten geben wir Anerkennung. Das ist auch schade für uns selbst, denn die allgegenwärtige Kritik zerlegt, analysiert und zerstört. Indem wir dagegen anerkennen und würdigen, was der andere Gutes tut oder getan hat, schaffen wir auch Würde in uns, denn es gilt auch hier: wir ernten (später), was wir heute säen. Zum männlichen, schöpferischen Prinzip gehört eben auch die Würdigung, die Sicht auf das Positive und dessen Förderung. Das gute Selbstbild, die wahre männliche Kraft entsteht eben genau daraus: Aus dem Respekt für den guten Willen und die Tat und die Leistung des anderen.

Aber wenn all das fehlte? Wie gehe ich würdevoll mit Defiziten um?

Mut und Demut braucht es auch, wenn ein Mann mit dem Willen zum konstruktiven Ergebnis Kritik ausdrücken will. „Und jetzt will ich noch ein Thema ansprechen, und das ist mir selbst unangenehm, (vielleicht, weil es auch mit mir zu tun hat….?) aber es muss einfach mal auf den Tisch…" Pause. Und dann los: Bei sich selbst anfangen, das Gefühl beschreiben, das einen bei dem betreffenden Kritikpunkt beschlichen hat, und offen bleiben. So kommt das eigene Beteiligtsein zum Ausdruck, inhaltlich wie formal. Und dieser Mut, anzuerkennen, dass von der Hand mit dem ausgestreckten Zeigefinger auch drei Finger auf mich zurück weisen, der gibt Kraft, das unangenehme Thema als ein Gemeinsames anzugehen. Dieses Aussprechen, diese Demut vor der eigenen Scheu oder Unsicherheit gibt mir immer wieder Mut, die Dinge anzusprechen. Ich selbst war oft überrascht, wie leicht dann das Gespräch im weiteren Verlauf war, wie beinahe leichtfüßig wir gemeinsam eine Lösung gefunden haben.

Gefühle entdecken, zeigen, einsetzen
Für viele Männer ist die Aufforderung, emotionale Kompetenz zu entwickeln, ein Widerspruch ähnlich der Forderung: „Sei mal spontan!" Wie soll das gehen? Es ist ein Anachronismus, denn hier wird ein Mann aufgefordert, die Initiative kommt nicht von ihm, er muss fremdbestimmt handeln – und schon hat er als „männlicher" Mann versagt. Wie soll das gut gehen? Jenseits von hungrig, geil und durstig – was soll es da geben? Der Ansatz ist schon richtig – Gefühle sind zunächst körperlich spürbar. Die Spurensuche, das „Spüren" im Körper setzt Konzentration auf eben diesen, eigenen Körper voraus. Und während gedankliche Einflüsse uns über das Auge erreichen (lesen, fernsehen), erreichen uns Gefühle über das Ohr. Zur Konzentration auf das eigene Gefühl, der Einstieg, ist recht einfach, fast profan: Augen zu, zur Ruhe kommen, innere Stille der Gedanken schaffen und

- hin-hören: WIE spricht mein Gegenüber, was ist hinter den Worten, in der Stimme? Dann
- sich auf den eigenen Körper konzentrieren. Das Gehörte in sich hineinsacken lassen. Wo zieht's, drückt es, welches Organ ist spürbar? Spüren ist Spurensuche, ist ein Vortasten. Die Unsicherheit dabei auszudrücken – DAS ist schon für viele ein großer Schritt. Oder, noch mutiger – wenn es denn so ist – „Ich fühle rein gar nichts – Leere." Die Scham darüber verschwindet rasch, wenn man spürt, dass zumindest die Ehrlichkeit des Gefühlsausdrucks Vertrauen schafft.
- aufgreifen, ansprechen, was beim anderen wahrnehmbar ist. Die „Sache" wird zur Nebensache, wenn man

- den anderen anspricht auf der Gefühlsebene: „*Wie* du das sagst, das klingt, als ob,…"
- sich im vertrauten Gesprächskreis einlässt auf Antworten nach der Frage – „was habt IHR denn für ein Gefühl, bei meiner Art zu sprechen?"

Gesunder Selbstwert

Hier möchte ich die narzisstisch überzogene Selbstliebe abgrenzen von der gesunden Selbstachtung, der Kenntnis des eigenen Selbstwertes. Als Puberteur bin ich mir meines Selbstwertes unsicher. Wie schon angedeutet, fehlt dem Puberteur der Bezug zum Selbst, zum „Inneren ICH". Er hält sein Ego für das, was ihn ausmacht, was an ihm wichtig ist. Er nimmt sich unvergleichlich wichtig, ist nicht bereit, seine Gedanken und Gefühle in Bezug zu setzen, zu relativieren gegenüber dem Nächsten. Persönlichkeit und materieller, beruflicher Status sind dasselbe, und so grenzt er sich auch „nach unten" ab. Die Grenze von der Egozentrik zum Narzissmus ist schmal, und so schwingt Verachtung immer mit. Das Highlight der Narzissten, die Castingshows, sind Orgien der Verachtung: Zwischen Jury und Kandidaten, Regie und Publikum, Publikum und Kandidaten. Der Hohn dieser Veranstaltung liegt in der Lüge: Zum Superstar wird da niemand. Aber – warum tun sich diese Menschen das an? Der Psychotherapeut Manfred Lütz hat Verachtung erkannt als den „Kitt zwischen den blödsinnig normalen Milieus": „*Zu welchem Milieu man gehört, merkt man am intensivsten durch den Widerwillen, der einen in anderen Milieus überfällt. Der Paartherapeut Jürg Willi hat die Beobachtung gemacht, dass Paare nicht so sehr durch gemeinsame Präferenzen zusammengehalten werden, sondern durch gemeinsame Abneigungen. Kaum etwas stabilisiere eine Partnerschaft so sehr, wie von einer Einladung nach Hause zu fahren und sich über die anderen Gäste in traulicher Zweisamkeit das Maul zu zerreißen …*

Geben Sie zu, lieber Leser, das ist ihnen noch nie passiert ... "[80] So wie ich Casting–Shows verachte ...

Narzissmus ist deswegen so weit verbreitet, weil sowohl Vernachlässigung wie auch die maßlose Verwöhnung (Frustrationsvermeidung, übermäßiges Lob) des Kindes zu Narzissmus führen können.[81] Wie aber gelange ich (aus dem Narzissmus) zu einem „gesundem Selbstwert"?

Indem ich die Saat betrachte und bei mir selbst anfange! Charlie Chaplin hat seine Erfahrung mit dem Selbstwert anlässlich seiner Rede zu seinem 70. Geburtstag so formuliert:

„Als ich mich selbst zu lieben begann, habe ich verstanden, dass ich immer und bei jeder Gelegenheit, zur richtigen Zeit am richtigen Ort bin und dass alles, was geschieht, richtig ist – von da an konnte ich ruhig sein. Heute weiß ich: Das nennt man ‚VERTRAUEN'.

Als ich mich selbst zu lieben begann, konnte ich erkennen, dass emotionaler Schmerz und Leid nur Warnungen für mich sind, gegen meine eigene Wahrheit zu leben. Heute weiß ich: Das nennt man ‚AUTHENTISCH SEIN'.

Als ich mich selbst zu lieben begann, habe ich aufgehört, mich nach einem anderen Leben zu sehnen und konnte sehen, dass alles

---

80   Lütz, Manfred: „Irre! Wir behandeln die Falschen! Unser Problem sind die Normalen." Gütersloh, 2009 S. 23

81   Leising, Daniel a.a.O.: „Die Allergrößten", S. 30 ff, *„Das Spezifische an einer narzisstischen Persönlichkeitsstörung ist, dass die Gefühle und das Verhalten der Betroffenen in extremer Weise um den Wert der eigenen Person und den Vergleich mit anderen kreisen."*
Ursachen, Gründe: 2 Theorien:
1.) „Betroffene seien als Kind verhätschelt, ... daher richten sie auch als Erwachsene entsprechende Erwartungen an die Umwelt."
2.) „Abwehrfunktion des arroganten Verhaltens: ... Wer ... [als Kind] durch dauernde Kränkung geschädigt wurde durch Zurücksetzung oder Missachtung, der KANN .. die Strategie aneignen, mit Gewalt Achtung zu verschaffen. ... eine Überlebensstrategie mit einem sehr fragilen Gefühl für den eigenen Wert"

um mich herum eine Aufforderung zum Wachsen war. Heute weiß ich, das nennt man ‚REIFE'.

Als ich mich selbst zu lieben begann, habe ich aufgehört, mich meiner freien Zeit zu berauben, und ich habe aufgehört, weiter grandiose Projekte für die Zukunft zu entwerfen. Heute mache ich nur das, was mir Spaß und Freude macht, was ich liebe und was mein Herz zum Lachen bringt, auf meine eigene Art und Weise und in meinem Tempo. Heute weiß ich, das nennt man ‚EHRLICHKEIT'.

Als ich mich selbst zu lieben begann, habe ich mich von allem befreit, was nicht gesund für mich war, von Speisen, Menschen, Dingen, Situationen und von allem, das mich immer wieder hinunterzog, weg von mir selbst. Anfangs nannte ich das ‚Gesunden Egoismus', aber heute weiß ich, das ist ‚SELBSTLIEBE'.

Als ich mich selbst zu lieben begann, habe ich aufgehört, immer Recht haben zu wollen, so habe ich mich weniger geirrt. Heute habe ich erkannt: das nennt man ‚DEMUT'.

Als ich mich selbst zu lieben begann, habe ich mich geweigert, weiter in der Vergangenheit zu leben und mich um meine Zukunft zu sorgen. Jetzt lebe ich nur noch in diesem Augenblick, wo ALLES stattfindet, so lebe ich heute jeden Tag und nenne es ‚Bewusstheit'.

Als ich mich zu lieben begann, da erkannte ich, dass mich mein Denken armselig und krank machen kann. Als ich jedoch meine Herzenskräfte anforderte, bekam der Verstand einen wichtigen Partner. Diese Verbindung nenne ich heute ‚HERZENSWEISHEIT'.

Wir brauchen uns nicht weiter vor Auseinandersetzungen, Konflikten und Problemen mit uns selbst und anderen fürchten, denn sogar Sterne knallen manchmal aufeinander und es entstehen neue Welten. Heute weiß ich: DAS IST ‚DAS LEBEN'!"[82]

---

82 zitiert nach Borlinghaus, Ralf: „Coach me, if you can", FAZ-Blog v. 11.1.2009

Als Bauer weiß ich, ich kann *nur und genau das* ernten, was ich gesät habe. Es reicht aber nicht nur, zu säen – der Bauer pflügt und eggt vorher sein Feld, wählt Saatgut und Zeitpunkt der Aussaat, düngt, wässert und lässt gedeihen. Erst später, wenn die Frucht reif ist, kann er ernten.

Ähnlich verhält es sich mit dem Selbstwert, der aus der Qualität der Kommunikation entsteht: Selbstwert, den ich anderen gebe, ist Respekt. Diesen Respekt gebe ich in Form von positiver Anerkennung der Wesenszüge, dem Verhalten anderer: Es kommt in der doppelten Bedeutung des Bibel-Zitats „Liebe deinen Nächsten [so,] wie [auch] dich selbst".

Betrachtet man diese Haltungen aus polarer Sicht, dann ist die Anerkennung, Würdigung als spezifisch männlich, die Kritik als spezifisch weiblich zu sehen. Anerkennung, der Blick auf das, was (positiv) da ist, was funktioniert, was gut ist, das ist deswegen spezifisch männlich, weil der Mann sich nach der Meditation in der Leere, der Stille, auf die Fülle einlassen kann. Die Erfahrung der Stille, des Fastens und der Leere hat ihn genügsam gemacht, er hat gelernt und in sich vertieft, es ist immer genug von allem da, und das in jedem Menschen: Jeder ist auf seine Art perfekt, und als Mann sucht und erkennt er in jedem dessen Potenziale.

Die Frau schaut aus ihrer Fülle auf die Defizite, auf das, was fehlt, und kritisiert. Als „Guter Mann" mit meinen Erfahrungen der Leere schaue ich mit klarem Bewusstsein, purer Aufmerksamkeit (das ist eben diese Leere!) auf das Leben, die Fülle – und, indem ich mir das Staunen des Kindes bewahre, würdige ich sie. In der verzerrten, negativen Form entspricht diese polare Gegenüberstellung den Bildern von der ewig „nörgelnden Alten", Ilsebill im Märchen vom Fischer und seiner Frau und dem gleichgültigen, (selbst-) zufriedenen Pascha.

Anerkennung muss, wie beim Lob auch, „authentisch" sein, ehrlich aus der Situation herauskommen, sonst wird es schnell heuchlerisch. Gerade Anfänger, wenn sie in diese Fähigkeit der absichtslosen Anerkennung hineinwachsen, tun sich schwer mit der

Zurückweisung ihrer vielleicht noch unbeholfen klingenden, warmherzigen Worte. Dabei hilft die Frage, wie man selbst denn mit Anerkennung und Lob umgeht, ob man selbst das *so einfach*, ohne Hintergedanken, dankend annehmen kann?

Für Menschenfeinde und solche, die ihr Ego lange aus der Verachtung für andere gespeist haben, ist das am Anfang sicher schwierig. „Was ist denn an *dem* Kollegen so großartig?" Aber der ruhige Blick auf mein Gegenüber, wenn ich sein Tun der letzten Zeit kurz Revue passieren lasse, all das macht es mit einem etwas liebevollen Blick möglich, auch im ärgsten „Z'widermuckl" einen freundlichen, anerkennenswerten Zug zu entdecken. Einen – mindestens. Und diese Anerkennung auch auszusprechen.

Steigern lässt sich unsere Selbstliebe, wenn wir uns in Erinnerung rufen, wen wir im Laufe unseres Lebens alles lieben durften. Ja, genau – nicht, wer uns alles geliebt hat, sondern wen wir lieben durften. Ich habe mir an einem Sonntagmorgen im Bett einen Block genommen und notiert, wie ich, *jede Einzelne* kennengelernt hatte, was die schönsten Momente unserer Zeit waren und was die Tiefe der Beziehungen ausgemacht hatte. Noch nie in meinem Leben habe ich mich so reich gefühlt.

Die Anerkennung, egal ob still oder ausgesprochen, für die Zeit und die besondere Aufmerksamkeit, die SIE uns gegeben haben, macht uns selbst zufriedener.

„*Sie* kennen das Wort 'Würde' doch nur aus dem Satz 'Für Geld würde ich alles machen!'"

Anerkennung ist ganz nah an der Würdigung, und im Wort steckt bereits die Frucht: Indem ich andere würdige, wächst auch meine innere Würde. Aus der Anerkennung der Stärken und schönen Seiten meiner Mitmenschen kommt sie irgendwann zurück. Dann kann ich prüfen, ob ich gelernt habe, Anerkennung und Lob anzunehmen oder ob es für mich nur Geschleime ist. Und wenn ich das „Echo" annehmen kann, dann erkenne ich langsam, im Laufe der Zeit, was meinen Mitmenschen an mir wirklich wichtig ist – und das ist mein Selbstwert.

Saat, Sorgfalt und Selbstwert

Es kommt nicht nur darauf an, die Saat zu streuen. Ein Kompliment, eine Anerkennung, eine Würdigung wird sehr oft gar nicht gehört. Das hängt damit zusammen, dass ich bei der Auswahl des Bodens nicht darauf geachtet habe, wohin ich meinen Samen streue und ob dieser überhaupt zur Aufnahme bereit und fruchtbar ist. Vielleicht muss ich das Samenkorn unter die Erde mengen und nachträglich düngen?

Es wird oft eine Überraschung geben auf die Frage: „Ist das eigentlich angekommen?" Hier wähle ich als Mann sorgfältig meine Worte, die eben nicht so in den Raum geworfen werden, sondern ihre Wirkung beim anderen entfalten sollen. Die Unfähigkeit, zuzuhören, betrifft ja nicht nur Männer. Wegen ihrer Unsicherheit im Selbstwert ist es faszinierend, wie breit die Palette der Reaktionen auf positives Feedback (früher: Kompliment) auch bei Frauen ist. Eine Frau mit geringem Selbstwert tut sich schwerer, ein Kompliment anzunehmen. Sie wird es geringschätzig beiseite wischen und abweisen. Und wenn sie ein schlechtes Bild vom Mann hat, sogar als Manipulationsversuch missdeuten.

Wenn mir mein Wort wichtig ist, bringe ich zum Ausdruck: So aufrichtig ich gesprochen habe, so will ich jedes meiner Worte auch angenommen haben. Wo das nicht geschieht, lenke ich die Aufmerksamkeit darauf: „Bitte schau mal selbst, wie du gerade mit meiner Würdigung, mit meiner Anerkennung umgehst. Diese Geringschätzung verletzt mich, mehr aber noch du dich in deinem Selbstwert."

Und vielleicht sollte man sich auch nicht ganz so wichtig nehmen: *„Als Hauptgrund für die zunehmende Unfähigkeit, auf Dauer in Familienverbänden zu leben, sehe ich die starke Ich-Bezogenheit und Kränkbarkeit vieler Menschen. Dieses ‚Ich bin so wichtig',* *die übertriebene Sorge um die eigene Befindlichkeit, zerstört ganz massiv den Familienfrieden."*[83]

Aber ich BIN doch wichtig! Auf mich kommt es doch an, und wenn ich Verantwortung für andere übernehmen will, muss ich mich doch wichtig nehmen!

Richtig, aber auf die Balance kommt es an. Und die Balance entsteht, wenn ich mich nicht wie ein Sonnenkönig als absolut sehe, sondern mich relativieren kann und laufend erkenne, wo ich Schwächen habe. Wo ich meine dunklen Seiten in mir trage, die das Leben mit mir für andere schwierig machen.

Hinschauen, aufmerksam zuhören, mit allen Sinnen ... auch und gerade wenn es brenzlig wird, bei der Betrachtung der „dunklen Seiten", dem Schatten meiner Seele.

Männerarbeit – Schattenarbeit

Der Führende selbst, ich als Mann, muss zunächst – aus der vertieften Erkenntnis meiner Wurzeln, Talente und Fähigkeiten – Verantwortung für die von mir gewählten Ziele und meinen Weg dorthin übernehmen. Ein Beispiel für diese Art der Verantwortung sind Martin Luthers Worte am Ende seiner Rede auf dem Reichstag 1521 in Worms: *„Hier stehe ich. Ich kann nicht anders. Gott helfe mir. Amen."* Eine solche auf Gott (oder der Präsenz im Tod) begründete Gewissheit mag zweifelhaft selbst dem Sprechenden sein – aber die Übernahme der Verantwortung für sich selbst ist maximal. Luther ging mit seiner Verantwortung das Risiko der Exkommunikation ein, was damals die völlige Vernichtung seiner beruflichen Existenz bedeutete!

Ein wesentlicher Teil der Verantwortung für sich selbst ist die Anerkennung der eigenen Grenzen, Defizite und Schattenseiten. Mit dem Erkennen der eigenen dunklen Seiten im Charakter, seine

---

[83] Hyams, Helge-Ulrike: „Können Scheidungskinder glücklich werden?" in: GEO Wissen 34/2009

„Schatten", Schwächen, Ängste und Makel, vermag der zu wahrem Mitgefühl fähige Mann Verantwortung für andere zu übernehmen – er wird vertrauens- und glaubwürdig.

Würde entsteht, wenn die bis dahin unreflektiert ausgelebten Schatten als solche erkannt und als eigener An-Teil anerkannt werden, und so zum Ge-Wissen werden.

Das Mitgefühl entsteht aus der Einsicht und aus der Kenntnis seiner eigenen Schwächen. Das macht einen Mann sanft und verständnisvoll, auch für die Fehler anderer. Diese Einsicht ist deswegen notwendig, weil die Selbsterkenntnis in der Regel an genau dieser Stelle aufhört: Ich kann diese Seiten an mir schlichtweg nicht „sehen"! So wenig, wie ich meine eigene Stirn, mein eigenes „Sehendes" (mein Auge) nie ansehen kann, noch weniger jemals meinen Rücken, meine dunklen Seiten um Gesäß und Anus zu sehen vermag, so kann ich auch die dunklen Seiten meiner Seele, eben meinen „Schatten", alleine nicht erkennen. Er zeigt sich (körperlich wie seelisch!) dann, wenn ich mich abwende von denen, die mir (bildlich wie real) nahe stehen. Und nur diese Menschen können meine Schattenseiten überhaupt sehen. Aber dieser Schatten „wirkt". Darum ist es für die Kraft unbedingt notwendig, sich der Kritik genau dieser Menschen auszusetzen – ohne sich selbst dabei zu schonen, denn in deren Kritik, die (fast immer!) berechtigt ist, erkenne ich meine von mir abgelehnten „dunklen Seiten."
Es sind dies all die verdrängten, abgelehnten und unbewusst wirksamen sogenannten „schlechten Gefühle", die ich hier in ihrer Gesamtheit den „Inneren Drachen" nennen möchte. Diesen Drachen aufzusuchen, sich ihm zu stellen, ihn anzuschauen und zu bändigen, stellt den Drachenkampf des modernen Mannes dar. Den Drachen, der da in mir schlummert und in den dunkelsten Momenten wach wird, den aufzusuchen, kennenzulernen und ihn so zu zähmen, um ihn „reiten" zu können, diese dunklen Gefühle also zum Instrument meines Lebens zu machen, das meine ich im Folgenden mit „Schattenarbeit". Sie ändert massiv die Beziehung zu mir selbst, zu meiner Partnerin, zu meinen Mitarbeitern, Freunden

und besonders den Umgang mit Kindern: Ja, ich trage einen Drachen in mir!

„Lerne zuzuhören, und du wirst selbst von denen lernen, die schlechtes reden." – Plutarch

Was C.G. Jung „Schatten" nannte, nennt Wais den „Doppelgänger": *„Der Doppelgänger ernährt sich von allem, was das Ich nicht wahrhaben will und kann es deswegen zur unbemerkten Gewohnheit werden lassen. Dadurch bekommt er für jeden Menschen individuelle Gestalt. Im Laufe des Lebens zieht er alles an sich, was das Ich nicht wahrhaben will, was es meidet, was es verdrängt ... [und] verselbständigt sich im Unbewussten."* [84]

Wie erkenne ich meinen Schatten?

Am deutlichsten zeigen ihn uns unsere Kinder. Kinder sind ein Abbild unserer sonnigen Seiten und Talente – aber auch unserer Schwächen: „Von *mir* hat das Kind diese Intelligenz nicht – ich hab meine noch!" Kinder haben das Bedürfnis nach einer „heilen" Welt, heil nicht im Sinne von „schön", gesund, sonnig, hell und schattenlos, sondern „heil" als Gegensatz zum „Un-heil", nämlich ganz, vollständig. Wird etwas ausgeschlossen und verdrängt, interessiert es sie erst recht, denn das Unbekannte, gerade das Dunkle, Verbotene, Gefährliche, macht sie neugierig, es zu erleben, denn da können sie sich selbst entdecken und sich ihrer Stärken erfahren und beweisen. Und weil sie im Sinne von „gut und schlecht" unerfahren und noch weitgehend wertfrei leben, wählen sie bei dem, was sie interessiert, nicht nach den Vorstellungen der Eltern aus. Im Gegenteil: In der Ablehnung der Eltern spüren sie sich selbst. Kinder suchen, um zu erfahren und leben daher gerne das aus, was wir (in uns) ablehnen, spätestens und am deutlichsten in der Pubertät.

---

84 Wais, Mathias: „Ich bin, was ich werden könnte – Aus der Biografieberatung" Stuttgart, Berlin 2001, S. 63: Der Doppelgänger – Seine Entstehung, S. 69: Seine Sprache

Aber auch Fremde, die bestimmte für uns unangenehme Seiten, Eigenschaften deutlich ausagieren, können Hinweise auf eigene Schattenseiten tragen. Laute Nachbarn, duckmäuserische Kollegen, präpotente Lehrer, was immer uns an lästigen Eigenschaften unserer Mitmenschen auffällt, könnte unseren eigenen Anteil spiegeln, nach dem Prinzip: „Es geschieht in deinem Leben, vielleicht sogar wiederholt – aber es soll nichts mit dir zu tun haben?"
Eine besondere Fähigkeit, besonders substanzielle Kritik abzugeben, hat die eigene Partnerin, die Frau. Um Frauen als Spiegel unseres Unbewussten, des uns Unbekannten, als Chance, zu wachsen, zu „benutzen", dazu gehört ausdrücklich AUCH, destruktive Kritik als etwas Zerstörendes anzunehmen. Annehmen sei verstanden im doppelten Sinn: als Vermutung und An-nahme, Akzeptanz. Denn erstens ist sie in der „Nähe", sie sieht also mehr, als Menschen, die uns weniger nahestehen, zum Zweiten sieht sie durch mein physisches wie psychisches „Mich- Abwenden" meinen Rücken, meine mir unbekannte Seite, ganz genau. Aus diesem Grunde ist es so wichtig, die Frau in ihrer Kritik ernst zu *nehmen* und zu sehen, ihr aufmerksam zuzuhören, sie dadurch anzuerkennen als Spiegel unseres eigenen Schattens. Was eine (liebende!) Frau in uns kritisiert, ist mit großer Wahrscheinlichkeit ein Muster, ein Verhalten, eine Angewohnheit, eine Haltung, ein Schatten-anTeil in uns, das sich überlebt hat, uns behindert und, vermutlich aus Bequemlichkeit, bislang beibehalten wurde. In Paargesprächen[85] ist es möglich, Mut und Offenheit vorausgesetzt, sich selbst zu erkennen, als der, der zu sein man bislang nie glauben wollte: *„Am Du werden wir erst zum Ich."* (Martin Buber)
Erschwerend kommt bei den „Schattengesprächen" hinzu, dass Frau wie Mann dazu neigen, Anteile aus den eigenen Schatten (der Vergangenheit) in diese Gespräche mit einzubringen. Das besondere Gefühl, hier zu unterscheiden, was beim Gegenüber zu"trifft",

---

85 Moeller, Markus-Lukas: „Die Wahrheit beginnt zu Zweit – Das Paar im Gespräch", Reinbek 2007

dazu braucht es viel Feingefühl, Übung, Erfahrung und manchmal eben Freunde oder einen Therapeuten.

Dass wir uns selbst im anderen sehen (können), zeigt der Blick hinter die Pupille: Wenn ich tief genug schaue, entdecke ich dort mein Spiegelbild, mich selbst in den Augen des Gegenüber. Ist dies vielleicht die erste, ursprünglichste Form der Selbsterkenntnis des Menschen, aus der Zeit, als spiegelnde Wasseroberflächen noch rar waren?

Schattenseiten zu betrachten, zu erkennen und sie anzunehmen, ist für schwache Menschen, z. B. Narzissten, fast unmöglich, weil ihr fragiles Selbstbild dabei Schaden nehmen würde. Diesen Erfahrungen sich auszusetzen, kostet enorme innere Kraft, denn nicht nur der Prozess der Selbsterkenntnis an sich, auch die Charakterzüge, die bei der Betrachtung der Schatten auftauchen werden, sind alles andere als angenehm.

Den leichteren Rahmen zur Reflexion bieten männliche Freunde. Bei ihnen ist die Gefahr geringer, dass ihnen ihre eigenen Schatten die Kritik vorgeben, dass sie ihre eigenen Schrecken projizieren: *„Die Fähigkeit eines Mannes, die direkte Kritik eines anderen Mannes anzunehmen, entspricht seiner Fähigkeit, maskuline Energie aufzunehmen. Wenn er keine gute Beziehung zur maskulinen Energie (zu seinem Vater) hat, handelt er wie eine Frau und ist verletzt und defensiv, statt sich die Kritik anderer Männer zunutze zu machen."*[86]

Um als Freund ein echter Gesprächspartner zu sein, braucht es die Erfahrung und Fähigkeit zur Selbstreflexion. Einfache Gespräche, der Austausch von Statements, Behauptungen, hart am Rande der Rechthaberei, machen noch kein Gespräch unter Männern, unter Freunden aus. Das Gespräch, das den inneren Wachstumsprozess auslösen kann, entsteht erst aus der wohlwollend-kritischen Frage. Sich selbst infrage stellen zu können, ist die Voraussetzung dafür, den Freund infrage zu stellen – und sich infrage stellen zu lassen.

---

86 Deida, David: „Der Weg des wahren Mannes", Bielefeld 2006, S. 45

Diesen Wachstumsprozess zu initiieren und zu begleiten, das macht wahre Freundschaft aus. *„Wer aber ein echter Freund sein will, der braucht die Abgeschiedenheit, um über sich selbst zu reflektieren. Um aber [andererseits] ein ehrliches Verhältnis zu mir selbst zu haben, muss ich wahre Freundschaft kennen, weil ich im Gespräch mit dem Freund mich selbst entdecken kann.*[87] Hier wird deutlich, dass der männliche Rückzug in die Stille (Kapitel I.1 – Konzentration, II.1 Männliche Wurzeln) eine Voraussetzung für das innere Wachstum zu einer größeren, stärkeren Männlichkeit ist, die eben nicht aus der Mucki-Bude kommt, sondern aus dem be-Sinn-lichen Gespräch zweier, in der Stille gereifter Freunde.

Den Drachen zähmen

Warum ist es so schwierig, den „Schatten", die Kritik anzunehmen? Der wesentliche Unterschied zur Kritik-Verarbeitung der üblichen Form, wie Verharmlosung (ist ja wohl nicht so schlimm!), Relativierung (machen doch alle,...), Ablenkung (machst DU doch selbst auch), Rationalisierung (das hat ja einen guten Grund: ...) ist der, dass die mit der Erkenntnis verbundene **tiefere Einsicht, auch das damit verbundene Gefühl, ausgehalten werden muss.**

Das ist meistens eine Traurigkeit über die bisher verdrängten Auswirkungen, und, damit verbunden, die SCHAM! Es ist eben manchmal schmerzhaft, bei der Betrachtung der eigenen „dunklen Flecken" erkennen zu müssen: „SO bin / war ich ... auch?!" Man erkennt, wie man unbewusst, daher auch schuld- aber nicht verantwortungslos andere übergangen, vielleicht sogar verletzt hat.

Und wenn ich wirklich wachsen will, über das alte, kleinere, selbstbezogene EGO hinaus, dann übe ich „Reue". Ich zeige, dass

---

[87] Deresiewicz, William: „Internet, Ort der Einsamkeit." Autor von: „The End of Solitude" und „Faux Friendship", Essays. Interview auf Sueddeutsche.de vom 18.2.2010

es mir selbst leid tut, was ich als eigenes Ungemach, am Ende nicht nur im Kopf, sondern vielleicht sogar körperlich als Unwohlsein spüre, dem anderen angetan habe. Und kommuniziere das!

Den Drachen reiten: Als Mann Demut praktizieren!
Denn *„so paradox es klingt, ... erfährt das Ich durch die Integration des Schattens eine ungeheure Stärkung."*[88] Demut, verstanden als der „Mut, den es braucht, anzuerkennen, was ist", wird praktiziert in der aktiven, der tätigen Reue wegen meiner Irrtümer, Fehler, Schwächen und dem dadurch entstandenen Schmerz, den ich anderen zugefügt habe.

Das ist mehr als ein Einsehen, abwimmelnd, grummelnd, genuschelt: „Ok, da habe ich wohl Sch... gebaut, Schwamm drüber, ja? ...", sondern ganz praktisches Mitgefühl für und Einfühlungsvermögen in denjenigen, den ich verletzt habe. Kritik wird dann nicht nur angenommen, stehen gelassen, sondern ich als kraftvoller Mann gehe noch einen Schritt weiter: Ich schaue ihm in die Augen und halte diesen Blick aus, ich steige ein in das Gefühl dessen, der mir grollt!

Damit ist auch der Prozess der Ent-Schuldigung ein anderer. Hier beginne ich rücksichtsvoller zu werden: Es reicht nicht das nassforsche „Ok, sorry, ich entschuldige mich!", denn das kann ich gar nicht alleine! Sondern „ich bitte um Entschuldigung." Das ist ein wichtiger Unterschied. Denn selbst wenn mein Handeln unbewusst, gedankenlos und daher nicht vorsätzlich war, kann ich auch unbewusst Schuld auf mich geladen haben. Ich habe jemandem etwas genommen oder ihm ein Leid zugefügt, deswegen schulde ich ihm etwas. In einem zweiseitigen Schuldverhältnis ist es schlicht unmöglich, dass ich mich alleine ent-Schuld-ige, ohne den Geschädigten ein weiteres Mal zu übergehen. Denn dann

---

88 Remmler, Helmut: „Mit Vierzig fängt das Leben an" aus der Reihe „Mit Märchen Leben: Der Königssohn, der sich vor nichts fürchtet", Stuttgart/Zürich 2001 S.54: „Leben mit dem eigenen Schatten"

achte ich nicht seinen Schmerz! Sondern ich muss meinen „Gläubiger" darum bitten, möglicherweise mit dem Angebot eines wie auch immer gearteteten Ausgleichs. Aber diesem Gespräch muss ich mich stellen. Und wenn ich die Einsicht (kognitiv) und Reue (emotional, aufrichtig) zu zeigen vermag und mir kein Unmensch gegenüber steht, wird er mir diese Bitte gewähren. Sühne ist dann die „tätige Reue", die von der Schuld befreit.

Auch so entsteht Freiheit, nämlich Freiheit von bedrückender Schuld – und, nebenbei, innere Größe. Schulden zahlen macht frei! Denn auch das macht den Mann stark: ein reines, ein gutes Ge-Wissen.

Was tun mit den „Schatten"?

Die Schuld anerkannt zu haben, ist das eine. Sich ihrer Wirkungen in der Vergangenheit bewusst zu werden, sich den damit ausgelösten Gefühlen gestellt zu haben oder noch zu stellen, der zweite Schritt. Und dann? Wie verhindere ich, dass sie mich überfallen, dass ich wieder „ausraste", mich vergrabe, trickse ... ?

Roger Willemsen entblößt in seinem Artikel „Männer"[89] (s. Kapitel: „Der Anti-Mann") wohl ungewollt seine von ihm innerlich abgelehnte Schattenseite, den Helden. *„Im Augenblick des Heldentums sind Helden mit ihrem Handeln identisch. Ihre* **Besessenheit** *ist ihre Fähigkeit,* **die ganze Person hinter ihre Sache zu bringen***.* *Diese* **bewundernswürdige Begabung, schlicht** *zu werden, fehlt den Zweiflern, den Besitzern gemischter Gefühle"* [Hervorhebung d.d.Verf.].

Was Willemsen hier beschreibt, ist essentiell für den „Guten Mann". Zum einen spiegelt sich hier eine kaum verhohlene Verachtung für den Mann, der als „Held" fokussiert, konzentriert ist. Er nennt ihn auch „schlicht" und setzt damit den „Abgesang auf den Helden" fort, wie ihn Michael Klonovski eindrucksvoll beschrieben hat. Wer Willemsen einmal sprechen gehört hat, seinen

---

89 Willemsen, Roger: „Männer" in Süddeutsche Zeitung vom 31.10./1.11.2008 Nr. 254

ondulierten Sprachstil aushalten musste in der selbstgefälligen Schnörkelei, der ahnt, dass Willemsen in diesen Sätzen sich selbst anprangert. Ein Mann – ein Wort; ein Willemsen – ein Wörterbuch.

Was Willemsen „schlicht werden" nennt, ist die Erfahrung der doppelten Rücksichtslosigkeit des „Helden": Zum einen gegenüber seinen eigenen „gemischten Gefühlen", und zum anderen gegenüber den „Zweiflern". Ein „Guter Mann" geht aber weder über seine eigenen, noch über die Gefühle der anderen hinweg. Er ignoriert seine Ängste nicht, er bügelt sie nicht nieder, sondern er achtet und nutzt sie zur Verstärkung seiner Aufmerksamkeit, wie er auch die Gefühle seiner Mitmenschen achtet. UND er ist entschlossen. *Mit* seinen Ängsten stellt er sich hinter seine Sache und verfolgt sie. Im Unterschied zum „jungen Helden", der sagt: „Ich kann alles, was ich tun will!", beschreibt Helmut Remmler[90] den demütigen Helden im Märchen „Der Königssohn, der sich vor nichts fürchtet", der spricht: *„Ich fürchte mich nicht, ich will's mit Gottes Hilfe versuchen."*

Transformation von „Schatten": Drachen dressieren

Du hast deinen Schatten erkannt? Mann, *lebe* deinen Schatten. Finde ein passendes Ventil: Praktiziere Gewalt im Teamsport, im Boxclub, im SM-Club, oder vergrabe dich bewusst, lerne zu zaubern. *Wähle* es, das Ungeheuer, den Drachen in dir auszuleben, gib dieser Aktion einen räumlichen und zeitlichen Rahmen – und bleibe dabei achtsam. Das bändigt ihn. Eine der euphorisierendsten Varianten, Schatten auszuagieren und sie so zu transformieren, ist der Sex. Im Bad und im Bett ist alles erlaubt – *Das* schafft Nähe zur Frau … Sprich mit ihr. Sie will sehen, dass du dich ihr stellst – und dann wird die dunkelste Seite deiner Persönlichkeit genießen.

---

90 Remmler, Helmut: a.a.O. S.111: „Furchtlosigkeit im Wandel"

Hier wird das Bild vom „inneren Team" wichtig für mich: Ein Mann, der diese seine Schattenseiten erkannt, anerkannt und deren Bedeutung für sich ausloten will, kann diesem „inneren Drachen" andere, positive Figuren gegenüberstellen, die seine Schatten auffangen und kompensieren.

Ein erstauntes „Oh, ja, *das* bin ich also *auch*?", ist ein erster Schritt zur Anerkennung einer (vielleicht von mehreren) eigenen, „dunklen Seite". Wenn das geschehen ist, wenn auf die Leugnung, auf die Verdrängung verzichtet werden konnte und das Gefühl der Scham, vielleicht sogar Schuld und Reue ausgehalten und durchgestanden worden sind, erst dann kann dieser Teufel, der Verräter, der missbrauchende Tyrann, der Feigling – welche „Figur" auch immer aus dem Unbewussten aufgetaucht sein mag, erst dann kann sie ins „innere Team" integriert werden. Denn entweder du lebst deinen Schatten (bewusst, aktiv) aus – oder der Schatten 'lebt dich', das heißt, man ist seinen unbewussten und destruktiven Verhaltensmustern machtlos ausgeliefert und zerstört seinen Erfolg und sich selbst.

Im folgenden Schritt, wenn ich dieser Figur ihren Platz in meinem Team zugewiesen und ihn als Teil meiner Persönlichkeit anerkannt habe, dann kann diese Figur sogar segensreich wirken: Die heilende Wirkung einer gelungenen „Integration meines Schattens" entsteht durch die bewusste Annahme seiner Qualitäten, die eben jetzt auch die Meinen sind: Ein „Teufel" zeigt mir vielleicht eine Möglichkeit des Umgangs mit dem Prozessgegner, der „Verräter" zwingt mich zur kritischen Auseinandersetzung mit meinem Verhältnis zur Diskretion. Der „missbrauchende Tyrann" zeigt mir die Schwächen meiner Fürsorge, meines Einfühlungsvermögens, zeigt mir, wo ich nachfragen muss, Befindlichkeiten Schutzbefohlener zu berücksichtigen; der „Feigling" zeigt mir mit seiner Angst, wo ich vorsichtig agieren sollte, usw.

Das Ego wird somit zum Instrument, ich benütze es, um den tieferen Kern, meine Seele zum Ausdruck zu bringen: die Liebe. Es ist nicht die Liebe in der romantischen, kindlich-bedürftigen Form, sondern die Liebe zu allem, was ist. Eine Liebe, die nur, aber angemessen, gibt.

Pallas Athene, die „Kopfgeburt" und Tochter des griechischen Über-und Göttervaters Zeus, liefert in der Orestie ein mythisches Beispiel, wie Schatten (hier die Rachelust) integriert werden können, indem sie sie in das eigene Haus einlädt. Die Demut, mit der sie sich ihnen stellt, ist beeindruckend: *„In der Orestie erscheint die Göttin Athene als Figur der Versöhnung, Gerechtigkeit und der Achtung für potenziell negative Kräfte. ... Athene war für ihren Mut im Kampf ebenso berühmt wie für ihr Wohlwollen im Frieden und ihren zivilisierenden Einfluss. Sie provozierte nie aktiv eine Schlacht, aber sie verlor auch nie. In der Orestie erschlägt Orest seine Mutter, um den Mord an seinem Vater zu rächen, und zieht so den Zorn der Furien [Rachegöttinnen] auf sich, die ihn erbarmungslos verfolgen und ins Exil und in den Wahnsinn treiben. Schließlich flieht er in einen Tempel der Athene. Diese setzt ein Gericht ein, das über sein Schicksal entscheiden soll ... Doch die Abstimmung verläuft unentschieden, und so muss Athene selbst ihre Stimme abgeben: Orest soll freigesprochen und von der Blutschuld befreit werden. Damit zieht sie jedoch den Zorn der Furien auf sich selbst. Da sie ihre Gegnerinnen aber achtet, nimmt sie diese allmählich für sich ein:* **«Ich werde euren Zorn ertragen. Ihr seid älter als ich.»** *Sie versichert ihnen:* «*Kein Haus kann ohne euch gedeihen.*» *Sie garantiert ihnen einen Platz in der neuen Ordnung,* «*wo Schmerz und Kummer ein Ende haben*» *und bittet sie sogar zu bleiben.* **Schließlich löst sie durch ihr Mitgefühl und ihre Überzeugungskraft den Zorn der Furien auf, indem sie offen die Ähnlichkeiten zwischen sich selbst und den Furien einräumt und sich bereit zeigt, sie aufzunehmen und zu achten.**"[91]

---

91 Reinhart, Melanie: „*Chiron – Heiler und Botschafter des Kosmos*", Wettswil 1993

Für das, was hier abgehoben, mystisch und weltfremd klingen mag, gibt es durchaus reale, handfeste Beispiele im Leben: Rupert Voß hat mit besonderem Verantwortungsbewusstsein und großer Liebe für die betreuten Gewalttäter die „Work and Box Company" gegründet und hilft damit straffällig gewordenen Jugendlichen, wieder in die Spur zu kommen. Sein Credo ist die Transformation schlechthin: „Die Gnade eines schweren Lebens".[92] Was ihm an Schwierigkeiten in seinem eigenen Leben begegnet ist, „übersetzt" und gibt er weiter. Ganz bewusst setzt auch Kannengießer in seinem Boxcamp seine Gewalt-, Drogen- und Alkoholerfahrung ein, um kriminellen Jugendlichen einen Weg zurück in die Gesellschaft zu ermöglichen. Auf diese Weise ist sein inneres Wesen, seine tiefe Liebe und Mitmenschlichkeit ... beispielhaft.

Viele Kinder und Jugendliche sind durch TV, Videospiele und Internet-Gewalt abgestumpft. Da tut Schocktherapie not: Der ehemalige Kriminelle Ivan Kirr besucht nach 15 Jahren Gefängnis wegen Mordes Schüler und mahnt ebenso eindringlich wie wirksam: „Im Gefängnis merkt Ihr, dass Ihr der Arsch seid."[93]

---

92 Voß, Rupert: „Herzschlag – mein Engagement für Menschlichkeit", München 2009
93 Dahlkamp, Silvia: „Im Gefängnis merkt Ihr, dass Ihr der Arsch seid." Spiegel online, panorama vom 12.1.2009

Tipps zur Schattenarbeit

- Finde deine Verhaltensmuster heraus, die für dich unkontrollierbar ablaufen und unter deren Folgen du leidest.
- Besprich diese mit langjährigen Freunden – sie kennen und mögen dich: BITTE sie um Hilfe bei der Erkenntnis.
- Beobachte, wenn du ein solches Muster an dir auftauchen siehst. NICHT urteilen, nicht unterbrechen, nichts tun: Nur beobachten.
- Finde die Kehrseite der Medaille: Wozu hat dir dieses Verhalten bisher genützt? Was war, wie im Yin/Yang-Zeichen, das „Gute im Bösen"?
- Schaffe dir einen schützenden Rahmen, im Freundeskreis oder mit einer liebenden Partnerin und sprich dich ab, bereite sie vor und dann „spiele das verbotene Spiel".
- Übe „paradoxe Intervention": Tue das Verbotene! Entschließe dich bewusst, das Muster einmal, mehrfach willentlich durchzuziehen – aber eben nicht als Getriebener, sondern als Regisseur und Hauptdarsteller dieser Szene.
- Finde ein oder mehrere Ventile für zerstörerische Verhaltensmuster (Holz hacken, Unkraut jäten, Karate,...) und sei dir bei diesen Tätigkeiten deines Schattens bewusst: Tobe ihn dort aus! Lasse dort „die Sau raus".
- „Die Sau rauslassen": Es soll Frauen geben, die genau *das* bei Männern im Bett schätzen (oder im Auto, Fitnesscenter-Duschkabine, Restaurant-Toilette, SM-Studio ...) und den Softie aufgrund seiner Unfähigkeit genau dafür verlassen – für einen Macho.

- **Präsenz I – „Ich bin da!"**

Es ist vielmehr eine HALTUNG präsent zu SEIN, ganz DA-sein, hellwach, mit allen Sinnen (aufnehmen), schauen, hören, teilnahmslos, das heißt gefühllos, ohne zu werten oder auch nur zu beurteilen, dafür aber hochkonzentriert wahrnehmen. Wenn meine Brüder und ich von unserem Vater eines ganz gewiss geerbt und übernommen haben, dann ist das Präsenz. Manche Männer können zweimal in einen Raum kommen – man merkt kaum, dass sie da sind. Andere drücken nur die Türklinke herunter, und es wird still im Raum. Wir, meine Brüder und ich, gehören tendenziell zu Letzteren. Wie kommt Präsenz zustande?

Präsenz hat mindestens zwei Wurzeln – es ist zum einen die „innere Haltung" zu sich selbst und zum Geschehen, zum Zweiten auch die äußere (Körper-) Haltung.

Haltungsturnen

Für das psychische Wachstum braucht es zur Steigerung der Präsenz zum einen das gute Gefühl zu sich selbst, eine geschärfte Wahrnehmung der eigenen „Befindlichkeit", klare körperliche Wahrnehmung, ein „EINS-SEIN", die wachsende innere Gewissheit, jetzt wie immer am richtigen Ort zur richtigen Zeit zu sein, die zur inneren Ruhe, zum In-Sich-Ruhen führt.

Die Wege sind vielfältig: Der feste Platz in der Gesellschaft, im eigenen Umfeld, gehört ebenso dazu wie das feste Wertesystem, die klaren Prinzipien und Prioritäten, und das „gesunde" Selbstvertrauen aus der fortgesetzten meditativen Praxis. Aus dieser festen inneren Struktur heraus lebt die Präsenz aus der Neugier auf „die Welt", die gespannte Aufmerksamkeit zunächst auf den Menschen mir gegenüber wie auf die Situation insgesamt.

Wie entsteht eine solche Haltung? Wie schon angedeutet, fehlt dem Puberteur der Bezug zum Selbst, zum „Inneren ICH". Er hält sein Ego, seinen Habitus für Persönlichkeit: „… mein Haus! Mein Boot! Mein Auto!", für das, was ihn ausmacht, was an ihm wichtig ist. Er nimmt sich unvergleichlich wichtig und ist nicht bereit, seine Gedanken und Gefühle in Bezug zu setzen und zu relativieren gegenüber dem Nächsten. Persönlichkeit und materieller, beruflicher Status sind dasselbe, und so grenzt er sich auch „nach unten" ab. Die Grenze von der Egozentrik zum Narzissmus ist schmal, und so schwingt Verachtung immer mit. Das aber spürt ein Gegenüber – und deswegen kann kein tieferes Vertrauen in den Beziehungen entstehen: Ewigen Puberteuren wird die Verachtung durch Distanz, Unverbindlichkeit und Oberflächlichkeit gespiegelt. Es bleibt immer etwas Bemühtes, Herzloses in den Kontakten. Präsenz oder gar Charisma können so nicht entstehen.

Übungen zur psychischen Präsenz

- Narzissten sind hauptsächlich mit sich selbst beschäftigt: Wie sehe ich aus, wie wirke ich, sind diese Leute gut genug für mein EGO, meine Karriere …? In dieser Selbstbezogenheit wirken Narzissten oft wie geistig abwesend. Neugier, offenes, lebendiges Interesse an den Mitmenschen und ihrer Situation findet bei ihnen keinen Platz. Und das macht Präsenz aus, die fast kindliche Neugier auf das, was jetzt im Moment passiert. Auch junge Hunde und manche Kinder sind so.
- Eine starke männliche Haltung entsteht aus dem guten, klaren Gefühl zu sich selbst, das völlige „OK!" zum eigenen Spiegelbild: „Ich bin mit mir und meinem Leben einverstanden: Ich war immer am richtigen Ort, zur richtigen Zeit – und ich bin es jetzt."
Was übrigens die einzig angemessene Haltung zum eigenen Leben ist, wenn man mit sich selbst in Frieden leben will. Wer meint, das Leben müsse irgendwie anders funktionieren, als jetzt oder in der Vergangenheit, der unterziehe sich „TheWork" von Byron Katie.
- Das gute Gefühl im Sinne der „Wahr-nehmung" des eigenen Körpers ist ein Vertrauen auf die Reaktionen des eigenen Körpers auf gegenwärtige Ereignisse. Magengrummeln, Kopfschmerzen, Nervosität, Wärme, Stimmenflattern – all das sind Reaktionen des Körpers auf die Umwelt, die ein Mann mit Präsenz nicht nur bei seinem Gegenüber, sondern zunehmend auch bei sich selbst wahr- und ernst nimmt.

Präsenz II – Der feste Auftritt: kraftvoll ankommen

„Das Gefühl, gut angezogen zu sein, verleiht dem Gemüt eine Ruhe, die die Religion nicht geben kann.“ (Ralph Waldo Emerson) Kaum ein Persönlichkeitstraining kommt ohne diesen Satz aus: „Es gibt keine zweite Chance für den ersten Eindruck." Und diesen ersten Eindruck schaffe ich zunächst äußerlich, körperlich: „Wie du kommst gegangen, so wirst du empfangen!"
Präsenz entsteht körperlich, aus der physischen Anwesenheit, dem Auf-Tritt: *„Tritt frisch auf! Tu's Maul auf! Hör bald auf*!" (Martin Luther). Mein Vater trug genagelte Schuhe, sein Schritt war schon dadurch lauter als gewöhnlich, aber er trat auch fest und energisch auf. Sein Schritt, trotz leichten Hinkens wegen eines Unfalls, war immer laut. Er „nahm den Raum ein", den er betrat. Dazu fiel er geradezu in die Klinke – noch bevor er sichtbar wurde, war er unüberhörbar. Das Selbstverständliche, mit dem er die Tür aufstieß, sein Eintritt in den Raum, die Kraft, mit der das geschah, schon das wirkte physisch. Es störte ihn nicht, dass man ihm seine Anspannung oft ansah, weil er einen sehr kleinen Kaugummi kaute, der seine Kinnmuskeln arbeiten ließ. Die Augen machten den Unterschied, und das wirkte bei ihm nicht wie das müde Wiederkäuen von Teenagerkühen. Sein stechend-scharfer Blick erinnerte eher an das Beißmuskeltraining eines Hais. Und er verbreitete Humor – für seine Kunden hatte er immer einen Witz parat – sodass ich, der das mitbekam, mit zwölf Jahren Klassenmeister im Erzählen von Witzen wurde. Schmutzigen natürlich.

Kraft und Macht aus der Stimme

Es war furchtbar, ich hatte schon lange nicht mehr so große Angst gehabt: In einem der kleineren Dörfer des deutschen Ostens ging ich mit meinem Hund, einem unendlich sanften Golden Retriever, spazieren. Aus einem Vorgarten schoss ein Ungeheuer heraus, direkt auf uns zu. Eine Mischung aus Schäferhund, Rottweiler oder Dogge, mindestens so groß, und ich wusste, gleich ist mein „Dicker" Hackfleisch, oder ich ... Und so ging ich leicht in die Knie, öffnete beide Arme mit zu Krallen nach vorn gestreckten Fingern und brüllte mit aller Kraft, die mein Körper in Entschlossenheit, Wut und Angst hergab, ALLES warf ich in das gebrüllte: „Ich reiß dir den A.. auf!!!" – Der Hund blieb erschrocken stehen, bellend zwar, aber er blieb in respektvollem Abstand. Sogar der Besitzer hatte Angst um seine Töle bekommen und drohte, rief aber seinen Hund zurück. Da hatte ich zum ersten Mal erlebt und begriffen, welch gewaltige Kraft in der Stimme liegen kann.

Markus Merk, Rekord-Schiedsrichter der Bundesliga, stellte innerhalb von 4 Wochen seine Stimme um. Er holte sie vom Kopf in den Körper, legte sie um fast eine Oktave tiefer. Heute lebt Markus Merk von seiner Stimme und hält Vorträge zum Thema „Sicher entscheiden" und „Persönlichkeit: Ein steiniger, aber lohnender Weg".[94]

Wo anfangen? In der Ruhe liegt die Kraft. Stille aushalten. Atmen, Sinneswahrnehmung, Umsicht, JETZT-Bewusstsein. Sich anschauen, sich umschauen. Und dann, aus der tieferen, inneren Ruhe heraus, sprechen. Vielleicht erst ein OM, einen Dank, ein Gebet, ein „Ich bin ...", „Ich fühle mich ..." Unbewusst geschieht diese „Erdung" bei den Menschen, die, bevor sie zu sprechen beginnen, einen Finger auf die Lippen legen und den Satz einleiten mit einem nachdenklichen „Hmmmm ..." Es ist faszinierend, wie anders die Stimme dann klingt.

1. Teil – NEHMEN: Was ist im Raum?

Der Moment, in dem ich ankomme. Den „Raum einatmen", einnehmen, bevor ich ausatmend, (Aufmerksamkeit) gebend auf die Menschen zugehe. Einen Atemzug lang die Atmosphäre, die Stimmung(en) intuitiv, das unsichtbar- zwischenmenschliche, nicht sinnlich, mehr emotional, die „Energien" versuchen, wahrzunehmen, ist enorm wichtig. Trete ich mit einer Partnerin auf, ist

---

94   FOCUS 1/2010 „Stimme macht Erfolg", S. 52 ff

das ihr Part, während ich mich auf die Gespräche konzentriere. Ich versuche, den Raum mit allen Sinnen wahrzunehmen, die Temperatur, die Geräusche, wohin es mich zieht, wo ich Leben spüre? Wie „stehen" die Menschen zueinander? Wo sehe ich Nähe, Distanz, Leere, Lebendigkeit?
Dann der Blick. Fest gerichtet auf den, die Anwesenden, nimmt Mann jeden bewusst und gewollt wahr, der im Raum ist. Der feste, forsch mehr fordernde als fragende Blick, ist ein weiterer Schritt, mit dem ich Bindung, Beziehung herstellen kann. Aus den Augen heraus gebe ich Anerkennung, Würdigung an jeden, den ich wahrnehme, suche das besondere Leben in jedem Auge, das meinem Blick begegnet, schweigend getragen von der fast kindlich naiven Frage: „Ah – du bist hier! Wer bist DU denn …?"
Auch mein Gruß ist etwas lauter als üblich: Die Stimme ebenso fest wie der Blick, aus der Ruhe des Innehaltens wartet man einen Atemzug, bevor Mann spricht, und wie ein „OM" kommt die festere Stimme aus dem Bauch heraus, platzend vor Energie: *„Die Kraft kommt aus der Hüfte. Das ist wie beim Boxen. Da kommt die Wucht des Schlages auch aus der Hüfte."* (Pianist Nikolai Tokarev im Interview) (YouTube). Eine so aus dem Bauch, aus der inneren Tiefe kommende Stimme kann eine solche Kraft haben, dass sie nicht nur mit den Ohren hörbar, sondern im Bauch spürbar ist.
Frauen lieben das.
Da ich in Bayern wohne, fällt in Brandenburg oder Berlin mein aus Überzeugung deutlich vorgetragenes „Grüß Gott!" auf. GUT SO! In dem Gruß an die Person oder die Runde gehört die Nennung des Namens möglichst dazu: Damit drücke ich Respekt aus: Du bist mir nicht egal! Oder ich erfrage den Namen, eventuell sogar die Quelle des Namens. Mein Gegenüber in diesem Moment ist der wichtigste Mensch in meinem Leben – immer! Dazu gehört auch der Blick ins Auge, der feste Blickkontakt. Wie lange? So lange, bis ich die Augenfarbe wahrgenommen habe. Damit habe ich ihm, dem Menschen, tief ins Auge geschaut, ihn als Mensch wahrgenommen. Im innigen Kontakt mit „der Frau" meines Her-

zens geht der Blickkontakt manchmal sogar noch tiefer: Ich suche mein Spiegelbild im Inneren ihrer Pupille. Dann bin ich, sehe ich mich „in ihr", kleiner zwar, auch dunkel, aber – ich bin in ihr.
Treffe ich auf mehrere Personen, macht mein Blick auf Augenhöhe die Runde. Und ich spreche auch im anonymen Gruß die Anwesenden an: „Grüß Gott, die Herren!" Frauen sehe ich auf den zweiten Blick. Auch DAS polarisiert: Die Frau, die sich jetzt übersehen fühlt und sich nach vorn drängt.
Dann der Händedruck: Fest muss er sein, als ein Mann, der auch zupacken kann, ebenso fest wie der meines Gegenüber. Der Diener, die Verbeugung, die mein Vater uns beibrachte, hatte einen kleinen Vorzug: Ohne demütig zu wirken, konnte man den Blick senken auf die Schuhe des zu Grüßenden, ein signifikantes Merkmal seines persönlichen Auftritts: Geputzt oder vom Acker? Genagelt oder geklebt, Standard oder Klasse?
Treffe ich gute Bekannte, Männer, dann gehört seit einigen Jahren die Umarmung zunehmend zur Begrüßung. Ich sehe das auch bei anderen Männern – wir sind untereinander herzlicher geworden.

Präsenz III – Männer können nicht zuhören?

2. Teil GEBEN: Aufmerksamkeit

Nicht nur Momo[95] konnte zuhören, aufmerksam, mit ganzer Anteilnahme und tief schweigend, sondern männliche Präsenz bein-

---

95 Vom Zuhören: „Was die kleine Momo konnte wie kein anderer, das war: zuhören.
Das ist nichts Besonderes, wird nun vielleicht mancher Leser sagen, zuhören kann doch jeder.
Aber das ist ein Irrtum. Wirklich zuhören können nur ganz wenige Menschen. Und so wie Momo sich aufs Zuhören verstand, war es ganz und gar einmalig. Momo konnte so zuhören, dass dummen Leuten plötzlich sehr gescheite Gedanken kamen. Nicht etwa, weil sie etwas sagte oder fragte, was den anderen auf solche Gedanken brachte, nein, sie saß nur da und hörte einfach zu, mit aller Aufmerksamkeit und Anteilnahme. Dabei schaute sie den anderen mit ihren großen, dunklen Augen an, und der Betreffende fühl-

haltet genau diese Fähigkeit auch. Aber sie geht weiter: Mit rasiermesserscharfem Verstand bin ich bei dem, der gerade zu mir spricht. Weniger lauernd auf die Gelegenheit, um endlich meine Geschichte an den Mann zu bringen oder gar den Haken, eine Schwäche, mit der ich den Kampf eröffnen könnte. Sondern zum Bersten gespannt auf das Gefühl, mit dem der andere spricht, um nicht nur zu hören, *was* er sagt, sondern viel wichtiger ist mir, *wie* er spricht, damit ich das darunter liegende Motiv begreife. Der erste Halbsatz, die Art, wie er gesprochen wird, aus dem Unbewussten heraus, zeigt mir da oft viel. Die gestärkte Neugier bringt es mit sich, dass der erste Satzteil nicht nur verwendet wird, um, wie beim Narzissten, das Stichwort zur Selbstdarstellung zu geben, sondern im Gegenteil, mir Aufschluss gibt über die Befindlichkeit des Gegenüber. Zuhören, das geschieht mit den Augen, der achtsame Blick auf Mimik, Gestik, Körpersprache. Ist die Art und Weise des Sprechens und die Aussage einander ent- oder widersprechend? Der Körper lügt nicht. Ich höre zu Ende zu, lasse ganz ausreden, halte eine oder gar mehrere Sekunden des Schweigens aus, um den Bogen zu spannen zum vorher Gesagten. Darin suche ich Harmonie oder Widersprüche. Mehr noch als das Gesagte interessiert mich die Verbindung zum Kontext des Sprechenden,

---

te, wie in ihm auf einmal Gedanken auftauchten, von denen er nie geahnt hatte, dass sie in ihm steckten. Sie konnte so zuhören, dass ratlose oder unentschlossene Leute auf einmal ganz genau wussten, was sie wollten. Oder dass Schüchterne sich plötzlich frei und mutig fühlten.
Oder dass Unglückliche und Bedrückte zuversichtlich und froh wurden. Und wenn jemand meinte, sein Leben sei ganz verfehlt und bedeutungslos und er selbst nur irgendeiner unter Millionen, einer, auf den es überhaupt nicht ankommt und der ebenso schnell ersetzt werden kann wie ein kaputter Topf – und er ging hin und erzählte alles das der kleinen Momo, dann wurde ihm, noch während er redete, auf geheimnisvolle Weise klar, dass er sich gründlich irrte, dass es ihn, genauso wie er war, unter allen Menschen nur ein einziges Mal gab und dass er deshalb auf seine besondere Weise für die Welt wichtig war. So konnte Momo zuhören!"
Ende, Michael: „Momo"

wie passt das zu Herkunft, Beruf, Familiensituation, und frage nach, wenn mir etwas unklar ist. Und wenn ich dann den Kontext in Bezug setze zum früher Gesagten und formuliere, was stimmig ist und was nicht, dann kann der Sprechende das Gefühl bekommen, ich bin „bei ihm". So kann sich mein Gegenüber entfalten, wir gewinnen Klarheit – mehr über uns als Personen als über die Sache. Die ist eh – meist nebensächlich. Viel wichtiger als das Einverständnis, das d'accord in der Sache, empfinde ich die Qualität des Gesprächs als beziehungs-stiftend und -fördernd. Ich trete durch diese Art der Gesprächsführung durch vertiefende Fragen in eine aktive Beziehung zum Sprechenden. Das ist das Gegenteil von Small Talk, dem stupiden Austausch von Belanglosigkeiten. Entweder ein Gespräch ist persönlich, oder es ist nicht sehr relevant. Joh. Freiherr von Knigge lehrte, sich eine besondere Offenheit zu bewahren – für jedwede Art von Gesellschaft: *„Übrigens aber rate ich auch an, um sein selbst und andrer willen, ja nicht zu glauben, es sei irgend eine Gesellschaft so ganz schlecht, das Gespräch irgend eines Mannes so ganz unbedeutend, dass man nicht daraus etwas lernen, eine neue Erfahrung, einen Stoff zum Nachdenken sammeln könnte"*[96].

Aktiv zuhören kann auch bedeuten: Schweigen.

Aber das ist nicht das geistig abwesende Schweigen, sondern im Gegenteil: Wie die alten Indianer lässt der aufmerksame Zuhörer die Worte in sich sacken, bis ins Herz hinein. Die Kunst besteht darin, außer der besonderen Intensität der Wahrnehmung eine besondere Intensität der Hingabe an die konkrete Situation, an das Gegenüber zu praktizieren. Gemeinsam lässt sich das praktizieren, indem man konkret ankündigt: „Das berührt mich, darüber muss ich mal nachdenken, …"

Was gilt es, im Zuhören „hinzugeben"?

---

96 Galliker, Mark und Klein, Margot: „Knigge lesen: Zur Bedeutung des 'Umgangsbuches für die Kommunikation in der bürgerlichen Gesellschaft'", in: Psychologie und Geschichte Jg. 3./4, S. 68

„Die wichtigste Stunde ist immer die Gegenwart, der bedeutendste Mensch immer der, der dir gerade gegenübersteht, und das notwendigste Werk ist immer die Liebe." Meister Eckhart.
Es gilt, ihm DAS zu zeigen: Nicht nur in Form der Aufmerksamkeit, und ganz bewusst zu nehmen, was er gibt und erzählt, wahrzunehmen und was ihn dabei bewegt: „Ah, und was fühlst du – jetzt, damals, dabei?!", sondern das auch wiederzugeben. Ich muss dazu in MIR ein Gefühl für das Gesprochene meines Gegenübers entwickeln, und das hat wiederum zwei Aspekte:
- Wie würde ICH mich in dieser Situation gefühlt haben? Oder wie fühle ich mich jetzt – damit?
- Wie mag ER/SIE sich in der Situation gefühlt haben, z. B., wenn ich daran denke, was er mir zuvor erzählt hat. Und ihm das zu spiegeln, auszudrücken.

Indem ich mich in meiner Antwort auf diesen, seinen Kontext „beziehe", entsteht „Beziehung". Und Nähe. Frauen brauchen so etwas. Und gute Männer wissen das zu schätzen.
Kommunikation kann natürlich auch ganz anders ablaufen. Zum Beispiel erlebe ich oft, dass abseits aller Besonnenheit, Einfühlsamkeit und Kontextbezug die Gesprächsfetzen fliegen. Das ist bei sehr spontanen Menschen der Fall, denen die Gedanken wie aus dem Gesicht fallen, wo ein Wort das andere ergibt. Hier ist das Gespräch, der Inhalt, wichtiger als der Mensch, der spricht. Auch solche Gespräche haben ihren Reiz, sind relevant, natürlich, und auch diese fordern maximale Präsenz. Beide Gesprächspartner zeigen Lebendigkeit, oft auch Brillanz. Gute Talkshows laufen so ab. Es geht um „die Sache".

IV. Die Baum-Krone: Starke Äste, weiche Zweige

1. Männlichkeit, Macht und Kraft

„Macht muss man auch wollen." Alfred Herrhausen, ermordet 1989 von der Rote Armee Fraktion, war „der letzte Radikale" im Vorstand der Deutschen Bank[97]. *„Seit jeher war es unbequem, eine eigene Meinung zu haben, noch beschwerlicher kann es werden, wenn man sie auch von sich gibt. Der letzte unserer Zunft, der die hierzu nötige Courage noch aufbrachte, war Alfred Herrhausen"*, sagte der ehemalige Chef der West LB, Ludwig Poullain, in seiner „ungehaltenen Rede" über den „Sittenverfall im deutschen Bankwesen", die im Juli [2004!] von der FAZ veröffentlicht wurde. Auch 20 Jahre nach seinem Tod hat seine Initiative, die Dritte-Welt-Länder radikal zu entschulden, etwas Verantwortungsbewusstes, Mutiges und Fürsorgliches an sich. Dass ausgerechnet er im Kampf gegen das Banken-Establishment von der RAF erschossen wurde, zeigt deren grenzenlose Dummheit. Und nicht nur bei der RAF: Ein Mitarbeiter sieht im unbedingten Idealismus seines Vorgesetzten dessen größte Schwäche: *„Man kann in diesem Haus nicht gleichzeitig honorig und erfolgreich sein. Anders ausgedrückt: Man muss sich die Finger schmutzig machen. Macht macht schmutzig."* (a.a.O. S. 101) Das verführt zur Resignation, ganz im Sinne des römischen Kaisers Diokletian, der auf dem Höhepunkt seiner Macht auf den Thron verzichtete und sich auf sein Landgut zurückzog. Er starb dort in Frieden. Als er wegen dringender Probleme der Regierung gefragt wurde, ob er nicht an die Macht zurückkehren wolle, ging er mit dem Boten in seinen Garten, deutete auf ein paar Kohlköpfe und antwortete: ***„Was ist schon Macht gegen selbst gezogenen Kohl?"***

---

[97] Veiel, Andreas in brand eins (Fünzig) 07/2004 „Der Unbeugsame – Lassen sich Anstand und Rendite verbinden? Alfred Herrhausen konnte das", S.96

Aber – ist das wirklich Resignation oder nicht schon weise Bescheidenheit? Alles zu seiner Zeit – wir haben noch kein Kaiserreich reformiert oder geführt!

Kurz vor seinem Tod 1989 sagte Herrhausen fast prophetisch: *„Niemals hat sich die Menschheit größeren Herausforderungen gegenüber gesehen als heute ... Die Erstarkung des pazifischen Beckens, einschließlich China und Indien, die Nord-Süd-Problematik, die technologische Revolution, die ökologische Frage.* ***Für aktive Menschen, die etwas bewirken wollen, ist es eine Lust, zu leben. Diese Lust wünsche ich Ihnen.***"

Und an anderer Stelle: *„Entscheidend ist nicht die Frage, ob man Macht hat, entscheidend ist die Frage, wie man mit ihr umgeht."*

Dieses „wie man mit ihr umgeht" wird konkret im lateinischen: „Fortiter in re – suaviter in modo": Hart in der Sache, weich in der Form. Eigene Stärken ins Spiel bringen, Durchsetzungskraft zeigen, aber nicht rücksichtslos. Packen wir's an!

V. Blüten am Baum

Was soll nur, was kann aus mir werden?

Jede Zelle, jedes Samenkorn trägt im Kern Anlagen, die späteren Früchte, in sich. Vieles, das in uns „angelegt" ist, konnte oder kann sich nicht entfalten, weil unser EGO Vorstellungen von uns hat, die dem wahren Kern, unserem Wesen und unserer existenziellen Bestimmung entgegenlaufen. Was wir als Persönlichkeit mit „freiem Willen" bezeichnen, ist ein durch jahrelange Prägung, Erziehung, Anpassung und dem aus der Pubertät gefestigten Widerstand aufgebautes Bild, das wir zu sein glauben und das wir in wiederkehrenden Gewohnheits- und Glaubenssätzen in uns zementiert haben. Was letztlich zum Vorschein, ins Leben dringen will, ist die Person (per-sonare – lat.: durchklingen), die dahinter steht, unser wahrer Kern.

Je klarer wir uns über diesen wahren Kern werden, (aus der Stille heraus ihn erforscht haben und weiter erforschen) desto mehr kommen wir in Einklang mit uns selbst. Dann entsteht die Macht, die maximale persönliche Integrität dadurch, dass dieser wahre Kern das EGO BENUTZT, um sich selbst zu entfalten. (s. Kapitel „Männerarbeit – Schattenarbeit": *Lebe* deinen Schatten!)

Wenn geklärt ist, wer dieser Kern ist und was er der Welt zu geben hat, dann kann er sich auf den Weg machen, Macht schöpferisch einzusetzen und die Kraft, die aus den Wurzeln kommt (Eltern, Erziehung, persönliche Entwicklung), als Früchte an die Welt weiterzugeben: „*BE The Change You Want To See In The World!*"
(Mahatma Gandhi)

1. Potenziale, Ziele, Prioritäten

Mit der Hilfe dieses Inneren Teams kann ich leichter mein Lebensziel ermitteln und darauf hinarbeiten.

Wirklich wichtig ist mir die Erkenntnis meines inneren Selbst und die Wahrung meines Bewusstseins darüber. Dies ist auch meine Aufgabe in der Welt. Mein höchstes Ziel. Und dieses Ziel ist der Grund, warum ich gerne morgens aufstehe, wofür ich alles, wirklich alles, (übrigens: auch jede Frau!) stehen lassen würde, um der Selbstverwirklichung noch ein Stück näherzukommen. *„Ihr Lebensziel muss Ihnen wichtiger sein als Ihre Beziehung. Gestehen Sie sich selbst ein, dass, wenn Sie zwischen der perfekten Beziehung und Ihrem höchsten Ziel wählen könnten, Ihr höchstes Ziel zu erreichen, dass Sie sich dafür entscheiden würden. ... An oberster Stelle steht immer die Lebensaufgabe."*[98]

Potenziale

Die Heilung vom „Gift an der Wurzel" ermöglicht es einem Mann, sich seiner guten Anlagen bewusst zu werden, die aus der eigenen Biografie in ihm angelegt sind. Indem ich zum einen die Werte und positiven Seiten dessen betrachte, was mein Vater mir in der Kindheit mitgegeben hat, andererseits aber die „Schatten" meiner Entwicklung als Potenziale mir erarbeite und nutze, kann ich diese erkennen und würdigen – auch an mir.

Was das persönliche Ziel, der höchste Lebenszweck für jeden einzelnen Mann ist, kann er nur selbst herausfinden und sich dafür entscheiden. Fehlt ihm dieser Sinn, ist ihm sein Lebenszweck nicht klar und er verliert sich an Süchte, Frauen und Mittelmäßigkeit. Zudem leidet er unter der schleichend wachsenden Unzufriedenheit mit sich, seiner Beziehung und der Welt. *"My dream is spend my life doing what I feel that I was born to do"* – „Mein Traum ist es, mein Leben damit zu verbringen, das zu tun, wovon ich fühle, das ich dazu geboren bin, es zu tun." (Paul Potts in „Britain's Got Talent")

DAS ist das Ziel. Nichts weniger als genau das.

---

[98] Deida, David: „Der Weg des wahren Mannes", Bielefeld 2007, S.37 ff

Wie findet ein Mann seinen Lebenszweck, sein höchstes Lebensziel?

Die Angst, diese Frage nicht beantworten zu können, ist fast nicht auszuhalten. Winseln und jammern half noch nie und hilft auch jetzt nicht – also rein in die Angst!

Wenn der Karren in den Dreck gefahren ist, hilft es nichts, kurz zurückzusetzen, neuen Anlauf zu nehmen und mit mehr Gas noch einmal hineinzufahren. Also: alle Ablenkungen ausschalten, weiter zurückgehen, die Abzweigung suchen und die Stelle, wo das Schild „Sackgasse" übersehen wurde.

Die Welt wird es uns nicht geben, die Jobs werden weniger, nicht mehr[99]. Die Konkurrenz wird größer, nicht kleiner, und mein Angebot an die Welt ist nicht das, worauf sie alle gewartet haben. Ich bin ersetzbar, austauschbar. Was also ist meine Aufgabe? Das ist mehr als ein „Job", das hat mit Lebenssinn zu tun.

Grundsätzlich sieht es für einige von uns Männern zur Zeit katastrophal aus: Die wirtschaftlichen Umbrüche, das massive Erstarken Chinas und des gesamten Pazifischen Raumes als Wirtschaftsmacht hat zu einem Preisverfall für männliche Arbeitskräfte geführt. Frauen reden lieber, kommunizieren besser, sind daher in den spärlich wachsenden, kommunikationsintensiven Branchen erfolgreicher. Angefangen hat es mit der Mechanisierung der Landwirtschaft: *„Es war die Maschine, die die Männer eines der wenigen natürlichen Vorteile über die Frau beraubte, ihrer größeren körperlichen Kraft. Es braucht einen starken Mann, um Land zu roden und eine gerade Furche zu pflügen; dagegen ist ein weiblicher Teenager in der Lage, einen Traktor zu fahren. Der Mann ist zum Anhängsel seiner eigenen Erfindungen geworden und hat sich so seiner Kraft, Autonomie und Kreativität enteignet".*[100]

---

99 Rifkin, Jeremy: „Langfristig wird die Arbeit verschwinden – Deutschland führt eine Scheindiskussion" a.a.O.

100 Wolfgang Lederer in „Men in Transition" zitiert nach Hollstein, Walter: „Der entwertete Mann" in: Merkur Nr. 734 07/2010

Und sie fahren nicht nur Traktor, sie fahren auch Bugatti! Der Stern ließ unlängst sogar eine Frau aus der Generation Praktikum (Ulrike von Bülow) den Bugatti 16.4 testen. Ich frage mich: Gab es in der gesamten Redaktion wirklich keinen Mann (mehr), der das besser konnte und wollte?! Später berichtete die Testerin über den Erstverkaufstag des iPad. Unter dem Titel „Wie Männer nach dem Orgasmus" wurde erkennbar, dass sie weder von der Technik, noch von Männern in dieser Situation eine Ahnung hatte – aber SIE schreibt, und der Stern druckt's![101]

Die potenzielle Schwangerschaft macht Frauen im Gehaltspoker erpressbar. Daher sind sie bei gleicher Qualifikation also auch noch billigere Arbeitskräfte als wir. Und – die Arbeit ist nicht mehr geworden, die Auslagerung der Produktionen nach Osteuropa und Fernost geht mehrheitlich zu Lasten der männlichen Arbeitskräfte. Was ist zu tun?

Welche Arbeit, welche Produktion, ist noch zu 100 % umwelt- und sozialverträglich? Die steile These gewinnt an Gewicht: *„Wenn ich mit der These Recht habe, dass wir heute in jedweder beruflichen Tätigkeit mehr Schaden anrichten als nützen, dann können wir getrost unser Verhältnis zu den Arbeitslosen, die wir gern als Gescheiterte ansehen, überdenken. Nicht sie, sondern* **die im Arbeitsleben Stehenden hätten sich dann die Sinnfrage zu stellen** *und stünden in einer vollkommenen Umkehrung der Beweislast unter Rechtfertigungszwang."*[102]

Nicht nur die nach außen immer fragwürdiger werdende (Über-) Produktion, auch intern ist die Arbeit unter dem wachsenden Druck nicht sehr erbaulich.

Seien wir ehrlich – auch diese Entwicklung macht Angst!

---

101 Ulrike von Bülow: „Au Backe, Frau Bülow" (7.11.2005) und „Wie Männer nach dem Orgasmus" (4.4.2010) auf Stern.de
102 Gronemeyer, Marianne: „Wieviel Arbeit braucht der Mensch?" (im Internet auf Denk-doch-mal.de)

Es ist eine wichtige Entscheidung, und *"wichtige Entscheidungen zu treffen, setzt die Fähigkeit voraus, allein sein zu können: sich zurückzuziehen, ohne Angst zu haben, zu vereinsamen."*[103]
Anders als die Beschäftigung mit mir selbst, geht es in dieser Phase der Meditation um die Lebensaufgabe, die Meditation zur Erkenntnis des Lebenszwecks. Auch das erfordert Stille, meditative Leere und Langeweile. Und die ist wichtig!
"Wer sich völlig gegen die Langeweile verschanzt, verschanzt sich auch gegen sich selbst. Den kräftigsten Labetrunk aus dem eigenen, inneren Born wird er nie zu trinken bekommen." (Friedrich Nietzsche) Neben der Angst, zu vereinsamen, bedroht den in der Stille Sitzenden die Sorge und die Traurigkeit darüber, nicht mehr weiter zu wissen. Bevor „das Problem gelöst wird", ist es wichtig, das damit verbundene Gefühl auszuhalten: Trauer über den verlorenen oder zu Ende gehenden Weg.
Warum?
Zum einen erlaubt die Traurigkeit, den Ehrgeiz zu besänftigen, nicht immer noch höher hinaus zu wollen. Das bringt „Ruhe ins Boot". Wer sich die Traurigkeit zumutet, dem bleibt es in dieser Zeit erspart, Höchstleistungen erbringen zu wollen. Die Traurigkeit ist das emotionale Pendant, eine Hilfe in der „Kunst des Aufhörens", die um so schwerer zu meistern ist, je rationaler wir sie angehen. Wer sich auf die Traurigkeit einlässt, gibt einen sinnlosen Kampf auf, den er eh nicht gewinnen kann, denn sonst hätte er ihn bereits gewonnen. Und erst in der Folge der Trauer kann etwas Neues auftauchen.
Zum Zweiten ist die „Übung" von Traurigkeit sinn- und beziehungsstiftend. Zwar kann ich versuchen, eine Wirklichkeit, die mich traurig macht, von mir fernzuhalten, sie zu leugnen und zu verdrängen. Aber das Ergebnis klingt vertraut: *"Die Eheleute, die sich jahrzehntelang mit gegenseitigen Vorwürfen quälen, **weil sie***

---

[103] Haubl, Rolf, Prof. Dr.Dr.: „Lebenskunst – die Fähigkeit, mit sich allein zu sein" in psychologie heute 03/2009 S. 20ff

nicht über ihre enttäuschten Sehnsüchte trauern und damit eine neue, gemeinsame Wirklichkeit finden können, [Hervorhebung d.d.Verf.] *wiederholen eine gesellschaftliche Haltung, in der man auch zuerst daran denkt, höhere Schornsteine zu bauen, wenn die Luft bei den Kraftwerken nicht mehr eingeatmet werden kann. Später sterben dann, weit entfernt, die Wälder. Jetzt denkt man an neue Filteranlagen, und kein einziges Mal daran, die Trauerarbeit auf sich zu nehmen, die ein Verzicht auf weiteres Wachstum von Energieverbrauch und Konsumgüterproduktion mit sich bringt."*[104]
Trauer, Trennung, Abschied vom Karriereweg lässt sich schriftlich leichter verarbeiten: Was hat mir dieser Lebensabschnitt gegeben, was waren die „Geschenke" auf diesem Wegabschnitt? Diese schriftlich zu fixieren, lässt Dankbarkeit entstehen, Würdigung für die Zeit und damit die Freiheit, sie schließlich loszulassen.
Die besondere Situation, in die ein Mann sich in Anbetracht eines Umbruchs stellen muss, weil der eingeschlagene Weg eben eine Sackgasse ist und ihn zwingt, innezuhalten, auf-zu-HÖREN, kann ihn dazu zwingen, eine neue Form des GeHORCHENs zu üben. Und zwar auf seine innere Stimme.
Aber dazu muss ein Mann bereit sein, in die Stille zu gehen. Die Phase der Stille ist eine buchstäblich *not*-wendige Zeit – Zeit, die es braucht, um Not abzuwenden.
„*So verstanden, ist die Langeweile* [i.e. Leere] *ein 'Durchgangsgefühl', eine Inkubationszeit.*" Aber wie komme ich aus dem Tal der Tränen heraus? Indem ich erst einmal hineingehe! Ich muss mich aktiv für diese Leere entscheiden, für den Schmerz, die Angst, die Traurigkeit, was immer dort auftauchen mag: „*Nichts planen, nichts suchen, nichts wollen, nichts hoffen oder wünschen, nichts fürchten oder vermeiden. Dann kristallisieren sich Interes-*

---

104 Schmidbauer, Wolfgang: „Die Heilkraft der Trauer" in „Die Angst vor Nähe", Reinbek 1998 S. 111ff

sen und Haltungen heraus. Sie entwickeln sich aus Gedanken, Gefühlen und Fantasien, die nicht forciert werden."[105]
Das Innehalten in der Stille, die Meditation, die fortwährende Aufmerksamkeit der inneren Stimme gegenüber macht eine solche höhere Stimme hörbar. Das drastischste Beispiel des Gehorsams auf den (göttlichen) Vater liefert der biblische Abraham, als er von Gott den Befehl hört: *„Geh aus deinem Vaterland und von deiner Verwandtschaft und aus deines Vaters Hause in ein Land, das ich dir zeigen will!"* Und der Weg führte ihn in das „gelobte Land"!
Was mich an durchgestandener Trauer, bewusster Kapitulation nach Trennungen und Verlusten, immer wieder fasziniert, ist die Erfahrung, dass nur kurze Zeit danach ein offensichtlich neuer Abschnitt im Leben quasi aus dem Nichts „auftaucht", der mir eine neue Sinnfrage stellt – oder besser: sie beantwortet.
Und sie, die Antwort auf die Sinnfrage, kommt meist aus dem persönlichen Umfeld, darum kann man sich dem neuen Weg guten Mutes anvertrauen.

Ziele: „Was ist meine Aufgabe im Leben?"

Wer den Tod ausgehalten hat und sich bewusst ist, dass es dagegen keine Versicherung gibt, der hat nichts zu verlieren, außer den Fesseln seiner (sinnlosen) Angst. Es entsteht eine ganz andere Haltung zum Leben: Der MUT, etwas unternehmen zu wollen. Es ist einfach nicht die „Große Freiheit" im Angestellten-Dasein. Statt im Unterlassen findet es sich im Unternehmen, im Unternehmer.
„Wir wollen, dass möglichst viele Studenten unternehmerisch ihr Leben gestalten, als Individuen, als Mütter oder Väter, als Mitarbeiter. Unternehmerische Disposition brauchen wir überall. Je mehr es davon in einer Gesellschaft gibt, desto lebendiger ist sie."[106]

---

105 Zöller, Ulrike, zitiert bei Gühlich, Dorette: „Langeweile – die produktive Kraft" in psychologie heute 2/2009 S. 26
106 Götz, Werner, Gründer der Drogeriemarktkette dm, in DIE ZEIT Nr. 20 v. 12.5.2010

So kann's gehen: *„Es war drei Uhr nachts und Thomas Friemel saß im Büro und redigierte Texte für eine Kundenzeitschrift. Am Telefon hatte er die Marketingtante des Kunden, die ihm erklärte, wo sie im Sinne einer optimalen Unternehmenskommunikation gern noch ein Komma zusätzlich hätte. Und er dachte: ‚Friemel, was tust du hier bloß?' Er ging zu einem Coaching. Nachdem er zwanzig Mal ‚Mein Job kotzt mich an' gesagt hatte, riet ihm der Coach, seine Arbeit zu akzeptieren oder zu handeln. In dieser Woche hat Friemel, 42, im Social Publish Verlag die erste Ausgabe des Wirtschaftsmagazins enorm herausgebracht."* [107]

Ein anderer Manager und Designer, Mitinhaber eines Modelabels, zog sich vor einigen Jahren aus dem von ihm mitgegründeten Betrieb zurück, nahm sich eine Auszeit, um sich danach auf die Entwicklung von „Organic Fashion", Textilien aus ökologisch einwandfreiem Anbau, zu stürzen: Ein ebenso innovatives wie abenteuerliches Geschäft, das ihn auf der Suche nach „unbehandelter und dennoch belastbarer" Baumwolle bis nach Kasachstan führte. Mit solch eigensinnigen Wegen liegen er und Thomas Friemel ziemlich genau auf der Linie von Jeremy Riffkin, der die wirtschaftliche Zukunft für jeden Einzelnen auch eher im sozialen Engagement sieht:

„Es gibt verschiedene Ansätze. Besonders wichtig ist der sogenannte Nonprofitsektor. Gemeint sind hier **Aktivitäten von der Sozialarbeit über die Wissenschaft, Kunst, Religion bis hin zum Sport.** *In den Niederlanden sind heute bereits 12,6 % aller Vollzeitstellen im Nonprofitsektor angesiedelt. In Deutschland sind es erst 4,9 %. Hier gibt es ein Potenzial für Millionen von Arbeitsplätzen ... Wir brauchen ja gerade Utopien. Generationen von Ökonomen haben sich damit beschäftigt, die Marktwirtschaft zu analysieren und Vorschläge zu machen, wie sie besser funktionie-*

---

107 Unfried, Peter:: „Sein Job kotzte ihn an" in taz v. 20.3.2010

ren könnte. Dabei ist der Mensch aus dem Blickpunkt geraten. Es ist doch so: Die Globalisierung hat versagt."[108] *[!]*
Also nicht nur wir. Auch den Bankstern dämmert es, dass ihnen ihre Gier das Leben ruiniert: *„Vor einigen Monaten kam ein 33-Jähriger zu mir, der ziemlich abgemagert war. Er erzählte, er habe so einen nervösen Magen, dass er sich nur noch von Kaffee und Schokoriegeln ernähren kann. Die E-Mails, die er verschickte, um neue Termine zu vereinbaren, kamen immer nach Mitternacht. Er stand in seinem Job unter unheimlichem Druck. ... Nun aber war seine Karriere in einer Sackgasse ... Ende 2008 waren Angst und Frust am größten. Jeder hatte Angst, den Job zu verlieren. Die Mitarbeiter rasteten aus, brüllten sich in Meetings an und heulten auf den Fluren. ... Bei manchen Bankstern hat die Finanzkrise eine Sinnkrise erzeugt, ... sodass sie etwas Sinnvolles machen wollen ..."*[109]
Schöne neue Arbeitswelt?!
Zuerst – es muss keine Entscheidung für den Rest meines Lebens sein. Termine zur Entscheidungsfindung setzen und diese Fristen mit Sorgfalt zur Entscheidungsvorbereitung zu nutzen. Als ich auf die 50 zuging, habe ich mir vier Monate Frist gesetzt, mich für eine neue Lebenspriorität zu entscheiden. Dazu habe ich mir eine Mappe angelegt, in der ich die Optionen schriftlich ausformulierte, Vor- und Nachteile festhielt, mit Freunden sprach und oft über die Frage meditierte. Etwa zwei Wochen vor Fristablauf war die Entscheidung getroffen. Und ich habe alles getan, um diese Entscheidung umzusetzen. Ironie des Schicksals: Etwas ganz anderes hat geklappt. Ich fügte mich (mein Name war Programm), und bin's bis heute zufrieden.
Es ist nicht zu unterschätzen, wie wichtig es ist, sich ZEIT zu nehmen für die Aufgabe, dies herauszufinden. Hilfreich ist es, sich

---

[108] Rifkin, Jeremy: „Langfristig wird die Arbeit verschwinden – Deutschland führt Scheindiskussion" in Stuttgarter Zeitung v. 29.4.2005 (S. 4)

[109] Freiberger, Harald: „Wenn Banker den Beruf hinschmeißen", SZ vom 29.3.2010

einen Termin setzen, (nicht zu knapp!) damit nichts auf die lange Bank geschoben wird für die mit konzentrierter Aufmerksamkeit geführte Suche nach dem, was „funktioniert". Die Angst lindern wir ein erstes Mal, wenn wir erkennen, DASS der Karren im Dreck ist. Danach müssen wir dann den Schmerz eine unbestimmte Zeit aushalten – doch um Himmels Willen in dieser Zeit NICHTS TUN, nichts „unternehmen" (!), und ein weiteres Mal, indem wir beschließen, die nächsten XY (genau!) Wochen, Tage dazu zu nutzen, aus dem Dreck herauszukommen. Und im dritten Schritt eine Vision zu suchen. Indianer nennen dies „Vision Quest": Sich eine winzige, karge Pension auf dem Land zu suchen, ohne jeden Luxus, vorzugsweise in einem Funkloch, und sich dort für 14 Tage einzuquartieren. Ohne Laptop, ohne Handy, ohne Buch (außer *diesem*, vielleicht).

Oder eine bestimmte Zeit sich in den Wald zu setzen, nur mit einem Zelt, einem Schlafsack, Wasser, etwas Obst, vielleicht ein passendes Arbeitsbuch, dazu ein leeres Tagebuch, keine andere Ablenkung, kein Handy, keine Verbindungen. Drei, fünf oder mehr Tage, die nackte Leere, Angst auszuhalten. Oder schließlich die Erfahrung im Kloster zu suchen: Meditation, intensiv: 10 Tage in absoluter Abgeschiedenheit, schweigend, nur essend, meditierend, schlafend: *„Ich habe 25 Jahre meditiert, täglich eine halbe Stunde gesessen, mich immer wieder gefragt – wozu? Aber ich habe es durchgehalten. Dann habe ich Vipassana Meditation gemacht, und DAS hat's gebracht."* (Alfred St., Teilnehmer)

Die Orientierung in der Frage: „Woher komme ich – und wo will ich hin?" findet sich in vielen Aspekten. Elternerwartungen und deren Hoffnungen kommen aus *deren* Vorstellungen. Aus der Kindheit. Aber sie erinnern sich vielleicht besser als wir selbst an unsere damaligen Wünsche und Ziele! Fragen wir sie doch. Orientierung gibt es sogar in der Astrologie: Der sogenannte absteigende, südliche Mondknoten enthüllt die seelischen Ursprünge unseres Seins, fasst Erfahrungen und Erlebnisse der Vergangenheit, früherer Inkarnationen, zusammen. (Bei mir entspricht er dem

Sternzeichen des Vaters) Der aufsteigende, nördliche Mondknoten beschreibt unsere seelische Wachstums- und Entwicklungsaufgabe. Die Kenntnis dieser astrologischen Disposition macht Mut für zukünftige Widerstände. Denn wenn die Haltung klar ist, mit der den Widerständen zum Zweck der Überwindung in Zukunft begegnet werden kann, ergibt sich ein größeres Vertrauen in die eigene Bestimmtheit und den Weg, den „die Seele gehen will".

Eine Aufgabe zu suchen, heißt auch, aufzugeben, was nicht (mehr) funktioniert. Das kann zunächst ein Bild von sich selbst sein, die Vorstellung, wie man zu sein müssen geglaubt hat: Einerseits ist kaum zu unterschätzen, wie intensiv elterlich geprägte Vorstellungen von einem „erfolgreichen" Leben unsere eigenen Erwartungen an uns und unseren Erfolg prägen oder geprägt haben. Nicht nur, dass die elterlichen Vorstellungen wiederum von deren Eltern abstammen und mehr oder weniger ungeprüft übernommen worden sind, denn oft passen sie weder zu uns noch in die heutige Zeit. Oder, ähnlich fatal, was wir in pubertärer Ablehnung verworfen haben. Diese Ablehnung tragen wir noch in uns, obwohl da ein Talent, eine Idee, ein Potenzial schlummert, welches heute sinnvoll entfaltet werden könnte. Fähigkeiten lokalisieren: Was sind meine Talente, was kann ich gut, was mache ich wirklich gern?

Es lohnt sich, die Prinzipien, nach denen Erfolg bemessen ist, infrage zu stellen: Was ist denn Erfolg? *„Erfolg heißt: Oft und viel lachen; die Achtung intelligenter Menschen und die Zuneigung von Kindern gewinnen; die Anerkennung aufrichtiger Kritiker verdienen und den Verrat falscher Freunde ertragen; Schönheit bewundern, in anderen das Beste finden; die Welt ein wenig besser verlassen, ob durch ein gesundes Kind, ein Stückchen Garten oder einen kleinen Beitrag zur Verbesserung der Gesellschaft; wissen, dass wenigstens das Leben eines anderen Menschen leichter war, weil du gelebt hast. Das bedeutet, nicht umsonst gelebt zu haben."*
Ralph Waldo Emerson

Denn andererseits bedeutet erwachsen zu werden auch, anerkennen zu können, dass die Eltern Recht haben. Als erwachsener

Sohn, nicht als sein Kind, trete ich meinem Vater auf Augenhöhe entgegen. Nachdem ich aufgehört habe, ihn zu bekämpfen, kann ich ihm genau zuhören und sorgfältig abwägen, was er zu sagen, was er an Erfahrungen, Verbindungen zu bieten hat – was passt, und was nicht. In dieser Souveränität kann ich, vielleicht sogar mit seinem segnenden Wohlwollen, entdecken und entfalten, was noch in mir steckt!

Hier ist es meine Aufgabe als Mann, zu prüfen, was ich vom Vater annehmen kann und darf und wo ich eigene Vorstellungen aus meinem Leben umsetzen und wo ich meinen Zeithorizont erweitern und meine Vision[110] aufbauen und realisieren darf: Wer will, was er muss, der darf.

Es braucht Mut, denn die augenblickliche Situation mag nicht dazu angetan sein, sich an vage Visionen zu hängen, männlich aufzustehen und mit einem kernigen Akzent zu sagen: „Pack ma's!"

„*Seid gewiss, das Geheimnis des Glücks ist die Freiheit. Das Geheimnis der Freiheit ist der Mut.*" Perikles

„*Tue das, was du fürchtest, und das Ende der Furcht ist gewiss.*"
Ralph Waldo Emerson. Das Ende der Furcht – ist Freiheit von …
(den Frauen) und darauf kommt's an. Um mir als Resultat meiner Suche nach *der* Aufgabe in meinem Leben, dann ein Wort zu geben, mit der Hilfe Gottes oder anderer spiritueller Hilfe, des Vaters und der Hilfe männlicher Freunde, und um mich dann meinem Wort zu unterwerfen. Und anzufangen: „*Zeige Klarheit. Lebe Schlichtheit. Vermindere Ich-Sucht. Wünsche wenig.*"[111]

Oder, mit *Epikur*:

„*Dank der glückseligen Natur, –*
dass sie das Notwendige leicht erreichbar,
und das schwer Erreichbare
nicht notwendig gemacht hat."

---

110 Lynch, Dudley, Kordis, Paul: „DelphinStrategien – VisionsArbeit", Fulda 1992, S. 179

111 Suzuki, Shunryû: „Seid wie reine Seide und scharfer Stahl", München, 2002

Prioritäten

Auf dem Weg zu meinem Ziel entstehen Interessenkonflikte. Hier gilt es abzuwägen, um der Verantwortung für sich und andere gerecht zu werden. Wer da nicht oder noch nicht klar ist, wer seiner Intuition nicht traut, dem fällt die Gratwanderung zwischen Willkür und rücksichtsloser Selbstverwirklichung einerseits und verantwortungsbewusster Konzentration auf das höhere Ziel andererseits vielleicht schwer. Es ist hilfreich, zehn Prioritäten festzulegen, anhand derer man sich orientiert. Das höchste Ziel, was auch immer das sein mag, und daneben gibt es vielleicht neun Pflichten.
„Wer Leben hat,
hält sich an seine Pflicht,
wer kein Leben hat,
hält sich an sein Recht." Tao-Te King, Vers 79

Dieser kleine Vers erhellt den Grund für das Elend des in die Arbeitslosigkeit fallenden Angestellten: Zur Rettung aus der Verzweiflung über den Verlust seines bisherigen Lebenssinnes erinnert er sich an die Beiträge zur Arbeitslosenversicherung, die zwar nicht von ihm, aber immerhin von seinem Arbeitgeber eingezahlt wurden. Und es ist sein „gutes Recht", diese jetzt zurückzufordern. Aber „wer kein Leben hat, hält sich an sein Recht" – und so verliert er ein zweites Mal, nämlich seine Würde. Wer sein Leben sucht, der suche nach seinen Pflichten. („Frage nicht, was dein Land für dich tun kann …!")
Männer, wir sind auf einem guten Weg: *„Für Männer bezieht sich 'Erfolg im Leben' offenbar immer weniger ausschließlich auf berufliche Belange. Das hat unter anderem das breit angelegte Forschungsprojekt „Männer in Bewegung" der beiden christlichen Kirchen gezeigt, das vom Bundesfamilienministerium mitfinanziert wurde. Darin wurde deutlich, dass sich zwischen 1998 und 2008 die Rangordnung der Lebensbereiche verändert hat. Die Bedeutung der Arbeit als wichtiger Lebensbereich für Männer nahm*

in diesem Zeitraum ab, bei Frauen nahm sie zu. Die Bedeutung von Freunden und Freizeit holte bei den Männern auf, die Familie blieb bei beiden Geschlechtern an erster Stelle."[112]

Was den Mann ausmacht, ist seine wachsende Fähigkeit, zu fokussieren, sich auf *ein* Ziel zu konzentrieren. Was den Helden ausmacht, ist unter anderem seine Fähigkeit, sich voll und ganz hinter eine Sache zu stellen, alles andere zugunsten dieses einen Ziels zu vernachlässigen. Nochmal Roger Willemsen, er hat das nicht ohne Verachtung auf den Punkt gebracht in seinem Aufsatz „Männer": *„Im Augenblick des Heldentums sind Helden mit ihrem Handeln identisch. Ihre Besessenheit ist eine Fähigkeit, die ganze Person hinter ihre Sache zu bringen. Diese bewundernswerte Begabung, schlicht zu werden, fehlt den Zweiflern, den Besitzern gemischter Gefühle."*[113] Hier irrt Willemsen. Ein „Guter Mann" differenziert sehr wohl, er hat auch seine Zweifel – aber die Zweifel haben nicht ihn. Denn MIT den Zweifeln, die er quasi unter den Arm geklemmt hat, hat er sich entschieden für – die eine Sache. Die Entscheidung getroffen zu haben, nicht, wie der Hasardeur „egal, was kommt, Augen zu und durch!", sondern besonnen, mit Rücksicht auf andere, mit Umsicht vor Risiken, mit Vertrauen auf Freunde und das Leben, das ihn in seinem Mut stützt, „mit Gottes Hilfe will ich es denn versuchen"[114] (der reife „Königssohn, der sich vor nichts fürchtete"). DAS ist das Entscheidende, das ihn stärkt. Er hat auch Gefühle, aber sie übermannen ihn nicht, er nutzt sie! (S. Kapitel: „Schattenarbeit") Zweitens verkennt Willemsen die Begabung, „schlicht zu werden". Es ist nicht weniger als die Konzentration auf das, worauf es ankommt. Die Verachtung für das „schlicht werden" kann Mann bequem umkehren und denen,

---

112 Rasche, Uta: „Das Dilemma der Männer – Der Wandel der Rollenbilder hat auch die Männer erfasst", FAZ v. 3.3.2010
113 Willemsen, Roger: „Männer" in Süddeutsche Zeitung vom 31.10./1.11.2008 Nr. 254
114 Remmler, Helmut: a.a.O. S.111: „Furchtlosigkeit im Wandel"

die eine möglichst „ganzheitliche" Betrachtung und Darstellung der Dinge wünschen, entgegnen: „Das ist so hilfreich wie eine Landkarte im Maßstab 1:1 – wahrhaftig, aber unbrauchbar." Willemsen sieht sich als Besitzer gemischter Gefühle, die ihn zweifeln lassen und letztlich davon abhalten, sich zu entscheiden. Damit bleibt er unentschlossen, weiblich, denn die Forderung, in Diskussionen auch den kleinsten Nebenaspekt zu berücksichtigen, bevor eine Entscheidung getroffen werden kann, ist zudem eine typische, dem weiblichen „Schatten" entspringende, Gesprächsstörung. (⸺⸻⸺> Schattenarbeit, C.G. Jung)

Um eine Übersicht über die Dinge zu gewinnen, die einem Mann wirklich wichtig sind, gibt es eine recht einfache Methode, dies herauszufinden und die Prioritäten entsprechend zu verlagern. Nach Lynch/Kordis in „DelphinStretegien" lassen sich 10 Dinge benennen und diese in Beziehung setzen zu der Zeit, Endergie, dem fiananziellen Aufwand oder Ertrag, der mit ihnen verbunden ist:[115]

Wichtig dabei, wirr haben jede Woche zirka 100 Stunden (das entspricht 100 %) zur Verfügung – wie disponieren wir unsere Zeit – sie ist das einzige, worüber wir wirklich verfügen können, sie ist kostbar!

Jeder Woche, jeden Tag können wir also frei entscheiden, neben dem Job – wofür verwenden wir sie, wem schenken wir Aufmerksamkcit, Energie?

---

115 Lynch, Dudley, Kordis, Paul: „DelphinStrategien – DelphinArbeit" a.a.O., S. 113

Praktische Analyse

Machen wir es uns einfach: Wir brauchen für diese Kurzanalyse nur vier Spalten:

1.) Was ist WICHTIG in deinem Leben? 10 Punkte: für dich selbst, Dinge, Menschen,...
2.) Welchen Output ziehe ich persönlich daraus, in Form von Lebensqualität, innerer Zufriedenheit, Freude oder Materiellem? Der Output von 100 % Lebensqualität wird auf alle zehn Prioritäten verteilt. (Mitrechnen!)
3.) Dasselbe geschieht mit dem Input – wie verteile ich z. B. im Laufe einer Woche meine 100 % Zeit (ca. 100 Stunden stehen mir pro Woche zur Verfügung), Aufmerksamkeit, Energie auf diese zehn Prioritäten?
4.) Im letzten Schritt ermittle ich den Saldo aus Output/Input und erkenne so, wo ich zulegen muss und wo ich Energie verschwende. Wo der Output, meine Zufriedenheit, größer ist als der Input, da kann ich zulegen, mehr „investieren" und umgekehrt, wo der Input größer ist als die Zufriedenheit (negative Salden), dort kann ich den Input zurückfahren.

Beispiel für eine Prioritätenliste

	Prioritäten	Output in % (Lebensfreude, materieller Gewinn, Liebe)	Input in % Zeit, Energie, Aufmerksamkeit	Saldo, Differenz + / -
1	Karriere im Betrieb	40	50	-10
2	(zukünftige) Selbständigkeit, soziales Projekt	5	5	~
3	Geld, materielle Sicherheit, Reise-, Fahrtzeiten	5	15	~
4	Partnerin	14	6	~
5	Kinder / übrige Familie	8	6	2
6	finanzielle Organisation: Steuern, Versicherungen, Alterssicherung / Schuldendienst / …	5	2	3
7	Urlaub, Verein, Spiritualität, Weiterbildung	10	3	7
8	Gesundheit	2	1	1
9	Freunde	3	6	-3
10	Sport / Freizeit / relaxen	9	6	3
	Summe	100%	100%	

Die Spalten Output und Input beschreiben, was ich jeder Woche investiere, und was ich davon an Lebensqualität zurück bekomme. Es empfiehlt sich, erst den Einsatz, den Input aufzulisten. Die Summen der Spalten Output (Was bringt mir jede einzelne Position - an Lebensfreude, Liebe, materiellem Gewinn, Sicherheit…) und Input müssen in der Summe 100% ergeben, damit sie disponibel bleiben. Das deckt sich in etwa mit der wöchentlich zur Verfügung stehenden Zeit. Die Differenz (Output minus Input) zeigt im positiven Bereich, wo ich mehr (Zeit, Energie) investieren muss, die negativen Salden zeigen an, wo ich weniger „zurück bekomme", als ich investiere, also Zeit und Einsatz zurück fahren muss.

2. Macht als schöpferische Kraft und verantwortliche Führung

Macht wird auf zweierlei Art verstanden: Zum einen die Fähigkeit, zu „machen", unabhängig, voll schöpferischer „Potenz, ... Meisterschaft als Befähigung zu etwas"[116], sich selbst zu verwirklichen, gestaltend zu wirken (*engl.: potency*): Macht als Schöpfung. Das biblische „Im Anfang war das Wort" ist hier Ausgangspunkt männlicher Schöpfungskraft: Die Betrachtung des Vielen, die Entscheidung für das Eine, das Machtwort, das dieser Entscheidung zugrunde liegt, das ist im Folgenden die Basis männlicher Schöpfungskraft.
Und zweitens wird Macht verstanden als Basis der Kraft, im Sinne von Macht über andere auszuüben (*engl.: domination*). Dominanz (von lat. Dominus – der Herr) – darin steckt die Weiterentwicklung vom Mann, der sehr wohl auch würdevoller Sklave sein kann, zum Herren. Dominant bedeutet nicht nur herrisch, beherrschend, sondern eben auch im Sinne von „erhaben": *„heilig, leistungsfähiger, abgeklärt, geschätzt, würdevoll, majestätisch, besser, übermächtig, erlesen, angesehen, erhebend, verehrungswürdig, prävalent, erlaucht, gnädig, würdig, hehr, überragend, geachtet, edel, feudal, göttlich, souverän, ehrwürdig, anerkannt, adlig* und im Sinne von ‚führend': *vorherrschend, überlegen, vorgesetzt, einschneidend, vorstehend, leitend."*

a. Männliche Schöpfungskraft
Worte als Mittel zur Lebensgestaltung
Das erste am Morgen gedachte, auch unausgesprochene Wort ist ...? Schöpfung. Wir erschaffen mit dem gedachten Wort unsere Stimmung, unsere Gefühlslage. Einerseits „geworfen" in das Leben, das Wach- sein, ohne je entschieden zu haben, wie wir uns am Morgen fühlen wollen, andererseits aus der willenlosen Traum-

---

116 Fromm, Erich: „Die Furcht vor der Freiheit", München 1990, S. 121

welt in das Leben fallend, erschaffen wir Stimmung und Lebensgefühl durch unser Denken und Sprechen: *"Das beste Mittel, jeden Tag gut zu beginnen, ist, beim Erwachen daran zu denken, ob man nicht wenigstens einem Menschen an diesem Tag eine Freude machen könne."* Friedrich Nietzsche

Was und wie werden Sie morgen früh als Erstes sprechen?
Von sich?
Vom kommenden Tag?
Von Ihrem Leben?

Das EGO ist ein Gedankengebäude, ein bedeutungsloses und leeres Nichts. Sterblich. Worte, die aus Vermeidung der damit verbundenen Angst gesprochen werden, sind Akte der Schöpfung von „etwas" aus oder gegen „etwas". Ab hier bekommt auch die Sorgfalt im Sprechen eine besondere Bedeutung, das bewusste Achtgeben auf die Worte, die andere – wie wir aber auch selbst – über uns sprechen.

Worte waren schon immer, sie SIND Schöpfung, vor allem auch – und ab jetzt bewusst, Schöpfung, Gestaltungsmittel unseres EGOs. Du bist, was/wie du von dir sprichst. Und wie du zulässt, dass andere über dich sprechen. Ein „Du bist ..." oder ein „Ich kann nicht ..." – wirkt, denn Schöpfung geschieht – immer! Ironie, die wider-sprüch-liche Sprache, lähmt.

"Wenn die Sprache nicht stimmt,
dann ist das, was gesagt wird, nicht das, was gemeint ist.
So kommen keine guten Werke zustande.
Also dulde man keine Willkür in den Worten." (Konfuzius)

Integrität ist nicht etwas Absolutes, persönliche Integrität ist ein Wachstumsprozess. Dieser beinhaltet Rückschläge, eigene Unklarheiten und verdeckte oder offene Lügen. Der ganze Widerstreit aus Selbst- und Fremdbestimmung offenbart sich in der gelebten Integrität. Das war schon immer so, und das wird auch in diesem Widerstreit so bleiben. Nur – jetzt ist die Wurzel bekannt: „*vrt*", gotisch: Wurzel, Knospe, ist die Wurzel von „*Wort*".

Wer sich infrage stellt oder seine Integrität infrage gestellt sieht, der mag in seinem Selbstwert, in seiner Achtung vor sich selbst traurig werden, vielleicht verzweifeln. Was ist aus Deinem Wort geworden: „... lieben, bis dass der Tod euch scheidet." ...?

Wo auch immer es mir an Integrität gemangelt hat, es gilt, sanft mit sich zu bleiben, denn die Herkulesaufgabe ist im Kern unlösbar: Wir werden Menschen bleiben, als solche fehlerhaft und gerade dadurch menschlich. Und unser Sanft-Mut uns und unseren eigenen Fehlern gegenüber macht uns als kraftvoll führende Männer auch sanft anderen und deren Fehlern gegenüber.

Die Wachstumsaufgabe, die darin liegt, Worte als Instrumente zur Stärkung der eigenen Integrität zu benutzen, hat viel mit einem körperlichen Fitnessprogramm gemeinsam: <u>Es geht um Selbstüberwindung von Phlegma, Bequemlichkeit, mangelhafter Selbstdisziplin und den Aufbau von Achtsamkeit</u>. Gerade in den meditativen Übungen des Fastens, Schweigens und Verzichtens ist es immer wieder eine Nagelprobe, ob und wie konsequent in Ausmaß, Pünktlichkeit und Disziplin ich die selbst gesteckten Ziele verfolge und erreiche.

Dieser Prozess kann und wird Jahre dauern, er funktioniert auf seine unbewusste Weise sowieso. Aber durch Übung, durch Aufmerksamkeit bei der Wahl meiner Worte werden die Worte immer sorgfältiger gewählt: Es entsteht Ver-AntWort-ung im Sprechen. Ich bin für mein Sprechen verANTWORTlich. Wenn mir das bewusst bleibt, werde ich mir selbst gegenüber immer zuverlässiger. Ich kann meinen Worten und mir vertrauen. So steigt mein Vertrauen in die Kraft meiner Worte – und damit mein Selbst-Vertrauen. Meine Sätze werden klarer und präziser, die ICH-Aussagen treffen genauer zu, was ich sage, hat in Inhalt und Form Hand und Fuß: Ich denke, spreche und handle immer klarer.

Das spüren nach einiger Zeit auch andere.

<u>Auch und gerade</u> Frauen.

Integrität: „Ein Mann – ein Wort!"

„Alle Philosophie ist Sprachkritik", sagte Ludwig Wittgenstein (1889–1951). So ist auch die Philosophie, von männlicher Kraft des „Guten Mannes" zunächst Sprachkritik. Aber eben nicht nur als Kampf gegen ausufernde Frauenan-Sprüche, sondern aufbauend, bildend, ein Bild schaffend vom „Guten Mann".

Und das fängt an beim Wort, das MANN über sich und Männer spricht, und sich selbstkritisch fragt: „Mann, *wie* sprichst du denn von dir?!"

Was den Mann innerlich und gegenüber anderen stärkt und was ihn nebenbei für Frauen unwiderstehlich attraktiv weil vertrauenswürdig macht, ist seine Treue, seine Zuverlässigkeit, seine Integrität. Seine Treue zu dem gesprochenen und gegebenen Wort. Integrität ist die Einheit von Denken, Sprechen und Handeln: Ich sage, was ich denke, und ich handle danach, wie ich denke und spreche.

Für den integren Mann gibt es kein Herumeiern mehr in dem, was er sagt und tut. Verspricht er: „Ich hole dich um sechs ab", dann ist er auch um sechs da. Ohne Wenn und Aber, es geschieht, wie er es gesagt hat. So, wie ER irgendwann sprach: „Es werde Licht!" – und es ward Licht.

Was auch immer mich ablenken mag, ob Arbeit, Anrufe von Kollegen – ich bin im Wort, also pünktlich und zuverlässig. Ich denke, dass weniger Ehen geschieden werden wegen falsch ausgedrückter Zahnpastatuben als wegen gebrochener Versprechen.

Wie gelangt ein Mann zu dieser Integrität, was ist der Kern solch machtvollen Sprechens?

Es sind Worte. Worte, die bewusst und sorgfältig gewählt und gesprochen werden. Worte, die aus dem Kern unseres Wesens kommen und im Einklang sind mit dem, was ist, was ich als Mann will und was ich demnach tun werde. Sie sind fixiert in Raum und Zeit und binden in erster Linie mich selbst:

„Im Anfang war das Wort." Aus dem Atmen, dem gebenden Teil des Atmens, im „aus- Ath-man" entsteht zunächst das „Ur-Wort" OM, dann das gesprochene Wort, das bereits Schöpfung ist.

Mit dem ersten Mal, das wir gesprochen haben „Ich bin ..." begann eine Kette von Gedanken, Worten, Sätzen, die das EGO erst tastend, dann immer fester werdend aufgebaut und über die Jahre stabilisiert hat: Auch das war und ist tägliche – Schöpfung von „Ich bin ... ". Und in dem Maße, wie das Leben, die Eltern, Verwandte und Freunde uns bestätigen in dem, was wir zu sein glauben, verfestigt sich unsere Persönlichkeit.

Die entscheidende Frage, die immer wieder den Unterschied macht zwischen der „Geworfenheit des Seins" (M. Heidegger) und dem sich seiner Selbst-bewussten Menschen, ist: „Hast du diese Worte (über dich) frei gewählt?" Und wer sich veranschaulicht, wie der Mensch die ersten Gedanken des Tages denkt: „Oh Gott, schon wieder ...(Murmeltiertag)"[117] der weiß: NEIN, diese Gedanken sind nicht frei gewählt. Sie „überfallen mich" aus dem hundertbändigen Konvolut früherer Schöpfungsakte meines Sprechens über mich und die Welt: Nach jeder „Erkenntnis" der sogenannten Realität über mich und die Welt, tausendfach wiederholt, in Gedanken und Worten als „oberarmdicke" Nervenstränge im Gehirn etabliert, stabilisiert, vielleicht irgendwann sogar lokalisier- und damit nachweisbar: „Ich bin .../*nicht* gut genug, ich *kann* das/kann das *nicht*, *ich will*... nicht, *nie* wieder, ich habe *immer* gesagt: ... ich weiß *genau*,... ich werde nie,.. ich *kann einfach nicht*,. Ich kann nur ..., ich werde ... und zwar *nie wieder*" ... Ein endlos geplappertes Buch.

Der Selbst-Erkenntnis, von der Primär-Erfahrung als Kind bis zum ersten Gedanken des Tages (*„Ich bin ...(allein)"*) folgen im Laufe der Jahre und Jahrzehnte der meist unbewussten Persönlichkeitsentwicklung die das EGO gestaltenden Worte: Ich bin mein Wort, das Wort, das ich von mir spreche.

---

117 „Und täglich grüßt das Murmeltier", Spielfilm von Harold Ramis mit Bill Murray, Andy McDowell u.a., USA 2002, Sony Pictures: »Haben Sie manchmal Deja-Vus, Mrs. Lancaster ?" – „Ich glaube nicht, aber ich könnte ja in der Küche nachfragen."

Die Worte, die sich im Gehirn zu Gedankenketten verbinden, die Gedanken, die wir denken, sind weitgehend Automatismen. Wir sind eben nicht Herr dieser Gedankenketten; sie laufen automatisch ab. Zum Beweis: Wenn du der Herr deiner Gedanken bist, dann stoppe sie. Jetzt.
Schließe die Augen und halt den Gedankenstrom an, nur eine Minute. Schwierig? Unmöglich?
Es ist wohl wie der Herzschlag, wie der Atem, der uns unser ganzes Leben begleitet. Bis zum letzten Atemzug wird etwas uns denken lassen, so wie es uns atmen und das Herz schlagen lässt.
Worte sind mehr oder weniger kraftvolle Schöpfungsakte des EGO, das sich auf diese Weise über Jahre und Jahrzehnte „bildet". So wird aus der geschichtlichen Betrachtung des EGO klar, dass das, was wir „Persönlichkeit" nennen, nichts weiter ist als ein Gedankengebäude. Ein Bild, das der Geist sich von sich selbst macht, ein Gespräch, das der Geist mit sich selbst führt und sich selbst damit erschafft. Wohnhaft in einem Körper, aber eben nur als Gedanke. Nicht mehr. Provokanter, ungemütlicher, ernüchternder Gedanke, wo sich das EGO ja so unendlich wichtig nimmt, aber kein Hirnforscher hat das EGO je im Hirn nachweisen können.
Aber ich bin eben – bislang – *nicht* frei gewesen, zu entscheiden, wie ich diesen wunderbaren ersten Moment des Tages empfange. Und die weiteren Momente.
Wie aber entwerfe ich mich als Mann neu, wenn doch das Gehirn automatisch plappert, wie erdenke, erschaffe ich diesen kraftvollen, wahrhaftigen Mann in mir?
Wie spreche ich bewusster? Was ist mein Macht-Wort?
„Und wuchs das Wort Dir im Mund,
so wuchs in die Hand Dir die Kette.
Ziehe nun das Weltall zu Dir.
Ziehe! Sonst wirst Du geschleift." (Hugo von Hoffmannsthal)

Das „im Munde wachsende Wort" ist die wachsende Wirkungskraft der Worte in unserem individuellen Universum. Worte gewinnen mit zunehmendem Alter eben auch an Macht und Wirkungskraft. Dem Weltall ist es dabei übrigens völlig gleichgültig, ob die Sätze bewusst oder unbewusst gesprochen werden, sie wirken. Und sie wirken zunächst nicht, indem sie die eigene Persönlichkeit bilden, sondern auch, indem sie schöpferisch die eigene Wirklichkeit erschaffen.

„Ziehe nun das Weltall zu Dir ..." beschreibt diesen Akt der bewussten Schöpfung, während das „sonst wirst Du geschleift" der „Geworfenheit des Seins", der Schicksalsergebenheit, der Machtlosigkeit des unbewusst Sprechenden ent-spricht.

Selbst-erfüllende Prophezeiungen betreffen eben auch meine gedanklichen Gewohnheiten. In dem Maße, wie ich ihnen Wertungen hinzufüge und diese wiederhole, stellt sich auch ein damit verbundenes Gefühl ein. Sie gewinnen Energie und emotionalen Schwung. Und so komme ich über unendlich viele Wiederholungen des Tages in genau die Stimmung, in genau das Lebensgefühl, das meinen Charakter und damit mein Leben prägt.

Die Indianer erzählen von einem alten Mann, der mit seinem Enkel am Fluss sitzt und ihm erzählt: „Weißt du, in meinem Herzen wohnen zwei Wölfe: Der eine ist der gute, der wohlwollende, der dich und mich schützt. Der andere ist der böse, der habgierige, der alles vernichten will. Und die kämpfen immer wieder miteinander." – „Und wer gewinnt?", fragt der Enkel.

„Der, den ich füttere!" Womit „füttert" er den Wolf? Das beantwortet ein Vers aus dem Talmud:

(Achte auf deine Gedanken – sie werden zu deinen Worten.)

Achte auf deine Worte – sie werden zu deinen Taten.

Achte auf deine Taten – sie werden zu deinen Gewohnheiten.

Achte auf deine Gewohnheiten – sie werden zu deinen Charaktereigenschaften.

Achte auf deine Charaktereigenschaften – sie werden zu deinem Schicksal."

Das Talmud-Zitat zeigt die Wort- und Gedankenkette auf, mit der sich das EGO selbst erschafft – und damit sein eigenes Universum aus Wirklichkeiten: Alles, was erkannt und mit Worten so benannt wird, IST. Alles andere ist eben nicht. Das Hesse- Zitat „jedem Anfang wohnt ein Zauber inne.." hat eine biblische Wurzel: ***„Im Anfang war das Wort und das Wort war bei Gott, und Gott war das Wort."*** (Johannes 1,1 ff)

Ein Buchstabe nur macht den Unterschied: Es heißt nicht am Anfang, es ist „IM Anfang". Am Anfang würde für einen bestimmten Zeitpunkt stehen, „im" Anfang lässt sich interpretieren als im Zeitraum, immer wiederkehrend, etwa wie „in jedem Anfang". So betrachtet wiederholt sich Schöpfung, setzt sich zumindest fort – oder wird von uns Sprechenden fortgesetzt, mit jedem Wort, das gesprochen – oder auch nur gedacht wird. Das Johannes-Zitat lässt den Satz von v. Hoffmannsthal noch kräftiger scheinen. Die Verbindung von „… und Gott war das Wort" und „wuchs das Wort Dir im Mund.", denn damit ist Sprache gleich Schöpfung.[118] Es ist der „göttliche Funke", den Gott Adam gab, wie im Fresko der Sixtinischen Kapelle dargestellt, und ihn eben dadurch zu seinem ebenfalls schöpferischen Ebenbild schuf. Ein schöpferischer Mensch ist der, der so spricht: „Ein Mann – ein Wort!" Diese Schöpfungskraft des gesprochenen Wortes ist das Göttliche in uns.

Es öffnet sich ein Gegensatzpaar zwischen dem gedankenlosen „Dahingeplapper" und dem bewusst als Akt der Schöpfung gedachten, gesprochenen oder geschriebenen Wort: Ob ich segnend oder fluchend spreche, aber eben bewusst mit dem Willen zur Wirkung, Schöpfung oder Gestaltung ausgerichtet, ich bin mir bewusst: MEINE WORTE HABEN KRAFT. Sie hatten es immer, mein EGO, meine Persönlichkeit ist so entstanden, sie werden es

---

118 Behrendt, Joachim Ernst: „Nada Brahma – Die Welt ist Klang", „Über Laut, Logos und Rose" Wurzeln und Bedeutung der Urworte. S. 67ff

immer haben, – nur **ab jetzt ist mir die fundamentale, lebensgestaltende Kraft meiner Worte bewusst.**

Die Gegensätze sind zwar polar, aber nicht absolut. Zwischen dem machtvoll gesprochenen „Es werde Licht – und es ward Licht" und den alltäglichen Beschwerden über und Bestellungen ans Universum, Gebeten, Wünschen und Mantras, rituellen Beschwörungen, Chören und Zaubersprüchen haben Worte in unterschiedlichem Maße Kraft. Ob und wie Worte wirken, hängt davon ab, ob sie „im Fluss" gesprochen werden, in Demut und Anerkennung dessen, was ist, auf dem „Lebensweg" liegen, im Rahmen der „Bestimmtheit", oder, wie Gottfried Benn es nannte, das „gezeichnete Ich" spricht im Rahmen des fernbestimmten „Du musst". Und inwieweit diese, meine Worte von meiner inneren Integrität, der Macht des Sprechenden getragen werden.

Schöpfung entsteht aus NICHTS, der Leere, eben der Nicht-Gebundenheit an ein *Etwas*, wie z. B. an das EGO, eben aus dem Bewusstsein der eigenen Endlich- und Bedeutungslosigkeit: Ein aus der Klarheit über Bedeutungslosigkeit, Leere und Endlichkeit gesprochenes Wort, das eben unabhängig vom angst- oder sehnsuchtgetriebenen Ego entsteht, hat eine besondere Schöpfungskraft, weil es aus dem „Nichts", der Stille kommt.

Praktisch bedeutet dies, dass solche Worte, die in der Nacht auftauchen, Ideen, die uns den Schlaf rauben, besondere Wirkungskraft haben. Ein in dieser Todesnähe gesprochenes Wort und was daraus entsteht, ist ein „dem eigenen Wort folgen", das eigene, mir selbst im „Wort sein", und bedeutet ziel-bewusst, klare Worte zu wählen, mich selber zu führen.

Im schöpferisch gesprochenen Wort entsteht unmittelbar die Ver-AntWORTung für das Gesprochene: Ein „Ich liebe dich!" gewinnt völlig neue Kraft im Gegensatz zu etwa: „Ich werde immer mein Bestes geben, mich immer bemühen, dir treu zu sein…"

Eine der Altlasten der Deutschen Sprache ist verbunden mit dem Wort Treue. „Unsere Ehre heißt Treue", mit diesem Spruch zierte einst die SS ihre Dolche. So kam die Treue in Verruf. Zu Unrecht.

(Zum Dilemma der verlorenen Sprache vgl. Zitat von Urs Widmer im Kapitel: „Was ist 'anständig'"?)

Wenn ich als Mann heute einer Frau sage: „Ich ehre dich durch meine Treue" mache ich mich unter Umständen strafbar wegen der Verwendung von NS-Symbolen gemäß § 86a StGB.

Andererseits scheint Treue als Anspruch gegenüber Männern hoch im Kurs zu stehen: Welche Frau wünscht sich das nicht?

„Wo Sittlichkeit regiert, regieren sie,
und wo die Frechheit herrscht, da sind sie nichts.
Und wirst du die Geschlechter beide fragen:
Nach Freiheit strebt der Mann, das Weib nach Sitte."

Goethe, Faust II

Als kraftvoller Mann stehe ich treu zu meinem Wort. Auch in meiner Un-Treue? Hilft das Fremdwort Integrität, die Treue zu sich selbst? Das Englische „walk your talk" meint genau das: Einhundertprozentig zu dem zu stehen, was man gesagt hat: „Indianer-Ehrenwort", „Versprochen ist versprochen". Das ist fundamental wichtig für mich selbst, denn jedes gebrochene Versprechen mindert die Integrität eines Mannes – natürlich gegenüber dem, dem er „sein Wort gegeben" hat, („Wer einmal lügt, dem glaubt man nicht …") aber, und das wirkt vielleicht schwerer, sich selbst gegenüber. Breche ich mein Wort (was für ein Bild!), schwäche ich die Kraft meiner Worte, und damit mich als *Mann* für die Zukunft! Ich zerstöre damit meine Integrität!

Ich bin meinem Wort, das ich (wem auch immer, vor allem mir selbst gegenüber) gegeben habe, verantwortlich: Ich habe Wort gegeben, und ich diene meiner Integrität, dem Vertrauen, das der andere in mich und mein Wort setzt. Ich folge meinem Wort, das ist nur konsequent (von *consequi* – lat. folgen, erreichen) und das Gegenteil von Willkür. Es gibt kein „ich habe keine Lust mehr", „Ich hab's mir anders überlegt, neue Prioritäten, mir ist nicht mehr danach,…" Ich „BIN im WORT". Wie ich es immer war … nur halte ich mich daran.

Konsequenz hat im Griechischen zwei Formen. Während wir heute die Gründe für die gegenwärtige Situation nur noch in der Vergangenheit suchen können, als Kausalität, ist Schöpfung verbunden mit Finalität: „Ich muss jetzt gehen, weil mein Zug in 50 Minuten geht." Hier liegt der Grund meines Gehens jetzt in der Zukunft (die Zugfahrt). So zieht mich mein Wort „Ich werde den Zug nehmen, um ..." – wie am Nasenring aus dem Sessel und zur Tür hinaus. Außerdem steht das Wort, die „Konsequenz" in der zweiten Bedeutung für typisch männliche Tugenden: Beharrlichkeit, Zielstrebigkeit, Ausdauer, Zuverlässigkeit. Die Kunst besteht nun darin, den eigenen Lebenszweck zu erkennen und sich von genau dem – und nur von dem – ziehen zu lassen. „Ich habe mir das Wort gegeben, dass,..." Und daraus entsteht das männlich kraftvolle: „Walk your talk".

Integrität, die männliche Fähigkeit, zu seinem Wort zu stehen, lässt sich an mindestens zwei Skalen sehr genau messen: an den Finanzen und der Zeit.

Zeitintegrität: Als narzisstischer Tyrann lasse ich meine Domestiken gerne mal warten, wer sind *die* schon?! Vertrauenswürdig geht anders: Wie pünktlich ist der Mann? Hat er seine Zeit im Griff – oder haben die Umstände ihn im Griff? Als Mann bin ich selbstverständlich zuverlässig! Als guter Mann – keine Frage: „Pünktlichkeit ist die Höflichkeit der Könige". Pünktlichkeit ist mir zum Sport geworden. Hier konkretisiert sich auch die Ambivalenz der Freiheit: Sie ist eben für den integren Mann nicht absolut und willkürlich, sondern er selbst unterwirft sich, sein EGO, seinem Wort – sich selbst und natürlich denen gegenüber, die sich auf ihn verlassen.

Das ist absolut messbar: Wenn wir um 12 Uhr verabredet sind, dann kann es in Ordnung sein, dass ich fünf Minuten früher erscheine, weil ich es so beschlossen habe, oder weil ich die Ampelphasen kenne. Aber es ist eben *keine* oder zumindest Ausdruck einer schwächeren Integrität, fünf Minuten zu spät zu kommen. In

Persönlichkeits-Seminaren ist es immer wieder erstaunlich, festzustellen, welche Typen zu spät kommen. Mann, achte mal drauf. Dasselbe gilt für meine Finanzintegrität – Schulden zahlen macht frei. Wie zuverlässig ist ein Mann bei seinen Zahlungsverpflichtungen? Wenn ich sie nicht zahlen kann, war ich nicht integer, habe möglicherweise meinen Gläubiger zumindest nicht (rechtzeitig) darauf hingewiesen und um Stundung ersucht. DAS Thema in Beziehungen: als Mann übernehme ich auf mindestens drei Gebieten in der Beziehung Verantwortung: Finanzielle Führung, spirituelle Führung und lebendigen Eros. (› Führung in der Beziehung zur Frau) Wenn ich diese Anforderung an Für-Sorge der Frau gegenüber an mich nicht anerkenne, schwäche ich meine männliche Führungskraft und zwinge sie durch meine Passivität, finanzielle Führung zu übernehmen. Die Folgen kennt jeder geschiedene Mann: „Eine Beziehung mag anfangen, wo sie will – sie endet immer beim Geld." (Walter Serner)

Klare Ansagen!
Um klarer und machtvoller zu sprechen, hilft es, sich zuzuhören, wie man bisher die Wirkung der eigenen Worte geschwächt hat. Der interessanteste Lernprozess eröffnet sich durch – Schweigen. Wer einen Tag in der Woche schweigt, ist gezwungen zu hören, wie andere sprechen, und wie deren Worte wirken. Ich habe zu diesem Zweck ein Jahr lang jeden Montag geschwiegen. Es war höchst erstaunlich, mit welcher MACHT Kinder sprechen!
Auf Füllwörter und alle Relativierungen kann ich seitdem verzichten. Ein Mann kann „Klartext reden", braucht kein „ja, aber …", kein „eigentlich", kein „irgendwie", „ein Stück weit", „ich sag mal so", „ich würde mal so sagen" oder „nicht wirklich" – Ist es, oder ist es nicht? Statt „man" sagt er „Ich". Und er verzichtet so weit wie möglich auf den Konjunktiv in der persönlichen Rede: Statt „Ich könnte, würde, hätte gerne – …" sagt er „Ich kann … , ich werde …, ich will …" Und – „ich werde *nicht*, ich will *nicht* …" Oder er schweigt.

Ich schwäche die Einschätzung der Wirklichkeit und damit meine Glaubwürdigkeit, wenn ich behaupte: „Es kann nicht sein, dass ..." Aber es IST! Die richtige Aussage wäre: „Ich will nicht (mehr), dass (in Zukunft) ..."

Mut zur Zerstörung (1. Teil): „The Power of No!"
Unkraut jäten, faule Äste absägen, Müll runtertragen (bevor er überquillt!), dem alten, kranken Hund die Gnadenspritze setzen lassen und ihm nicht aus eigener Feigheit vor dem Tod die Qual zuzumuten, das sanfte, aber entschieden und kraftvolle: „Nein" zu dem, was im Leben eines integren Mannes nichts (mehr) zu suchen hat. Nochmal: *"Die Fähigkeit, Nein zu sagen, ist die Geburt der Individualität."* (Rene Arpad Spitz)
Wichtig ist, hierbei zu unterscheiden zwischen dosierter Abgrenzung, angemessener Ablehnung und Verachtung. Was nicht zu mir passt, weil ich „andere Vorstellungen" von meinem Leben habe, kann ich freiweg ablehnen, ohne mir Verachtung vorwerfen lassen zu müssen. Man kann Abgrenzung dosieren, je nachdem, wie aggressiv das andere mir gegenüber auftritt. Das bin ich – jenes bin ich nicht, das möchte ich bitte nicht, jedenfalls nicht, so lange ich hier bin, oder „es tut mir leid, das kann ich nicht akzeptieren, nein – da ist die Tür ... "
Sich dem Leben, dem Weiblichen, der eigenen Nachlässigkeit oder Gleichgültigkeit, entziehen durch ein „Nein." Sich abzugrenzen, ist das diametrale Gegenteil zum allseits propagierten „Alles kann, nix muss!", zur Beliebigkeit dessen, der aus Angst vor Ablehnung diese nicht zu zeigen vermag. Das Weichei verbiegt sich aus mangelndem Selbstwert, denn wenn seine Ablehnung wiederum zu Ablehnung des Gegenübers führen würde, würde er ja nicht mehr geliebt! *„Der homo clausus nimmt die Welt nicht mehr unmittelbar wahr, sondern fühlt sich von ihr wie durch eine 'unsichtbare Mauer' getrennt. Er löst seine Bindung an die Welt, um keine*

Trennungsangst zu erleben."[119] Es ist ein Paradoxon: Zwar ist er nicht fähig, seine Gefühle zu zeigen, um nicht abgelehnt zu werden, schafft es gerade aber deswegen nicht, Bindungen aufzubauen.

Dieses „Nein!" ist aber in seiner unterscheidenden, abgrenzenden und trennenden Absicht gerade das Symbol der Autonomie und damit der Stärke, die eine emotional schwächere Person braucht, um sich sicherer zu fühlen. Die Fähigkeit und der Wille, um seiner selbst willen, (für die eigenen Werte, Ziele, Persönlichkeit, notfalls allein, aber eben) zu sich selbst, möglicherweise gegen andere zu stehen, das ist Ausdruck der Stärke: „DAS bin ich, das will ich, und jenes – bitte nicht, nein, nicht hier!"

Ich habe die Freiheit, dies zu tun, wann immer ich will. Ein Kind zeigt uns mit seinem entschiedenen „Nein – ich putze mir nicht die Zähne!", dass es in diesem NEIN! die Macht hat.

Das betrifft auch den Umgang mit der weiblichen Fülle, der Vielfalt, dem Chaos, mit dem „das Weibliche" (die Natur, die Kultur, die Wirtschaft, die Umstände des Lebens, die Kinder, …) uns begegnet. „*Wer nach allen Seiten hin offen ist, der kann nicht ganz dicht sein!*" (Kurt Tucholsky) Dem beliebigen, allgegenwärtigen „alles kann, nichts muss" stellt der Mann sein „Sehr schön. DAS darf rein, jenes bleibt bitte draußen" entgegen. Die Fähigkeit zur Abgrenzung ist also spezifisch männlich. Sie ist das Männliche konstituierend dergestalt, dass in der Abgrenzung vom „Anderen" das ICH erst entstehen kann. Hier wirkt das Nein, die Ablehnung identitäts-stiftend, mit Lao-Tse gesprochen:

Die fünferlei Farben machen der Menschen Augen blind.
Die fünferlei Töne machen der Menschen Ohren taub.
Die fünferlei Würzen machen der Menschen Gaumen schal.
Rennen und jagen machen der Menschen Herzen toll.
Seltene Güter machen der Menschen Wandel wirr.

---

119 Haubl, Rolf: „Lebenskunst – die Fähigkeit, mit sich allein zu sein" in psychologie heute, 03/2009 S. 22

Darum wirkt der Berufene für den Leib und nicht fürs Auge.
Er entfernt das andere und nimmt dieses. (Tao te King: Vers 12)

Das Schöne dabei: Mit wachsender Autonomie brauche ich das „Nein" auch nicht mehr zu begründen. Ein „Ich will das nicht" ist auch grundlos – wahr.

Mut zur Zerstörung (2.Teil): Der Anti-Mann, der Arschloch-Mann

Die sexuelle Orientierung eines Mannes ist seine Privatsache, daher ist die Frage, ob ein „Guter Mann" auch ein homosexueller Mann sein kann, unerheblich. Das Wertesystem, das den „Guten Mann" ausmacht, wird nicht aus dem Unterleib bestimmt, daher glaube ich durchaus, dass homosexuelle Männer positive, männliche Ideale vertreten können. (Wenn ich allerdings im Dunkeln tappen würde bezüglich der erotischen Führung einer Frau, wünsche ich mir zur Orientierung eher einen Leuchtturm, weniger eine Nebelkerze.)

Der Gegenspieler des „Guten Mannes" wurde vielmehr von Roger Willemsen in seinem Artikel „Männer" beschrieben.[120] Willemsen zeichnet darin in gewohnt überstilisierter Weise das Bild des Banksters, des gerissenen, gewissen-, herz-, gott-, kultur- und geistlosen Materialisten. Wenn er seinen Artikel mit „Männer" überschreibt, und ohne jede Einschränkung damit wohl uns alle meint, dann müssen wir Männer uns dieses Bild etwas genauer anschauen: ein Unternehmensberater, aber eben auch nur ein Angestellter, mit einem riesigen, mit Elektronik aufgeblasenen Ego, der nicht deutsch spricht, sondern denglisch, laut, rücksichtslos, den Tod ängstlich verachtend, bar jeglicher emotionaler Macken, *„eine Spezies Mensch, die der Welt nichts zu geben hat, schon gar kein Mitgefühl, in Kriegsmetaphorik reden sie vom Geschäft, in*

---

120 Willemsen, Roger: „Männer" in Süddeutsche Zeitung vom 31.10/.11.2008 Nr. 254

Zoten vom Privaten". Dass genau dieser Typus „Mensch" – es betrifft nicht nur den Mann! – so an Gestaltungskraft des öffentlichen Lebens gewinnen konnte! Ist das verwunderlich, wenn die Kirche sich so verraten hat, die Gefühle für Vaterland, Mutterglück, Ehre und Ethik so missbraucht wurden? Wen wundert es, dass Dichter und Denker nur noch Taxifahrer werden können, während die Bankster der Politik vorschreiben, dass die 107 Milliarden eben *nicht* in die Bildung, sondern in *ihre* Taschen zu fließen haben? Seitdem die Nazis die Hochkultur, die geistige Elite vertrieben oder vergast hat zugunsten der dumpfen wagnerianischen Herrenmenschen–Ideologie, ist die Führung der kulturellen, geistigen und spirituellen Elite chancenlos gegen einen Materialismus der Wunderjahre, die eben „Wirtschafts-"Wunderjahre waren: „Haste was – biste was!" – war und ist bis heute die Maxime, seitdem alle anderen Werte vergast, in Bücherverbrennungen verbrannt, oder als entartet verhöhnt und ausgebombt worden waren. Friedrich Sieburg bemerkte dies bereits 1954, als er schrieb: *„Alle Vorstellungen von Aufstieg und Besserung der Lebensbedingungen kreisen um Güter, die man kaufen kann und deren Erwerb zu den Träumen des Menschen gehört, der sich zu entwickeln glaubt.* ***Der Besitz gewisser Geräte und Einrichtungsgegenstände, der Zugang zu bestimmten Zerstreuungen und Reizen, der Gebrauch all jener Waren, Güter und Moden, die den modernen Lebensstandard bestimmen, alles das gilt als Kultur, auf die jeder Mensch ein Recht hat***. *Riesige Industrien sind am Werk, um einen Bedarf zu befriedigen, den sie selbst schaffen, einen Bedarf an Stoffen, Mustern, Bildern, Medikamenten, Spielen, Zeitvertreiben, kurzum, an allen jenen Elementen, die zu ersehnen dem Einzelnen befohlen wird mit der Begründung, dass die Masse Sehnsucht nach ihnen habe. Kein Mensch ist gegenüber diesen Bedürfnissen noch frei, es sei denn, er fühle sich fähig, das Leben eines halbwilden Einsiedlers zu führen. Unser Rumpfdeutschland nimmt an dieser Knechtschaft ebenso teil wie alle anderen Völker. Allerdings ist bei uns die Verantwortung der geistigen Führungs-*

schicht besonders groß, da sie gegenüber dem Mythos der Masse überhaupt keine Widerstandskraft zeigt."[121]

Nicht nur die Sprache, auch Werte wie Ethik und Kultur wurden von den Nazis und ihren Anhängern massiv verraten. Nach dem Krieg entstand so ein Werte-Vakuum. Das wurde zum einen mit der Moderne und ihrem Anspruch der Welt- „Verbesserung", zum anderen mit dem Materialismus gefüllt, oder anders: Seit dieser Zeit hat im Individuum wie in der Gesellschaft unbemerkt und kaum hinterfragt eine Werteverschiebung weg von der kulturellen Selbstentfaltung hin zum Wirtschaftswachstum, zur Überbewertung wirtschaftlicher Arbeit, zu Effizienz und Konsum stattgefunden. Genau dafür steht diese Spezies Mann: Willemsen zitiert aus Friedrich Hebbels Tagebuch: *„Es gibt Menschen, die vor dem Meer stehen und nur die Schiffe sehen, die darauf fahren, und darauf nur die Waren, die sie geladen haben."*
Willemsen fragt: „Ist es die transzendentale Obdachlosigkeit, die jetzt über ihn kommt?" Ja, wir brauchen nicht gegen sie zu kämpfen, die Krise wird sie töten. Ich sehe mich eher wie einen alten Indianer am Fluss sitzend und zuschauend, wie dieser die Leichen meiner Feinde vorüberträgt.
Und es ist eher ein kleiner Federstrich, mit der ich ihn in meinem Umfeld töte: Ich streiche seinen Namen aus dem Adressbuch, lasse ihn in meiner privaten Gesellschaft sterben. Es ist zu seinem Besten, denn nur seine Isolation wird ihn zur notwendigen Reflexion zwingen.

b. Macht und Verantwortung
Macht ist ein fremdreferentielles System. Das heißt, Macht braucht die Anerkennung durch andere. Ohne diese Anerkennung handelt es sich nicht um Macht. Wie ein gestrandeter Manager oder ein

---
121 Sieburg, Friedrich: „Die Lust am Untergang", Edition Antaios, Albersroda 2010

König auf einer einsamen Insel niemanden hat, der seine Macht bestätigen und sich ihr unterordnen könnte. Ist der Machtvolle auf sich allein gestellt, ist er machtlos. Somit gründet Macht auf nichts. Bis sie vom EGO geschaffen wird in der Resonanz zum „Du".

Die Anerkennung der Macht gibt in der Regel der Geführte, der Untertänige. Nur gehört es (leider auch) zur Aufgabe und zum Selbstverständnis des Geführten, des Mitarbeiters, des Kindes, der Frau, diesen Anspruch immer wieder aufs Neue infrage zu stellen. Und für den Führenden ist es im Rahmen seines Wachstumsprozesses eine wiederkehrende Herausforderung, die Resonanz auf die in ihm gewachsene Kraft, gespiegelt im Widerstand, anzunehmen und entweder weiterzuführen – oder die Geführten freizulassen.

Für die Unterscheidung der *Macht über andere* ist es recht einfach, die positiven und negativen Seiten voneinander zu trennen. Sie resultiert schlüssig aus dem Selbstverständnis des Macht Ausübenden: Empfindet er sich als kindlich-bedürftig – oder als erwachsen-reif: Die pubertäre, Macht missbrauchende, tyrannische Seite ist NEHMEND und besitzergreifend.

Dagegen ist die wohlwollende, fürsorglich-patriarchalische Seite GEBEND. Was den vielen negativen Assoziationen rund um „machtvolle Führung" weiteren Wind aus den Segeln nimmt, ist die Bereitschaft des Mächtigen, die Macht aufzugeben. Die Bereitschaft zur Ohn-Macht, die Ergänzung im Gegenpol. Das geschieht oft unbewusst: Es ist nicht mehr als eine These, dass besonders einflussreiche Männer – Manager, Politiker – dazu neigen, sich bei einer Domina dem Gefühl der (sexuellen) Ohnmacht hinzugeben, um dem Gegenpol zu ihrem beruflichen Alltag einen Raum zu geben. Umgekehrt weiß ich aus eigener Erfahrung, dass gerade Frauen in ihrer machtvollen Rolle es genießen können, Macht ab- und sich einem Mann hinzugeben – bis in die bewusst und willentlich gewählten, demütigenden Erfahrungen des Masochismus. Diese Ohnmachtsgefühle entstehen keineswegs nur in der frei gewählten SM-Beziehung. Macht und Ohnmacht sind insbesondere auf der psychischen Ebene ein brisantes Thema in der sich vertiefenden, intensiver werdenden Entwicklung von Beziehungen: *„Je mehr wir die Macht über und **Verantwortung für uns selbst zu uns zurücknehmen** und die subtilen oder weniger subtilen Versuche, den anderen zu nötigen, loslassen, desto eher **erleben wir eine unmittelbare und erfüllende Qualität von Kontakt und Intimität. Diese ist das Geschenk der Ohnmacht.** ... 'Den anderen annehmen wie er oder sie ist' gilt als das große Wundermittel für eine glückliche Partnerschaft. Den wenigsten Menschen ist jedoch bewusst, dass dazu auch das Annehmen der eigenen Ohnmacht gehört; spätestens dann, wenn das Verhalten des Partners unsere Wunden berührt."*[122]

Aus der Paarbeziehung in die Führung: Die Bescheidenheit, die Bereitschaft zum Verzicht auf die Ausübung von Macht ist das Antidot zur berauschenden Droge des Machtmissbrauchs. Wie Diokletian auf dem Höhepunkt seiner Macht verzichtete, so trat auch Jiddu Krishnamurti als spiritueller Führer ganz bewusst bereits im Alter von 34 Jahren zurück. Er löste dazu den Orden der Theosophischen Gesellschaft, der extra seinetwillen gegründet wurde, auf mit der Begründung, niemand, auch und gerade ein spiritueller Führer nicht, sei in der Lage, Menschen zu befreien. Er folgte damit Buddhas Beispiel, von dem der Satz überliefert wird: *„Triffst du Buddha unterwegs, erschlage ihn!"*. Die verantwortungsvolle Führung hat das Wohl des zu Führenden im Auge, nicht das eigene. Krishnamurtis vornehmstes Ziel und einziges Interesse war die Freiheit der Menschen.
Wie führt also der verantwortungsbewusste Mann die ihm Anvertrauten zur Freiheit?

---

122 Riek, Matthias: „Das Geschenk der Ohnmacht – eine Erweiterung unserer Liebesfähigkeit" in Connection Nr. 80 über www.Connection.de

Und Freiheit – wovon? Wo die Forderung nach „Freiheit *für mich ...*" kein Deckmantel für Rücksichtslosigkeit und Willkür ist, findet sie ihre Grenzen in der Freiheit des anderen. Um meine Freiheit zu mehren, muss ich also gleichzeitig die des anderen mehren wollen, ihm also die Freiheiten ermöglichen, die ich für mich beanspruche. Somit ist die Forderung nach einem Mehr an Freiheit gar nicht denkbar, ohne den anderen dadurch befreien zu wollen, also Mitverantwortung für dessen Freiheit zu übernehmen. Freiheit und Verantwortung sind somit zwei Seiten derselben Medaille. Wenn diese Medaille nicht nur ein Cent, kein Kleingeld, ist, weil ich wirklich größere Freiheit anstrebe, dann ist man versucht anzunehmen, es handele sich um Freiheit *von ...* etwas. Freiheit ist das Gegenteil von „gebunden sein". Bindungen, geistig, emotional, sind die Bindungen des Geistes, des Herzens. Diese Bindungen haben zwei Seiten: Zum einen halten sie das EGO aufrecht, sie bestätigen dieses EGO, dieses riesige Gedankengebäude aus millionenfach wiederholten Glaubenssätzen, über mich, wie ich bin, wie die Welt ist, wie die Welt (nun mal leider) nicht ist. Ein endloses Geplapper an Interpretationen und Wertungen, die die Illusion aufrechterhalten, in unserem Kopf, in unserem Körper, sei *jemand*. Eine schöne Schein-Stabilität, die uns diese Bindungen an das Denken und Fühlen gibt. Sie halten uns aber auch andererseits davon ab, aufmerksam zu sein, wahrzunehmen, was gerade IST. Nichts als das ist der freie Mensch: Pure Aufmerksamkeit. Einer der wichtigsten Schritte in der Persönlichkeitsentwicklung ist genau diese Einsicht: Nichts zu sein, als pure Aufmerksamkeit. Es ist ein wenig furchterregend, nichts zu sein, aber die Ahnung, dass das so sein könnte, ist ein erster Schritt in die Freiheit.
Die Freiheit von „etwas" hält mich dialektisch gebunden: Solange ich meine Gedanken anstrenge, um frei – von was auch immer – zu sein, ist mein Geist daran gebunden, also eben nicht genau *davon* frei. Aus der Falle komme ich heraus, wenn ich bereit bin, meine Freiheit als *Pflicht zu* etwas, *Verantwortung für* etwas zu übernehmen.

Und dabei beginne ich bei der Verantwortung für – mich selbst. Wo beginnt diese Verantwortung für mich selbst, wie weit geht sie, wo hört sie auf?
Der Anfang ist so klar wie streitig: „Man kann bei der Auswahl seiner Eltern gar nicht vorsichtig genug sein!" (Quelle unbekannt). Wer die Möglichkeit in Erwägung zieht, die eigenen Eltern sorgfältig ausgesucht zu haben, und sei es nur auf humorige Art, um die Schwierigkeiten aus deren Erziehung zur Gestaltung des eigenen Lebens in Freiheit zu meistern und nutzen zu lernen, der gewinnt bei der Betrachtung der eigenen Entwicklung die Möglichkeit, die Problematik der eigenen Erziehung als selbstgewählte Entwicklungsaufgabe zu begreifen: Was für eine wunderbare Freiheit, endlich hundertprozentig „JA!" zu sagen zur eigenen Biografie, zu den Eltern, zu sich selbst und der eigenen Lebens- und Lernaufgabe!

Die Angst vor der Freiheit
Die Angst vor der mit Freiheit verbundenen Verantwortung sitzt tief: Und dies ist die Rückseite der „Medaille Freiheit." Ein schwaches EGO fürchtet sich davor, Verantwortung zu tragen und Entscheidungen zu treffen, weil es mit den Folgen von möglichen Fehlentscheidungen nicht umgehen kann. Der Freiheit steht entgegen die 200 Jahre alte Analyse Immanuel Kants über die Feigheit und die Bequemlichkeit der Unfreiheit in „Was ist Aufklärung?", offensichtlich noch immer aktuell: *„Aufklärung ist der Ausgang des Menschen aus seiner selbst verschuldeten Unmündigkeit. Unmündigkeit ist das Unvermögen, sich seines Verstandes ohne Leitung eines anderen zu bedienen. Selbstverschuldet ist diese Unmündigkeit, wenn die Ursache derselben nicht am Mangel des Verstandes, sondern der Entschließung und des Mutes liegt, sich seiner ohne Leitung eines anderen zu bedienen. Sapere aude! Habe Mut, dich deines eigenen Verstandes zu bedienen! ist also der Wahlspruch der Aufklärung. Faulheit und Feigheit sind die Ursachen, warum ein so großer Teil der Menschen, nachdem sie die*

Natur längst von fremder Leitung frei gesprochen (naturaliter maiorennes), dennoch gerne zeitlebens unmündig bleiben; und warum es anderen so leicht wird, sich zu deren Vormündern aufzuwerfen. **Es ist so bequem, unmündig zu sein** ... *ich habe nicht nötig zu denken, wenn ich nur bezahlen kann; andere werden das verdrießliche Geschäft schon für mich übernehmen.* **Dass der bei Weitem größte Teil der Menschen (darunter das ganze schöne Geschlecht) den Schritt zur Mündigkeit, außer dem, dass er beschwerlich ist, auch für sehr gefährlich halte**: *dafür sorgen schon jene Vormünder, die die Oberaufsicht über sie gütigst auf sich genommen haben."*[123]

Dem entspricht die spezifische Haltung von Frauen: „Verantwortung – nein Danke!"[124] Beate Kricheldorf stellt knapp und übersichtlich dar, wie Frauen Macht als typisch männlich in dem Maße verteufeln, wie sie eben nicht bereit sind, Verantwortung für ihr Leben zu übernehmen.

Da viele Söhne die Trennung ihrer Eltern durchleben müssen und die Erziehung in den Schulen zunehmend versagt, haben wir Männer wohl in Zukunft mit einer Erhöhung des Anteils Ich-schwacher Persönlichkeiten zu rechnen. Es fehlen sowohl das abstrakte Vertrauen von „unten", wie auch die konkret gelebte Verantwortung von „oben". Die Erziehenden, tief verunsichert durch die menschlichen Katastrophen autoritärer Erziehungsstile der 20er, 30er und 40er Jahre, sind seitdem nicht dazu fähig, ICH-starke Menschen hervorzubringen, im Gegenteil, die „herrschende Meinung" ist angstgetrieben. Anne Weiss und Stefan Bonner haben als Angehörige der „Generation Doof"[125] den Unwillen und die Unfähigkeit

---

[123] Kant, Immanuel: „Was ist Aufklärung?" in: Kant Brevier, 1974, Das Pamphlet „Was ist Aufklärung?" entstand 1785

[124] Kricheldorf, Beate: „Verantwortung – Nein Danke! Weibliche Opferhaltung als Strategie und Taktik" Frankfurt 2006, über „Macht und Ohnmacht" S. 53ff

[125] Weiss, Anne und Bonner, Stefan: „Generation Doof", Bergisch Gladbach 2008

zur Verantwortungsübernahme auf allen Ebenen in Berufs- und Privatwelt, auf allen Stufen ihrer demografischen Entwicklung vom Kind bis zum Elternstatus ausführlich beschrieben. Die Krone dieser Verantwortungslosigkeit als Haltung präsentierten Sascha Lobo und Kathrin Passig in „Dinge geregelt kriegen": *„Nicht ich bin unzulänglich. Die Welt ist ungünstig eingerichtet und falsch gewartet."*[126] Was für eine anmaßende Verachtung der „Welt"!

Es passt zur aufgeweichten Grenze zwischen Verantwortungslosigkeit und Kriminalität, dass die Autoren en passant den Autor W. Koeppen als Betrüger seines Verlages auch noch feiern: *„Dass der Leser nebenbei erfährt, ... wie der Schriftsteller Wolfgang Koeppen, König aller Aufschieber, seinem Verlag 1959 einen großen Roman versprach und bis zu seinem Tod 1996 Vorschuss kassierte, ohne je auch nur eine Seite abzuliefern, ist ein erfreulicher kultureller «Kollateralnutzen» des Buches."*

Vom Kollateralschaden des Kosovo-Krieges zum „erfreulichen Kollateralnutzen" – Aha. Als Mann sehe ich das etwas anders. Unterstellt man W. Koeppen nicht nur Faulheit, sondern schleichenden Vorsatz, dass er gar nicht die Absicht hatte, das angebotene Manuskript abzuliefern, dann handelt es sich um Betrug. So schnell kann's gehen, und aus einem Betrug(sversuch) wird ein kulturell wertvoller „erfreulicher Kollateralnutzen". Ein junger und ehrgeiziger Staatsanwalt könnte hier auch schon die weniger erfreuliche Anstiftung zu einer Straftat gem. § 26 StGB sehen. Aber das war vermutlich nur das übliche Geplänkel zwischen Verlag und Autor[127] und klar, alles ganz harmlos.

---

126 Sascha Lobo, Kathrin Passig: „Dinge geregelt kriegen ohne einen Funken Selbstdisziplin" – Berlin 2009

127 Grafe, Arne: *»Koeppen, aber kein Köppchen«, Ein Beitrag zur Beziehung Wolfgang Koeppens zum Rowohlt Verlag. Drei bisher unbekannte Gutachten zum ›Treibhaus‹-Manuskript.* In: Günter Häntzschel/Ulrike Leuschner/Roland Ulrich (Hrsg.): *Wolfgang Koeppen. 1906-1996.* München 2006, S. 78-89

Aber mit der weiteren Aufweichung der Grenze zwischen rücksichtsloser Verantwortungslosigkeit und Kriminalität wächst in dieser wie in den folgenden Generationen die Anfälligkeit für Verführungen. Ich rechne mit einer Zunahme von (politisch radikaler) Jugendkriminalität, Komasaufen, wachsender Gefahr gesellschaftlicher Manipulationen im Zuge radikaler politischer Strömungen (Islamismus, Links- wie Rechtsradikalismus) und folglich daraus eine politische Labilität: *„Bodo Ramelow (Partei ‚Die Linke'), Landtagsabgeordneter, forderte in Dresden Teilnehmer der Demonstration mittels Megaphon dazu auf, Straftaten und Ordnungswidrigkeiten zu begehen. Wir als* **DPolG-Sachsen** *sind erschüttert, wie sich vom Steuerzahler bezahlte Demokraten des Bundestages von linken Gewalttätern und Systemgegnern instrumentalisieren und für ihre Zwecke einsetzen lassen.* **Wir fordern eine klare öffentliche Abgrenzung von Mitgliedern des Bundestages und der Landtage der Bundesländer von solchen gewalttätigen linken Störern! Es kann und darf nicht sein, dass gewalttätige linke Chaoten sich des Schutzes deutscher Parlamentarier erfreuen!"* [128]

Für Erich Fromm war auch nach dem Krieg klar, dass *„die Freiheit nicht weniger gefährdet ist, ob sie im Namen des Antifaschismus oder im Namen des Faschismus selbst angegriffen wird."* [129] Er stellte beeindruckend klar heraus, wie die aus der mittelalterlichen Unterdrückung herausgetretene Gesellschaft sich bis heute mit Freiheiten konfrontiert sieht, die sie nicht zu tragen imstande ist und vor der sie auf dreierlei Weise flieht: Fluchtmechanismen ins Autoritäre, ins Destruktive (NS-Zeit) und die Flucht ins Konformistische: Eine geistige Gedanken- und Sprachpolizei tyrannisiert heute die geistige Welt wie eine Terrorherrschaft aus George Orwells „1984" mittels der „political correctness". Sie ist Ausgeburt

---

[128] Deutsche Polizeigewerkschaft Sachsen, Presseerklärung vom 15.2.2010 zu den Ausschreitungen anlässlich des 65. Jahrestages der Bombardierung Dresdens

[129] Fromm, Erich: „Die Furcht vor der Freiheit", München 1990, S. 10 ff

der tiefen Verunsicherung oder gar Verachtung, mit der Andersdenkenden heute entgegengetreten wird: *„Denn wer das Denken nicht attackieren kann, attackiert den Denkenden".*[130] Um es mit Orwell zu sagen: "*Wenn Freiheit überhaupt etwas bedeutet, dann das Recht, anderen Leuten das zu sagen, was sie nicht hören wollen.*"

Da weiter die politische und wirtschaftliche Führung, wie auch die Führung der Kirchen als ethische Eliten mangels Entschiedenheit, Kompetenz und vor allem mangels Autoritäten zunehmend versagen, wächst vielleicht nicht der Bedarf, sondern es steigt die Notwendigkeit verantwortungsbewusster Führung. Verantwortungsbewusst – das heißt selbstkritisch, rück-besinnlich. Einen ethisch übergeordneten Kodex, gleich welcher Religion, an dem sich das eigene Verhalten messen lässt, halte ich für den führenden Mann deswegen für wichtig, weil er sonst seiner Willkür ausgeliefert sein kann. (Re-ligio – lat. Rück-Bindung) Ich gehe deswegen auf die Bedeutung der spirituellen oder religiösen Grundlage für das Wohl der Gesellschaft (im großen, politischen Rahmen wie in der Paar-Beziehung) ein, weil ich glaube, dass ein ethisches Handeln weder für Führungskräfte noch für Geführte nicht möglich ist ohne eine religiöse oder spirituelle Grundlage. (Soweit man nicht Kants kategorischen Imperativ verinnerlicht hat, was ich mir für die „Generation Doof" schwierig vorstelle.) Denn heute muss wohl gefragt werden, welcher Menschentypus denn dem anti-religiösen Zeitgeist entspringen wird. Im Hinblick auf die merkwürdige Toleranz dem viel autoritäreren Islam gegenüber muss man wohl vom anti-christlichen Zeitgeist sprechen.

Wird ein Mensch bar jeder christlichen Ethik tendenziell eher *mehr* Verantwortung für sich und andere zu übernehmen bereit sein, oder eher weniger?

---

130 André Heller: a.a.O.

c. Führungsmacht und Manipulation

In der Regel hassen unsichere Menschen Entscheidungen, weil sie immer die Möglichkeit eines Irrtums, der falschen Wahl und im schlimmsten Fall die Übernahme der Verantwortung dafür nach sich ziehen. Eigenverantwortliches Entscheiden und Handeln beinhaltet eben auch das Risiko, abgelehnt zu werden oder gar zu scheitern. Für eine Vorauswahl sind sie daher dankbar, zumal ihnen dann noch immer die Freiheit der Wahl gelassen wird. Als männliche Kraft setzt mein Anspruch genau hier an: Ich übernehme die Verantwortung für den Abend oder für den Vertragsabschluss und biete daher Ziele an. Bei der Auswahl der Ziele zeige ich Verantwortung, denn ich habe mir Gedanken über die Konsequenzen gemacht und bin bereit, sie zu tragen: Wenn ich *sie* frage, wo wir essen gehen, ist klar, dass ich sie einlade. Sonst könnte ich kochen – „Was magst du heute Abend essen – Fisch oder Geflügel?"

Als Guter Mann ist mir bewusst: Die Manipulation beginnt da, wo ich meine Kraft ausnutze, um mir einen Vorteil auf Kosten des Partners zu verschaffen, ihn durch meine Kraft und Entscheidungsmacht benachteilige. Die Grenze liegt zwischen den Extremen: Auch als wohlwollender Patriarch muss ich mich nicht „aufopfern". Die Legitimation, die Berechtigung zur Macht entsteht aus der Bereitschaft zur Übernahme der Verantwortung für das Ergebnis, das Ziel.

Der Mann ist dazu selten bereit. *„Der Stuttgarter Psychiater Joachim Bodamer ist in den Fünfzigerjahren vor allem diesem Zusammenhang der Verantwortungsohnmacht nachgegangen und hat dabei den ‚Mann von heute einen Virtuosen der Verantwortungslosigkei'" genannt."*[131] Nochmal **Ulrich Mühe:** *„Wie viel Verantwortung muss das Individuum für das Ganze empfinden,*

---

[131] Hollstein, Walter: „Der entwertete Mann" in: Merkur Nr. 734 07/2010

damit sich diese Gesellschaft erhält und nicht zum Spielball anderer Kräfte wird?"[132]
Was gesamtgesellschaftlich gemeint war, gilt zuvorderst für den Führenden selbst! Ich muss mich also als Mann fragen, wie viel Verantwortung ich zunächst für mein Leben, mich selbst zu tragen, bereit bin, bevor ich sie für andere übernehme.

Mein Schicksal: Selbst- oder fremdbestimmt?
„Die Wahrheit liegt zwischen den Extremen: Aber nicht in der Mitte!" (Moritz Heimann). Zur weiblichen Perspektive gehört der weitere Blick auf die Umgebung, die Umstände, die Gesellschaft, die Freunde, Familie, die alle Einfluss nehmen auf ihre Befindlichkeit. Und die damit natürlich „Schuld sind" an ihrer Situation.[133] Als Mann fokussiere ich den Blick auf das, was funktioniert oder eben nicht – was ich gestalten will.
Deswegen ist es so unwürdig, für mich als Mann zu sehen, wie sich viele Männer in eine Winselecke zurückziehen und den Frauen die Schuld an ihrer Misere zuschieben: Was auch immer es zu beklagen gibt – *WIR* Männer haben es geduldet und mit uns machen lassen! Die Opferhaltung ist eines Mannes angesichts der herrschenden Geschlechterverhältnisse in den gesetzgebenden Instanzen von Bundestag und Bundesrat schlicht unwürdig. Wir haben da einfach großen Mist gebaut: Unter der gegenwärtigen Ehe- und Scheidungsrechtsprechung darf man als selbstbewusster und –verantwortlicher Mann heute eigentlich keine Ehe mehr eingehen. Ich kehre den Slogan der 68er um „Das Private ist politisch" und entscheide selbstbewusst: „Nein – das Private ist MEIN Privates!" Ich übernehme deswegen in meinen persönlichen, privaten Verhältnissen die Macht, weil ich aus meiner Reflexion heraus einen konkreten Schöpfungs- und Gestaltungswillen habe und bereit

---

132 zitiert aus: Vogue I/2004
133 Friesen, Astrid von: „Schuld sind immer die anderen – Die Nachwehen des Feminismus: frustrierte Frauen und schweigende Männer", S. 68: Opfermentalität Hamburg, 2006

bin, Risiken abzuwägen (in der Ehe, im Kollegenkreis, im Inneren Team, im Freundeskreis), mich danach zu entscheiden und Verantwortung für die Konsequenzen zu übernehmen – und gegebenenfalls für den Rest meines Lebens auf den Umgang mit meinen Kindern zu verzichten – bei gleichzeitig maximaler Zahlungs-/Leistungsverpflichtung. Im Kern bedeutet es, in einem inneren und äußeren Wachstumsprozess täglich MEHR Verantwortung für mich und mein Leben zu übernehmen, mich auf der Achse zwischen fremd- und selbstbestimmtem Lebensentwurf täglich weiterhin durch die Kraft der Entscheidung zu dieser Freiheit zu entwickeln.

Die oben angedeutete Möglichkeit, die Wahl der Eltern und die damit verbundene Lern-Aufgabe, die eigene Biografie noch vor der eigenen Geburt als Teil einer selbstgewählten Entscheidung zu sehen, bleibt hypothetisch. Die Frage, selbst- oder fremdbestimmt, bleibt. Hier einen geistesgeschichtlichen, vielleicht sogar vollständigen Abriss anzubieten über die Frage, „wie frei ist der Mensch – und wie determiniert?" ist uferlos, daher seien nur die beiden extremen Positionen ganz kurz skizziert, um eine Orientierungshilfe zu bieten. Das dient zur Klärung der Frage, wo zwischen den Polen oder gar an welchem Pol (!) ein Mann sich einordnen mag: Die eine, die deterministische Sicht auf den Menschen, hält ihn für völlig „geworfen" in die Welt. Das Ego, der Mensch und sein Schicksal ist ein Resultat aus den genetischen und Umwelteinflüssen aus Familie und soziologischen Gruppen und dem, was ihm von Eltern, Lehrern und Gesellschaft beigebracht wurde. So, wie er in eine Schicht hineingeboren wurde, ist es für sein Schicksal absolut bestimmend. „Der Mensch ist frei geboren – aber überall ist er in Ketten!" (J.-J. Rousseau) Manche glauben gar, das Geschlecht sei so determinierbar. Die Frage trifft den Kern im Streit der Verantwortungs-Bereiten gegen die Verantwortungs-Verweigerer: „Das Sein bestimmt das Bewusstsein!" und „Erst kommt das Fressen, dann die Moral!", behauptete Bert Brecht. Als Guter Mann sehe ich das genau umgekehrt. Ein Menschenbild, das sich mehr als Opfer denn als freies Individuum sieht, bestimmt seit J.J. Rousseau über Karl Marx bis heute das Selbstverständnis der Linken, die sich und das von ihnen zu rettende Prekariat in erster Linie als „Opfer der gesellschaftlichen Verhältnisse" begreift. Wie überhaupt die Opferrolle eine beliebte Figur der Linken[134] und insbesondere der Feministinnen ist: *„Eine Frau wird nicht geboren, sie wird gemacht."* Simone de Beauvoir. Das moralisch Schöne an dieser Haltung ist, dass sie zwei Arten von Menschen dient: Den vermeintlichen wie den tatsächlichen Opfern hilft es, sich bequem zurückzulehnen, zu entspannen und die Schuld an ihrer Misere den anderen aufzubürden. Den anderen gibt es den Lebenssinn, die Opfer daraus zu befreien, und zwar, und das macht die Sache besonders angenehm, nicht durch eigene Belastung, sondern auf Kosten der dritten Gruppe – der verantwortlich Arbeitenden. Das Leben als sozialstaatliche Hängematte ist ein Sozialpädagogenwitz:

Was ist Ihr Ziel?
Die Jugendlichen in Ihrer Unabhängigkeit von den Erziehenden zu bestärken.
Was brauchen Sie für eine bessere Jugendversorgung?
Mehr Sozialpädagogen.

Wurde eigentlich schon hinreichend deutlich darauf hingewiesen, dass damit nicht nur in die eigene Tasche argumentiert wird, sondern darin auch eine subtile Verachtung für das Klientel liegt, dem damit *dauerhafte* Unfähigkeit unterstellt wird, für sich selbst zu sorgen?

Als Mann, als männliche Kraft, ist es weniger eine absolute, eine „Null/Eins"-Entscheidung, ob ich fremd- oder selbstbestimmt lebe, abhängig oder frei entscheide. Es ist vielmehr ein Prozess, eine Entscheidung für eine wachsende Eigenverantwortung, ein Wachstumsprozess, der sich über Jahre und Jahrzehnte hinziehen kann.

---

134 Fleischhauer, Jan: „Unter Linken", Reinbek 2009 S. 25ff

Aber am Anfang, wie an jedem Morgen, steht die Entscheidung für den Weg in die Freiheit, für das tägliche Mehr an Verantwortung für mich und das Leben derer, die mir vertrauen und anvertraut sind.

d. Der Gegenpol: Maximale Verantwortung

Alternativ zur Opferhaltung: Ich bin zu 100 % für mein Leben selbst verantwortlich und eben durch diese Entscheidung frei. Ich war es immer, aber war ich mir dessen bewusst?

Die gegenteilige Haltung zum Ausgeliefert-sein offenbart das Dilemma der Freiheit: Es ist ein hohes, vielleicht das höchste Ziel, die eigene Führung zur Freiheit. Nur: Wer will denn schon all seine Bindungen lösen – und dadurch frei sein? Oder diesen Weg anderen ermöglichen?

Spannen wir den Bogen zurück zu Jiddu Krishnamurti, vergegenwärtigen wir uns, dass es keine *Freiheit von* etwas gibt, sondern dass Frciheit eher im *Mehr* an Verantwortung zu finden ist. Mehr Verantwortung übernehmen zunächst für sich selbst, erst dann für andere. „Was du ernten willst, das musst du erst säen." Damit erschließt sich der Satz: „Die Liebe ist ein Kind der Freiheit" ein Stück weiter: Erst wo ich dem anderen ermögliche, (innerlich) zu einer größeren Freiheit zu wachsen, ein Stück freier zu werden, seinen eigenen Weg zu entdecken und zu gehen, da entsteht Freiheit und echte, freie Liebe. Wenn also das Maximalziel ist, Freiheit zu geben, damit Liebe entstehen und wachsen kann, dann bedeutet das in der polaren Gedankenwelt: Maximierung der Freiheit ist vorweg Maximierung der eigenen Verantwortung!

Dies etwas grell gezeichnete Bild von der Freiheit wird anschaulicher vor einem dunkleren Hintergrund:

Ein Angestellter in seiner 60-Stunden-Woche mag sich, eingeschlossen in Verpflichtungen, absolut unfrei fühlen. Aber auch er hat seine Freiheiten, reduziert vielleicht auf die Größe von Cent-Stücken. Vor allem aber hat er die Verantwortung für sein Leben abgegeben an den Arbeitgeber durch dessen Fürsorgepflichten wie

Kündigungsschutz, Urlaubsgeld, Lohnfortzahlung im Krankheitsfall etc. Auch seine Ängste gegen Krankheiten, gegen Unfall, hat er übertragen an Versicherungen. Sogar das Leben ist versichert, Kreditausfälle, Urlaubsrücktritt etc. Das Gefühl seiner (Ver-)Sicherungen kostet ihn vermehrte Arbeitszeit, fixe Abzüge vom Gehalt, aber diesen Preis ist jeder Versicherungsnehmer bereit zu zahlen: Er zahlt für die (vermeintliche) Befreiung von Angst – und der Vertrag funktioniert, solange er läuft. Er ist ein-*gebunden* in Verträge, darf sich also sicher fühlen – nur eben nicht: *frei*.

Es ist hilfreich für das große individuelle wie kollektive Einverständnis, in dem sich Tausende Arbeitnehmer befinden, sich über diese große psychisch-ökonomische Harmonie, diese „Stimmigkeit", im Klaren zu sein. Der Hass auf die tägliche Tretmühle ist nur deshalb so groß, weil die vielen großen und kleinen Versicherungsverträge gegen die Freiheit, gegen die Risiken der Verantwortung nicht jeden Tag neu hinterfragt werden.

Wer sich also der Freiheit stellt, muss sich der Risiken in der Verantwortung bewusst sein – wer sie nicht wählt, dem sei auch das gestattet. Er hat die großen Vorteile der Sicherheit in der Tretmühle gewählt, und diese sind bequem. („Warum sollte ich auf meine Gesundheit achten – ich bin ja krankenversichert! Warum sollte ich abnehmen – die Kasse zahlt ja keine Diät!") Auch ein Pauschalurlaub hat seine Annehmlichkeiten, bietet mehr „Sicherheiten" im Vergleich zu einer Reise auf eigene Faust. Eingebunden in die Organisation einer Hotelanlage bieten mir sogar die Animateure Abwechslung, die mich von der Langeweile ablenkt. Auch das kann ein erfülltes Leben sein.

Aber ein freies …? Was war denn gleich der Weisheit letzter Schluss? Am Ende des Kapitels über Freiheit darf DER nicht fehlen:

„Das ist der Weisheit letzter Schluss:
Nur der verdient sich Freiheit wie das Leben,
der täglich sie erobern muss.

Und so verbringt, umrungen von Gefahr,
hier Kindheit, Mann und Greis sein tüchtig Jahr.
Solch ein Gewimmel möcht' ich sehn,
auf freiem Grund mit freiem Volke stehn." Goethe, Faust II.

Männergewalt heute

Der Bremer Jurist Daniel Heinke hat für seine Dissertation „Tottreten – eine kriminalwissenschaftliche Untersuchung von Angriffen durch Fußtritte gegen Kopf und Thorax" die Zahlen zur Gewaltkriminalität zusammengefasst (Mord, Vergewaltigung, Erpressung, gefährliche Körperverletzung u. a.) und die vorsätzlichen Körperverletzungen: Innerhalb von zehn Jahren nahmen sie um 40 % zu. Gesondert für sich, nahmen die Körperverletzungen sogar um über 60 % zu. **Heinke weist nach, dass der Anteil junger Schläger, fast alle männlich, überdeutlich höher ist als deren Anteil an der Gesamtbevölkerung.** Die Unsicherheit im öffentlichen Raum, über die gerade jetzt wieder heftig gestritten wird, ist also keineswegs nur irrationale, „gefühlte Unsicherheit". Im wirklichen Leben geht es viel schlimmer zu.[135]

„Der Schoß ist fruchtbar noch, aus dem das kroch." Der Vers, zunächst gemünzt auf das Wirken der Alt-Nazis in der jungen Bundesrepublik, gilt heute auch für die 68er. Jens Jessen, Feuilletonchef der renommierten Wochenzeitung „Die Zeit", veröffentlichte im Januar 2008 vor einem Lenin-Portrait einen Podcast, indem er dem Rentner, der von Münchner U-Bahn-Schlägern niedergetreten worden war, eine Mitschuld zusprach. Er habe wegen dessen spießiger Gängelei, mit der er die Jugendlichen aufgefordert hatte, das Rauchen einzustellen, die Aggression mit verursacht. Jessen stellte die Frage, ob unser Problem in Wahrheit nicht darin bestehe, *„dass es zu viele besserwisserische deutsche Rentner gibt, die den Ausländern hier das Leben zur Hölle machen und vielen Deutschen auch".* Der Zorn der „Spießer", der darauf auf ihn nieder-

---

135 Mönch, Regina: „Tottreter" in FAZ v. 25.1.2009

ging, half nichts; Jessens publizistische Saat war fruchtbar und ging auf: Am 12. September 2009 wurde am S-Bahnhof München-Solln der Finanzmanager Dominik Brunner von zwei Jugendlichen totgetreten. Er starb, weil er mutig gegen zwei Kleinkriminelle vorging, die Schüler räuberisch erpressen wollten. Er benahm sich völlig richtig, verständigte vor seinem Eingreifen die Polizei, die zu spät zum Tatort kam und ihn vor den Tritten nicht schützen konnte. Er war mutig – dafür ist er jetzt tot.
Einen Kommentar Jessens habe ich dazu nicht gefunden.
Der Staat hat ein Gewaltmonopol, das er konsequent verteidigt: Ein anderer Münchener, der sich in betrunkenem Zustand mit einem kleinen Messer vor einem Angriff zweier Serben schützen wollte, wurde zu 2¾ Jahren unbedingter (!) Haftstrafe verurteilt, weil seine Notwehr unangemessen drastisch gewesen sei. Gleichzeitig ist der Staat nicht in der Lage, diejenigen, auf die es ankommt, wie Dominik Brunner, zu schützen. Sie bekommen dafür postum eine Ehrenmedaille.
Was tun?
Offensichtlich versagt auch die Jurisprudenz. Die Gefängnisse sind voll, die Staatsanwälte und Richter werden durch Parteien gegängelt, die Länderfinanzen für den Rechtsapparat sind zu knapp, und so werden aus Gründen der Prozess-"ökonomie", und um das Leben des Täters auch in Zukunft nicht zu sehr zu belasten, Strafen auf Bewährung ausgesetzt. Für die Opfer – der blanke Hohn. Der Staat kann sie nicht einmal als Zeugen schützen.
Hinzu kommt eine kritische Presse. Wie das Beispiel Jens Jessen zeigt, auch mit Wirkung. Leider in die falsche Richtung! Und der Einfluss der Medien auf die Jurisprudenz ist hoch: Die Richter geben zu, dass die Berichte über Gerichtsverfahren diese beeinflussen. [136]

---

[136] „Nahezu alle Richter und Staatsanwälte schreiben Medienberichten einen Einfluss auf die verschiedenen Aspekte von Strafverfahren zu. ... Fast **jeder zweite Richter (44 %) und Staatsanwalt (49 %) erklärt, die Berichte hätten einen Einfluss auf den „Ablauf des gesamten Verfahrens"** Ger-

Noch gravierender als der Einfluss der Medien ist der Einfluss der Politik bei der Betrachtung des Themas Jugendgewalt zu werten: *„Also wird allein die Zustandsbeschreibung zum Politikum, vor allem wenn sie ein Praktiker wie der Berliner Oberstaatsanwalt Reusch vornimmt, dessen Abteilung sich um jugendliche Serienstraftäter kümmert. Reusch hat vor einiger Zeit in einem Vortrag vor der Hanns-Seidel-Stiftung beschrieben, womit er es in Berlin zu tun hat: mit 495 Intensivtätern, von denen ‚knapp 80 % einen Migrationshintergrund aufweisen. Unter den Zuwanderern wiederum stellen Araber eine große Tätergruppe. Sie wüchsen „in einem Umfeld auf, in dem – jedenfalls für junge Männer – die Begehung auch schwerster Straftaten zur völligen Normalität gehört". Bei einigen türkisch-kurdisch-libanesischen Großfamilien, aus deren Kreisen etliche Täter stammten, sei davon auszugehen, dass dort **‚keineswegs selten eine konsequente Erziehung zur professionellen Kriminalitätsausübung stattfindet'**". Und weil das so sei, fordert Reusch, diese Täter früh mit strafrechtlichen Konsequenzen bekanntzumachen und, unter anderem, die Untersuchungshaft als erzieherisches Mittel einzusetzen.*

Ein Auftritt in der TV-Show „hart aber fair" zu diesem Thema (u. a. mit der SPD-Justizministerin Brigitte Zypries) wurde ihm vom Vorgesetzten Oberstaatsanwalt Andreas Brehm untersagt. Zusätzlich wurde gegen ihn ein Disziplinarverfahren vonseiten der SPD-Justizsenatorin von der Aue eingeleitet. SO geht die linke Politik mit couragierten Männern um, die die Wahrheit sagen wollen.[137] Ich entgegne dem mit Thomas Mann: „*Toleranz wird zu einem Verbrechen, wenn man dem Bösen mit ihr begegnet.*" Nicht erst seit dem Buch von Katrin Heisig (Das Ende der Geduld) ist bekannt, was jetzt endlich auch ausgesprochen werden muss: Es ist ein Männer- und es ist ein Väter-Thema!

---

hardt, Rudolph; Zerback, Thomas; Kepplinger, Mathias: Jugendkriminalität – Wir Richter sind auch nur Menschen" FAZ v. 11.1.2008
137 Hanfeld, Michael: „Maulkorb für Ermittler" in FAZ v. 6.1.2008

WIR sind gefordert: „Wenn ich einen Jungen bekomme, erschieß ich den."[138]

Bei Spiegel Online erschien ein sachverständiger Kommentar zu „Jugendkriminalität …" am 12.1.2009 von „Schnatterliese": *„Jahrelang war ich beruflich mit verhaltensauffälligen und -gestörten Jugendlichen beschäftigt, d. h. sie waren bereits verkorkst, wenn sie in unserer Einrichtung ankamen. Vom Amt an uns abgeschoben, sodass sie zunächst nicht in irgendwelchen Statistiken erscheinen. In der Zeit, in der die'Kinder' bei uns waren, hat sich von Jahr zu Jahr deutlicher herauskristallisiert, dass die* **Ursachen für ihr unzivilisiertes Verhalten immer die gleichen waren: Desinteresse [!] und Machtlosigkeit [!] der Erziehungsberechtigten, Lehrer und Ausbilder. Für das, was die Kinder sind bzw. was aus ihnen geworden ist, wollte keiner die Verantwortung übernehmen.** [Hervorhebungen d.d.Verf.] *Alle waren überfordert und haben die Schuld auf andere geschoben. Was z. B. die Eltern versemmelt haben, sollten die Lehrer in Ordnung bringen".*

Ursache sind Desinteresse und Machtlosigkeit. Hier **nicht länger durch Duldung mitschuldig zu werden**, das sehe ich als meine Aufgabe. Wo ich im Wertesystem nicht nur gefestigt bin, sondern für diese Werte auch mit Energie und emotionaler Kompetenz eintrete, da haben sie auch eine Chance, im privaten wie im öffentlichen Raum gelebt zu werden. Denn *„...unterm Strich haben wir es auf beiden Seiten mit Menschen zu tun, die nicht begriffen haben, nicht begreifen wollen, was es heißt, in einer multikulturellen Gesellschaft zu leben, in einer Gesellschaft mit gleicher Verantwortung, Rechten und Pflichten und gemeinsamen Werten. Gewalt produziert Gewalt.* **Und die Verharmlosung von Gewalt erzeugt ebenfalls Gewalt.**" [Hervorhebung d.d. Verf.][139]

---

138 Fn.: Hoffmann, Arne: „Rettet unsere Söhne – Wie den Jungs die Zukunft verbaut wird und was wir dagegen tun können." München 2009. Darin: Die neuen Prügelknaben – so zeigt sich die Jungenkrise S. 25ff

139 Ates, Seyran: „Einfache Parolen schüren den Hass", Spiegel online – Politik v. 22.1.2008

Dazu passt das Statement der Jugendrichterin Elisabeth Schröder-Jenner, die schon 1987 feststellte, dass „die meisten der Skinheads, mit denen ich zu tun hatte, Söhne alleinerziehender Mütter" waren, „die nicht die Gelegenheit hatten, sich mit einem positiven Vaterbild zu identifizieren".

3. Mut zur Veränderung

Ich beginne wieder bei mir selbst:
1987 habe ich im Münchner Stachus-Untergeschoss ein junges Pärchen, das knutschend an einer Telefonzelle lehnte, angelächelt. Der junge Mann mit Migrationshintergrund verstand das wohl falsch und stürmte auf mich los. Mit dem szene-üblichen „Was guckkdsu?!" pöbelte er mich an und schlug mich nieder. Ich war in der Zeit behindert, ging auf Krücken, trug einen langen Lodenmantel und konnte mich nicht gut wehren. Es half mir auch niemand. Ich habe den Fall nicht gemeldet.
2002: Die Tochter einer Freundin wurde von türkischen Mitschülerinnen als „Tangaschlampe" bezeichnet und verächtlich gemacht. Am Elternabend musste ich, obwohl Nicht-Vater, darauf drängen, dass die Mädchen zur Verantwortung gezogen wurden.
2007: In einem Vorort von München (Germering) wollten Bekannte von mir einen „verhaltensauffälligen" Mitschüler wegen einer Straftat anzeigen. Die Polizei riet ab mit der Begründung, dass sie die Antragsteller nicht vor Rache schützen könne.

Diese Erlebnisse zeigen mir, was mich am Tod von Dominik Brunner so berührt hat: Es geschieht in meiner Nähe, immer wieder. Dominik Brunner war genau in meinem Alter, es war nicht nur die räumliche Nähe, es ist „meine" S-Bahnlinie. Mehr noch hat mich berührt, dass es mich hätte treffen können. Ich wäre auch dazwischen gegangen – ohne die Polizei zu verständigen. DAS hat mir Angst gemacht, die Vorstellung, dass auch ich für meinen Mut, mein Engagement jetzt tot sein könnte.

Und dennoch, Brunner ist Vorbild, nicht die Gaffer, die weggeschaut haben. Ich würde wieder hingehen, ansprechen, eingreifen: Verantwortung übernehmen.

2007: Als Lehrer an einer Berufsschule für den Münchner Einzelhandel hatte ich Gelegenheit, das „obere Ende" des Prekariats (immerhin mit Lehrstelle) und dessen Frauen- und Deutschenverachtung sowie die latente Gewaltbereitschaft kennenzulernen.

Ich war immer wieder erstaunt, wie breit die Integrationserfolge gestreut sind: Von Burschen, deren männliche Integrität mich begeisterte, denen ich alles anvertraut hätte bis zu den Krawallbürsten, die mit Mühe in der Klasse zu ertragen waren – es ist jeder Fall anders. Was viele Migrationskinder gemeinsam hatten, war die Verachtung der strengen Rationalität, der reinen Vernunft, der Erwartung, alles verstehen zu sollen. Sie verachteten die aufgesetzte Freundlichkeit, mit der viele Kollegen Entgleisungen und bewussten Provokationen begegneten. Ihnen fehlte bei uns Lehrern emotionale Präsenz, Wut, Zorn, Freude, Lebendigkeit der Lehrkräfte, das, was sie als „Ehre" bezeichneten. Unter Applaus seiner Freunde warf mir ein Bursche vor: „Ihr habt keinen Stolz!". DAS können wir von ihnen lernen, was Stolz ist, Stolz als gutes Gefühl für sein Land, die Tradition, Geschichte und die Werte. Sie, die Migranten, mit diesem Vorwurf ernst zu nehmen, nachzudenken, hin zu spüren, was sie da haben, was uns oft fehlt, das gibt ihnen auch die Würde zurück, die ihnen die soziale Situation oft nimmt!

Die Gefühls-Intensität des Unterrichtes, auch und gerade mit „negativen" Gefühlen vor der Klasse zu stehen, das machte mich glaubhaft, gab mir Freude an der Arbeit mit ihnen, und ich erhielt von ihnen Respekt: Sie wurden „gesehen". Ich denke gerne mit Gänsehaut an viele Schüler und Unterrichtsstunden zurück und bin stolz auf die Zeugnisse, die sie mir ausgestellt haben.

Die Orientierungslosigkeit zwischen den Ethnien war eine Herausforderung, die ich gerne angenommen habe. Auch viele Türken haben ein Ausländerproblem: mit Arabern und Kurden. Die eigene

Rolle in der Gesellschaft konnte ihnen das Schulsystem nicht vermitteln.

Es ist sehr bezeichnend, dass ausgerechnet die Lieblings- und Stammklientel der Linken, die „Opfer der kapitalistischen Gesellschaft", den Namen derer tragen, mit denen gewaltbereite Jugendliche ihre Opfer mit Vorliebe verhöhnen: „Du Opfer". Sie zeigen ihnen damit ihre Verachtung dafür, eben nicht Handelnde, für ihr Leben verantwortliche „Täter" sein zu wollen.

Umso deutlicher war die Sehnsucht zu spüren, ein mit Herz und Engagement vorgetragenes Wertesystem kennenzulernen: Beim Thema Respekt konnte man eine Stecknadel fallen hören. Auch als ich bekanntgab, als Wehrdienstleistender einen Eid auf die Verfassung abgelegt zu haben, wozu auch die Artikel über Unversehrtheit von Leib und Leben und die Gleichberechtigung von Mann und Frau gehörten, und diese eben auch mit der Waffe verteidigen würde, wussten auch die Burschen mit Migrationshintergrund, wo ich stehe. Und die verunglimpfenden Kommentare gegen die Mädchen hörten auf.

Als kraftvoller Mann erwarte ich keine Veränderung von anderen. Ich nutze meine gesamten intellektuellen, emotionalen und körperlichen Fähigkeiten, diese Veränderungen zunächst bei mir selbst und dann in meinem Umfeld durchzusetzen.

VI. Der Baum und seine Nachbarn

1. Abgrenzung und Hingabe – Führung in der Beziehung zur Frau

SO bitte NICHT:

„Herbert behauptet stock und steif, er sei Single. Dabei lebt er seit über zehn Jahren mit seiner Freundin Angelika zusammen. Unsere Gespräche darüber verlaufen stets nach dem gleichen Strickmuster: »Herbert, sieh es einfach ein. Du bist kein Single.«
»Natürlich bin ich das. Genau wie du.«
»Und was ist mit Angelika?«
»Was soll mit ihr sein?«
»Ihr wohnt seit zehn Jahren in einer Wohnung.«
»Na und? Wir haben eine WG. Um genau zu sein, eine Zweier-WG.«
»Natürlich. Und die Tatsache, dass ihr miteinander schlaft, hat wohl auch nichts zu sagen?!«
»Genau. Wir haben Sex miteinander. Deswegen ist man doch in keiner Beziehung. Das müsstest du doch am besten wissen.«
»Ich habe aber nicht seit zehn Jahren Sex mit derselben Frau.«
»Zufall. Es ergibt sich halt so, wenn man zusammenwohnt.«" [140]

Ist DAS, diese Realitätsverweigerung, männlich? Im Gegenteil, die Demut, die Anerkenntnis dessen, was ist, dieses ehrliche, wahrhaftige „zu sich selbst stehen", das gehört dazu. Die Dummheit der Frau, es mit so einem Beziehungsleugner auszuhalten, ist IHR Problem. Mich beschämen solche Typen als Mann.
Wie Ich-Stärke entstehen kann, hatte ich eingangs beschrieben. Wo Ich-Stärke relativ gering ist, wird Führung gewünscht, und im Rahmen der Verantwortlichkeit auch gewollt. In der Beziehung

---

140 Bielenstein, Daniel: „Die Frau fürs Leben", Berlin 2003 S. 32

zur Frau erlebe ich meine von beiden Seiten gewünschte Führungskraft als Wachstumsprozess, der wechselseitig aus dem Anspruch und dem Maß der Hingabe, dem Vertrauen, entsteht. Ich muss den Anspruch ebenso immer wieder erneuern, wie die Frau durch subtile Tests diesen infrage stellt. Lebenslang. Es ist zu ihrem Schutz, nicht nur ihr Recht, es ist als liebende Frau ihre Pflicht, meine Integrität infrage zu stellen und zu prüfen, denn der Weg zu wachsender Integrität ist mühsam, und es besteht die Gefahr der Nachlässigkeit, des „Schleifen-lassens". Es ist meine Aufgabe, mit maximaler Präsenz zu prüfen, wo ich die Integrität, den Willen, Vertrauens-Würdigkeit und Freiheit zu geben vernachlässigt habe, und wo andererseits es „ihre alte Schwäche" ist, die die Kritik hervorruft.

Interessanterweise wächst das Vertrauen der Frau in dem Maße, wie ich meine rationalen Zweifel und emotionalen Schwächen offenlege! Stelle ich mich als rationalen Machtbolzen dar, der keinen Widerspruch duldet, wächst ihr Widerstand ins Unendliche. In dem Maße aber, wo ich mir und ihr meine Zweifel, meine Ängste offenbare, entsteht Vertrauen, im Sinne von ADORNO: *„Geliebt wirst du einzig, wo schwach du dich zeigen darfst, ohne Stärke zu provozieren."* erzählt Mathias Riek weiter von einer Frau: *„Es hat mich umgehauen, als er mir dann irgendwann anvertrauen konnte, wie mickrig er sich hinter dem tollen Typen fühlt. Ehrlich gesagt, **genau da wollte ich ihn immer haben: mickrig. Ich verband damit die Hoffnung, dass ich mich dann endlich mal selbst stark fühle und er meine Nähe sucht**, anstatt ich immer die seine. Solange ich darauf aus war, biss ich jedoch auf Granit. Ich habe mir an dem Typen die Zähne ausgebissen. Und als es dann so weit war und er schluchzte wie ein Häufchen Elend, habe ich mich gar nicht stark gefühlt, sondern einfach nur nah. **Nach dieser Tiefe habe ich mich gesehnt**,* [Hervorhebung d.d.Verf.] *und es war nicht* *leicht, mir einzugestehen, dass ich sie oft selbst mit meinen Psychotricks verhindere."*[141] (!)

Bei der berechtigt kritischen Haltung der Frau liegt die schwierige Aufgabe als Mann in der Anerkennung der eigenen emotionalen Seite: mein „emotionales Selbst" ganz zu leben, mich ihr zu zeigen, wo ich schwach bin. Das (sich selbst und ihr) Eingestehen von Sorgen, Unsicherheiten, Nöten und vielleicht sogar Ängsten. Um mit einem mutigen – „Und ich probier's DOCH!" aufzustehen und das Leben offensiv anzugehen, was immer es mir an Problemen und Herausforderungen bietet.

Dabei helfen mir Todesbewusstsein und Schöpfungskraft meines Wortes: **„Sterben muss ich sowieso – warum also nicht das Beste aus dem Rest unseres Lebens machen?"**

Also beginne ich, mein Leben mit männlicher Kraft, der Bereitschaft zu wachsender Verantwortung, zu FÜHREN.

Das ist zunächst eine Haltungsfrage. Ich bin immer wieder entsetzt, wie luschig viele Männer schon den Frauen ins Lokal folgen. Gedankenlos, verträumt trotteln sie hinterher, überlassen den Frauen die „Eroberung" des fremden Terrains, sind geduldige Lämmer bei der Platzwahl. Das Gesicht, passend dazu, apathisch, gleichgültig. Es ist ein Elend, mit ansehen zu müssen, wie deren Selbstwert, deren Achtung vor sich selbst, hinterhergeschleift wird. Auch beim Verlassen des Lokals, wie neulich: Fünf Männer, drei Frauen – und keiner hilft einer einzigen in den Mantel. Grenzt das nicht an Missachtung? Was ist mit diesen Kerlen los???

Dass die Frauen uns die Versorgerfrage zum Teil abgenommen haben, macht es uns eben *nicht* einfacher, erstens weil sie Frauen nötigt, männliche Energie (Kampf im Job) zu entwickeln statt weiblicher, und weil es uns Männern einen Teil vom Lebenssinn und damit Selbstwert nimmt: Versorgen, verantwortlich sein.

---

[141] Riek, Matthias: „Das Geschenk der Ohnmacht – eine Erweiterung unserer Liebesfähigkeit" in: Connection Nr. 80

These: Der mangelhafte Selbstwert der meisten Männer entspringt zwei Motiven: Zum einen hat die gebetsmühlenartige Wiederholung der Medien „Männer sind Schweine, Schuld an Kriegen, Gewalt und Krisen, …" in den Männern zur Verunsicherung über ihre Identität und Rolle als Mann, Ehemann und Vater geführt. Es „*… wurde seit den späten Sechziger- und frühen Siebzigerjahren ein Gebäude systematischer Abwertung von Männlichkeit aufgerichtet. Mit den Stilmitteln der Wiederholung, Popularisierung und Indoktrination entstand über die Jahre ein Artefakt der Deformation, der sukzessive in die öffentliche und mediale Darstellung Eingang fand.*"[142]

Dazu kommt: Die Rivalität der Frauen auf dem Arbeitsmarkt ist spürbar, Männer sind in einer internationaleren, Medien- und Kommunikationsindustrie sowie im öffentlichen Dienst gegenüber Frauen nicht nur teurer, sondern aufgrund deren besseren Kommunikationsfähigkeiten auch leichter ersetzbar geworden. Mit dem Eindringen der Frauen in ehemals nur Männern vorbehaltenen Handwerksberufen bleiben tendenziell weniger Männer-„Domänen". Schmiede, Soldaten, Fußball-Weltmeister, Kanzler – all das können Frauen heute auch werden. Den „Erzeuger" ihrer Kinder finden sie in der Samenbank – und was bleibt uns Männern?

Da erhebt sich doch pyramidenschwer die Frage: **„Was haben wir den Frauen denn noch zu bieten?"**

Exkurs 1: Was auf keinem Beipackzettel der Anti-Baby-Pille geschrieben steht

Für mich ist die Nagelprobe, meinen wir es ernst, oder ist es nur eine Affäre?, ein einfacher Test: Ich nehme die Packung mit der Anti-Baby-Pille, zeige sie ihr – und werfe sie ins Klo.

---

142 Hollstein, Walter: „Was vom Manne übrig blieb – Krise und Zukunft des starken Geschlechts", Berlin 2007

Das sollte Mann wagen, wenn Mann sich sicher ist, die Richtige gefunden zu haben. Denn das klärt sowohl in mir, als auch in ihr: Wie ehrlich meinen wir es mit der gemeinsamen Zukunft?

Es hat noch einen anderen Effekt. Keine leere Theorie, sondern nachweisbare biologische Tatsache: Das individuell geerbte und durch überstandene Infektionskrankheiten erworbene Immunsystem spiegelt sich in den Sexualbotenstoffen, den sogenannten Pheromonen, wider. Der entwicklungsbiologische Grund liegt darin, dass für die Fortpflanzung diejenigen Paare optimal zueinander passen, die möglichst unterschiedliche Immunstärken ergänzend im Kind verbinden. Die Folge: Die Pille beeinflusst die Geruchswahrnehmung der Frau. Die Geruchsbotenstoffe, Pheromone, steuern das Finden der genetisch optimal zueinander passenden Paare, indem sie Paare mit komplementären Immunsystemen zueinander führen.[143] Beide können in einem solchen Fall einander besonders „gut riechen". Sie ihn, selbst wenn er verschwitzt ist, er sie, auch wenn sie ihre Regel hat. Beide spüren, sie „gehören zueinander". Küssen ist für solche Paare die reine Lust.

Pheromone werden durch die Pille in ihrer Wirkung manipuliert. Mit fatalen Effekten für die Beziehung: Schon lange ist es ein Rätsel, woher die wachsende Zahl von postnataler Depression und Trennungen, ausgehend von den Frauen, nach dem ersten Kind kommt. Die Antwort wird oft in einschlägigen Frauenforen wie goFeminin.de bestätigt: „Ich kann meinen Mann nicht mehr riechen." *„Nun wurde gezeigt, dass sich durch die Einnahme der Pille die Vorliebe der Frauen für bestimmte Männergerüche verändert. Frauen, die hormonell verhüten, bevorzugen Männer, deren genetische Ausprägung ihrer eigenen ähnelt. Laut Professor Craig Roberts, dem Autor der Studie, ist es aber ungünstig, einen genetisch ähnlichen Partner zu wählen. Die Wahrscheinlichkeit von Fehlgeburten kann zunehmen und der Mangel an genetischem*

---

143 Schneider, Regula: „Sexual-Lockstoffe – Die Pille stört die Partnerwahl", Ktipp.ch

Austausch kann das Immunsystem der Kinder schwächen. Außerdem weist Roberts auf eine weitere Nebenwirkung der Pille hin: **Finden Frauen zu ihrem Partner, während sie die Pille nehmen und setzen sie diese dann ab, kann es passieren, dass sie ihn nicht mehr ‚riechen' mögen, und die Beziehung geht in die Brüche.**"[144]

Das Problem ist: Sie konnten es schon vorher nicht, hatten es aber wegen der Pille nicht gemerkt!

Die „Irritation" der Geruchsnerven entsteht zum einen durch die Veränderung im Hormonhaushalt der Frau. Mit der Umstellung des Hormonhaushaltes durch die Pille wird dem weiblichen Körper eine Schwangerschaft suggeriert. Folglich sucht sie sich in dieser hormonellen Situation einen Mann, der andere Qualitäten mitbringt: weniger Testosteron, mehr Fürsorglichkeit. Umgekehrt nimmt sie auch die Pheromone der Männer anders wahr. Der Mann, den sie in der Phase der Pilleneinnahme als Partner, als „Erzeuger" „auswählt", verliert an Attraktivität, sobald sie die Pille absetzt, und auf im genetischen Überlebenskampf aggressivere, durchsetzungsstärkere Männer „steht". Weswegen Frauen bezeichnenderweise nach den meisten Seitensprüngen während der fruchtbaren Tage auch mit dem Ehepartner Geschlechtsverkehr haben, um eben auch den Spermien des genetisch stärkeren Mannes eine Chance zu geben. (Studie der Universität Manchester)

In der Zeit nach dem Absetzen der Pille entstehen oft Differenzen, und so klärt sich eine Beziehung bis zur Trennung, was wesentlich sinnvoller ist, als in oder gar nach der Schwangerschaft. Für beide, nicht nur für mich als Mann, klärt sich mit dem Absetzen der Pille, ob die Partnerschaft nicht nur genetisch optimal ist. Ich will mich nicht missbrauchen lassen vom egoistischen Kinderwunsch einer Frau, kurz vor dem Austicken der Uhr, sondern ich will, dass mich

---

144 Roberts SC, Gosling LM, Carter V, Petrie M.: MHC-correlated odour preferences in humans and the use of oral contraceptives. Proc Biol Sci. 2008 Aug 12.)" http://www.mueller-tyl.at/pheromone.htm

eine Frau liebt, auch wenn und gerade weil sie ein Kind von mir trägt oder hat. Die Sicherheit dieser starken emotionalen Basis gönne ich mir, der Frau und dem Kind.

Welche Gefühle bewegen eine solche Mutter? Mann stelle sich also nun die Mutter vor, die maximal enttäuscht ist über ihre eigene mangelhafte Fähigkeit, den Mann zu lieben, mit dem sie das wichtigste Erlebnis ihres Lebens teilt, nämlich die Zeugung und Geburt ihres Kindes.
Natürlich kann sie dafür keinerlei Verantwortung oder gar Schuld bei sich selbst entdecken. Es liegt in diesem Versagen (im doppelten Sinn!) der Mutter nun auch wahrhaftig kein Vorsatz, somit auch keine Schuld – dennoch ist dieses Versagen da. Muss sie sich nicht dennoch tief im Inneren für ihre Lieblosigkeit schämen?
Zwei Reaktionen sind denkbar und häufig: 1.) das eigene Versagen wird auf den Mann projiziert: Jetzt, da der „liebende Blick" ihr abhanden gekommen ist, ist er nicht mehr liebenswert, sieht sie nur noch seine Defizite, seine Fehler. Verstärkt durch ähnlich frustrierte Freundinnen unter den Müttern in ihrer Umgebung kommt es zum täglichen „Männerbashing", und damit auf Dauer zur emotionalen Loslösung vom leiblichen Vater ihres Kindes.
2.) Genau so unbewusst wird gleichzeitig das Kind emotional überhöht, mit Liebe und, bei Söhnen auch mit Sexualität (im Freud'schen Sinne) überschüttet. Diese Liebe, die eigentlich an einen Mann gerichtet sein sollte, zum Vater, ist ein emotionaler Missbrauch. Kein Sohn kann einer Mutter das geben, was ein Vater oder irgendein Mann einer Frau geben kann, und so ist er auf einer unbewussten Ebene überfordert. Das Kind, das dermaßen ersäuft unter der Mutter-"Liebe", kann sich dagegen nicht wehren und wird – verhaltensauffällig. Gibt es eigentlich eine Studie, die analysiert, wieviel Prozent der als ADHS-krank diagnostizierten Söhne von Alleinerziehenden stammen?

Ausgestattet mit einer unbestimmbaren Mischung aus Ahnungsloigkeit und bestem Wollen tritt in dieses emotionale Chaos nun der „neue Mann" – als Patchwork-Vater: herzlichen Glückwunsch!

Exkurs 2: Wie die Frauenbewegung die Männer zerstören wollte – und es noch heute tut

Wie konnte das Männerbild in der Öffentlichkeit und in uns selbst so zerstört werden? Zum einen haben die Frauen und Medien es hervorragend verstanden, die „Schuld am Krieg" einseitig uns Männern aufzuladen. Aber 43 % der Wähler Adolf Hitlers waren Frauen! Und auch Göbbels Frage "Wollt ihr den totalen Krieg?" haben nicht nur Männer bejubelt. Nein, der Nationalsozialismus wurde von Männern UND Frauen getragen, aber dafür an der Front gekämpft und gestorben sind nur Männer. *„Nach der Entnazifizierung kommt jetzt die Entmachoisierung, die Verwandlung des Mannes in ein sorgendes Haustier. Letztlich geht es um die Ausrottung von Stolz und Ehrgeiz".* Norbert Bolz

Alice Schwarzer ist ohne Vater aufgewachsen; sie ist vermutlich lesbisch. Keine gute Voraussetzung für die Verbreitung eines guten Männerbildes. Ihr abstruses Männerbild und, darauf aufbauend, das Gender- Konzept wurzelt im Kern in der wissenschaftlichen und publizistischen Lüge vom „kleinen Unterschied". Schwarzer bezog und bezieht sich bis heute auf das menschenverachtende Experiment von Dr. Money in Winnipeg, Kanada, das den Vergleich mit NS-Menschenversuchen nicht zu scheuen braucht: Dabei wurde ein Junge während einer Operation von Dr. Money vorsätzlich genital verstümmelt. In der Folge sollte nachgewiesen werden, dass das Geschlecht im Wesentlichen sozial determiniert, also durch Erziehung gesellschaftlich geprägt sei. Der Junge wurde als Mädchen erzogen und sollte mittels Hormonbehandlung zur Frau gemacht werden. Das Experiment scheiterte gründlich! Brenda alias Bruce Reimer spürte jahrelang, dass etwas mit ihm nicht stimmte und forderte Aufklärung. Als ihm mit 13 Jahren die Wahrheit offenbart wurde, verbrannte er seinen Kleiderschrank und lebte fortan als kastrierter Junge weiter. Als Mann heiratete er, gründete eine Familie und adoptierte zwei Kinder. Der Druck wurde zu groß, mit Mitte 30 beging er Selbstmord.[145] [146] Aber das stört bis heute weder die Emanzipationsbewegung, noch ficht das die auf diesem Experiment aufgebaute „Queer-Theorie" an: Frau glaubt weiter, dass das menschliche Geschlecht durch Erziehung und Gesellschaft geprägt und manipulierbar sei. Doch obwohl dieses ans wissenschaftlich-kriminelle grenzende und an die Menschenversuche der Nazis erinnernde Experiment gründlich gescheitert war, wird Frauen-, Erziehungs- und Bildungspolitik, das ganze sog. „Gender-Mainstream"-Projekt öffentlich wie auch privat, noch immer darauf aufgebaut.

Das öffentliche Tribunal für diese vorsätzliche Desinformation der Gesellschaft, die fortgesetzten und vorsätzlich manipulierenden Lügen und damit Verunsicherung der Frauen, Männer und Eltern, steht noch aus! Ich stehe dafür zur Verfügung.

Es geht übrigens nicht nur um gezielte Desinformation der Männer zur besseren Manipulation, sondern auch um Geld, um sehr viel Geld: Für die in der Folge dieses Experimentes entwickelte „Queer- Theorie" werden zu deren Umsetzung Projekte unter der Bezeichnung Gender Mainstream verfolgt, die allein zwischen 2000 und 2006 rund eine Milliarde Euro verschlangen.[147] Allein die *regionale* Förderung „Frauen an die Spitze" benötigte zwischen dem 1.1.2006 und 11.2.2009 ca. 100.000.000 (einhundert Millionen) Euro.[148] Aber wieso sind sie dann noch nicht alle oben? Wenn Frauen wirklich besser sind – warum müssen sie dann extra gefördert werden?

---

145 Röhl, Bettina: „Der Sündenfall der Alice Schwarzer? – das schreckliche Schicksal der Zwillingsbrüder Reimer" in Cicero online spezial
146 Colapinto, John: „Der Junge, der als Mädchen aufwuchs", München 2002
147 Zastrow, Hans und Feuchtenberger, Anke: „Gender: Politische Geschlechtsumwandlung", Leipzig 2007
148 hib-Meldung 044/2009 v. 11.02.2009 – Bildung und Forschung/Antwort Berlin: (hib/TEP)

„Wie meinte die Feministin Simone de Beauvoir? ‚Eine Frau wird nicht geboren, sie wird gemacht.' Aber wer die Absichten mit GENDER verstehen will, muss zuerst erkennen, welcher Unterschied zwischen Emanzipation und Feminismus und zwischen Gleichberechtigung und Gleichstellung besteht und warum ein zum Neutrum erzogenes Wesen einer kleinen Clique der wahren Herrschenden wesentlich lieber wäre, als selbstbewusste Männer und Frauen."[149]

Es ist wie eine langsame Kastration – scheibchenweise werden Männern die Hoden entfernt – und die meisten merken es nicht, sondern stimmen unbewusst ihrer Entmannung zu: So wie die größtenteils männliche Regierung der Ära Schmidt die Scheidungsgesetze zu deren Besten wollte – für die Frauen.

Und die Zerstörung der Männer geht in den Burschen bis heute weiter: Von Alice Schwarzer ist der Satz überliefert: „Wenn wir Mädchen stärken wollen, müssen wir die Jungen schwächen." Dieser Vorsatz der Missachtung von Jungen und ihrer besonderen Fähigkeiten und Neigungen ist zum Programm der frauenbewegten Erzieherinnen in Kindergärten und Schulen gemacht und konsequent umgesetzt worden. *„Es gibt eine Vielzahl von Hinweisen darauf, dass diese zwiespältige Erziehung ... dem männlichen Nachwuchs nicht gut tut: Jungen sind viel häufiger verhaltensauffällig als Mädchen, stottern viermal so oft wie ihre Schwestern und leiden, unterschiedlichen Schätzungen zufolge, drei- bis siebenmal so häufig wie die Mädchen am Aufmerksamkeits-Defizit-Syndrom (ADS). Das alles macht die Jungen zu schwierigen Kindergarten- und Schulkindern. Dementsprechend schlechter fallen auch ihre Leistungen aus".*[150]

---

149 Leserkommentar von Gflegels zum Artikel von Bergmann, Wolfgang: „Weibliche Pädagogik – Jungs von heute: verweichlicht und verweiblicht" in WELT online vom 23.2.2010

150 Gaschke, S. a.a.O.

Die mittlerweile mit gutem Grund aus der Öffentlichkeit zurückgezogene Studie des Bundesfamilienministeriums, die genau diese Ergebnisse offenbart, findet sich hier:
http://maskulist.de/Maskulist/Anlagen/Miss-Bildung.pdf

Es geht für uns Männer – alle Männer – darum, dieser Entwicklung Einhalt zu gebieten, das unsinnige und Männer verachtende Gender-Mainstream-Projekt zu stoppen und einen geschlechterspezifischen Gegenentwurf zu entwickeln. Jungen-Erziehung, nicht erst vom Beginn der Pubertät an, muss wieder Männersache werden. Es geht um die Zukunftsfähigkeit der Jungs, Burschen und Männer!
Werden wir uns darüber klar: Was ist unser männliches Angebot an Kinder? Sie sollten es uns wert sein. (vgl. Kapitel „Männliche Erziehung")

Einer, der wissen muss, dass das linke Gesellschaftsprojekt gescheitert ist, ist Michail Gorbatschow: *„Wir haben erkannt, dass viele unserer Probleme im Verhalten vieler Kinder und Jugendlicher – in unserer Moral, der Kultur und der Produktion – zum großen Teil durch die Lockerung familiärer Bindungen und die Vernachlässigung der familiären Verantwortung verursacht werden. Dies ist ein paradoxes Ergebnis unseres ernsthaften und politisch gerechtfertigten Wunsches, die Frau dem Mann in allen Bereichen gleichzustellen."* (Michail Gorbatschow, in: Perestroika)
Rückblickend lässt sich sagen, der Krieg der Geschlechter wurde von der Emanzipationsbewegung in den 70er Jahren erklärt, ohne dass wir Männer diese Kriegserklärung bis heute richtig gehört und als solche verstanden hätten. Wir haben buchstäblich „den Schuss nicht gehört", sind nicht in den Kampf gezogen und haben uns gewehrt. Das Schicksal der Jungen in Schule und Pubertät bedeutet, dass die kleinen Kerle ausbaden müssen, was durch unsere Duldung entstehen konnte: eine verweiblichte und verweichlichende Erziehung und die damit verbundene Zerstörung des

Männlichen schlechthin. An und für sich kann einem Mann das noch egal sein, aber es geht auch an seine berufliche, psychische Substanz und seine Identität als Vater![151] **Das ist unsere Verantwortung als Männer!**
Der Irrtum hatte seine Wurzeln bei Friedrich Engels und Simone de Beauvoir, die die Zerstörung der Familien zum ursprünglich linken Gesellschaftsentwurf machten. *„Die Befreiung der Frau schien plötzlich nur mehr durch das Abwerfen des Familienjochs und eigene außerfamiliäre Erwerbstätigkeit möglich. Wie Simone de Beauvoir verkündete, läge die ‚Transzendenz' der Frau im beruflichen Männerleben. Und Friedrich Engels: (S. 69) gab das Patentrezept dazu: 'Es wird sich dann zeigen, dass die Befreiung der Frau zur ersten Vorbedingung hat die Wiedereinführung des ganzen weiblichen Geschlechts in die öffentliche Industrie. Und die wiederum erfordert die Beseitigung der ... Einzelfamilie als wirtschaftlicher Einheit der Gesellschaft ...'"*[152]
Es ist erbärmlich – seit Engels hat die Frauenbewegung kein höheres Lebensziel finden oder formulieren können, als die Wiedereinführung des weiblichen Geschlechtes in die „öffentliche Industrie". Das haben wir geschafft: Scheidungsanwälte und Heere von Jugendamts-, Sozialamts-, und Gerichtsmitarbeitern verdienen prächtig am Elend der Familien!
Männer, es ist Krieg! Sie bekämpfen die Männlichkeit in den Söhnen. Und wem ist das klar? Wer von uns ist bereit, darum zu kämpfen? Wer ist gerüstet? Und wer von uns ist in der Lage, diesen Krieg erfolgreich zu führen?

---

151 Bergmann, Wolfgang: „Weibliche Pädagogik – Jungs von heute: verweichlicht und verweiblicht" in WELT online vom 23.2.2010
152 Jäckel, Karin: „Die heroisierte Alleinerziehende und die verniedlichte Vaterlosigkeit des Kindes" in: Gruner, Paul Hermann, und Kuhla, Eckhard: Befreiungsbewegung für Männer, Gießen 2009 S. 68ff

Exkurs 3: Weswegen ich allein erziehende Mütter meide
„*Vater werden ist nicht schwer, Vater sein dagegen sehr*" (Wilhelm Busch). Es ist heute, da spezifisch männliche Erziehungs-Ideale sich in Auflösung befinden, noch viel, viel schwerer. Und das gilt umso mehr für die Väter von Kindern aus Scheidungsehen und für die neu in Partnerschaften zu allein erziehenden Frauen hinzutretenden Stief- oder neudeutsch „Patchwork-Väter".

Das Dilemma ist uferlos. Für beide Väter steht der Erziehung, der Verantwortungsübernahme die zwar in der Regel überforderte, aber per Gesetz machtvollere Mutter entgegen. Die entsorgten Väter sind mindestens ebenso chancenlos wie die als Nebenväter geduldeten „guten Freunde für das Kind". Das letzte Wort, damit das Machtwort, hat immer die Mutter. Da lernt der Sohn was für's Leben! (Bevor er das zulässt, übernimmt und lebt er lieber die von der Mutter geleugnete Schattenseite und schwingt sich zum Tyrannen auf.)

Bleiben wir zunächst bei den Patchwork-Vätern, denn bei ihnen kristallisiert sich viel klarer das verquere Familienbild und die Dauer-Katastrophe der emanzipierten Frau und die Folgen für die Beteiligten heraus:

Es war für mich erstaunlich zu erleben, wie sich bei meinem ersten Urlaub mit einer alleinerziehenden Mutter mein Verhalten und in der Folge mein Selbstwert änderte. Natürlich hatte ich aus ihrer Sicht als kinderloser Mittzwanziger „überhaupt keine Ahnung" von Kindererziehung, und daher im Ergebnis auch nichts zu sagen. Also zog ich mich innerlich zurück und wurde immer entscheidungsschwächer. Schließlich war es IHR Kind, klar, aber mein Gefühl, meine Werte, all das, was eben in einer Partnerschaft auch zählt, waren nichts wert im Hinblick auf das Kind. Weil mein „Entscheidungsmuskel" binnen weniger als einer Woche erschlaffte, ließ auch ich mich innerlich gehen, wurde vergesslich, trottelte Mutter und Kind nach.

Um diesen Prozess zu verstehen, muss man sich die Situation aus systemischer Sicht vor Augen führen: In jeder Organisation ent-

steht eine informelle Hierarchie aus der Dauer der Zugehörigkeit. Wer früher in ein System eintritt, wird z. B. bevorzugt bei Beförderungen. Ähnlich verhält es sich in Patchwork-Familien, und das führt zum Dilemma zwischen Kind und Patchwork-Vater: Das Kind ist zwar Kind, daher erziehungs- und fürsorgebedürftig. Aber im Vergleich zum Stiefvater eben „früher ins System getreten", und steht darüberhinaus der Mutter (die aus persönlicher Verantwortung heraus immer das letzte Wort hat) näher als der „neue Mann". *„Viele Männer berichten hier über erlebten Druck, unausgesprochene Zweifel, Schuldgefühle und kinderbedingte Zwänge von den ersten Tagen der neuen Beziehung an – eine ungünstige Voraussetzung für den Aufbau einer stabilen Partnerschaft."*.[153]
Damit hat er die sogenannte Arschkarte. Obwohl er als Mann und als Erwachsener durchaus willens und vielleicht sogar aus eigener Erfahrung mehr als fähig wäre, Erziehungsverantwortung mitzutragen, bereichernd mitzuwirken in der Übung, (risikobehaftete) Chancen zu zeigen oder Grenzen zu setzen und diese dem Kind zu vermitteln, ist er im System Mutter-Partner-Kind das schwächste Glied der Kette, der Dumme. Im Ernstfall (und im Kampf um die Aufmerksamkeit der Mutter ist dieser für das Kind in seiner Schwäche immer gegeben) wird diese Vor-Macht-Stellung auch gnadenlos gegenüber dem Fremden ausgenutzt. Ein Kind ist in seinen Ansprüchen (Zeit, Geld, Aufmerksamkeit, Verständnis) einerseits und in seiner Ohnmacht der Welt gegenüber grenzenlos. Und das darf es sein. Es spürt weiterhin ganz genau, wer in einer Elternbeziehung der Schwächere ist, und um die Wurzeln seiner Existenz, die Elternbeziehung, zu schützen und zu erhalten, stellt es sich auf die Seite des Schwächeren der getrennten Eltern. Aus juristischer Sicht: der Vater.
Erziehung besteht auch in der Übung von Verzicht, denn Versagungen müssen ausgehalten werden, schon weil die Finanzen be-

---

153 Aus: www. Vaeter-Nrw.de – Vaterrolle: Abenteuer „Patchwork-Vater"

grenzt sind. Und hier beginnt das materielle Dilemma des „Patchwork"-Vaters.

S. Freud antwortete auf die Frage, was wollen Frauen wirklich? „Ich weiß es nicht." Frank Farelli (USA) hat es herausgefunden: „More!" Dem Fischer seine Frau, die Ilsebill, sie lebt und ist heute mächtiger denn je! Frauen sind ebenso in ihrem Anspruch grenzenlos. Und weil „Mehr!" immer besser ist als genug oder gar weniger, wollen sie immer mehr, alles für sich und das Kind. Das ist gut so und verständlich, denn Menschheitsgeschichte ist Mangelgeschichte – die Überflussgesellschaft ist gerade mal 50 Jahre alt. In Zehntausenden von Jahren ist der Kampf gegen das Mangelgefühl erb-biologisch den Menschen eingewoben. Wenn also Mutter UND Kind sich in einer permanenten Mangelsituation fühlen – wer sollte dem mittels ruhigem Verstand Grenzen setzen, wenn nicht der Mann? Als Außenstehender bleibt man hier: chancenlos. Denn setzt ein Nicht-Angehöriger „des Systems" der jungen, bedürftigen Familie eine Grenze, dann verweigert er und ist eine unterschwellige Bedrohung.

Auch und gerade wenn ein Mann die alleinerziehende Mutter sehr liebt und diese Liebe ebenso erwidert wird, dann kann ein Mann langfristig nichts richtig machen: Denn je näher er der Frau steht, desto „gefährlicher" ist er für die Kinder! Originalzitat einer Tochter meiner damaligen Freundin: *„Wenn einer von uns beiden sterben müsste, und DU (die Mutter) müsstest entscheiden, wer dürfte überleben?"* Diese Ansage *kann* auch ein brutales Machtspiel sein. Ich gehe eher davon aus, dass das Kind die ganze Dramatik tatsächlich so empfunden hat!

„Viele Eltern lassen sich einfach zu rasch, zu überstürzt, aus einem momentanen Affekt heraus scheiden – oft sogar aus vergleichsweise banalen Gründen. Dies dürfte, im Interesse der Kinder, nicht sein. In vielen Fällen könnte eine Beratung oder Paartherapie hel-

fen – oder auch etwas mehr Toleranz den Macken des Partners gegenüber".[154]

Weil die Eltern die Trennung meist als überfällige Beendigung von dauernden Streitigkeiten und daher als Erleichterung empfinden, vermuten sie, dass die Kinder das ebenso sehen. Hier irren sie gewaltig. Der Münchner Familienpsychologe Hans Dusolt hat im Auftrag der Familiengerichte viele Gutachten erarbeitet und viele Kinder interviewt. Fast alle, sagt er, würden es vorziehen, wenn Mama und Papa zusammenblieben.[155] Mit der Scheidung fängt für die Kinder die seelische Katastrophe also erst richtig an![156] Die Folgen sind kurzfristig und langfristig erkennbar. Je nach Alter treten Bettnässen, drastisch sinkende Schulleistungen, soziale Probleme in Kindergarten und Schule zutage. Zwar werden die psychischen Folgen der Scheidung zurzeit noch kontrovers diskutiert, die Mehrzahl der Studien belegt allerdings Langzeitschäden für die Kinder, bis ins Erwachsenenalter: Scheidungskinder haben eine signifikant höhere Scheidungswahrscheinlichkeit in ihren eigenen Ehen.

Wenn das Kind nun schon die räumliche Trennung der Eltern nicht verhindern konnte, sie im Laufe der Zeit vielleicht hingenommen hat, welche Bedrohung muss dann erst ein neuer Partner für die Hoffnung des Kindes sein, die Eltern könnten wieder zueinander finden? In der Mythologie wird das Verhalten solcher Söhne als „Telemachos"-Komplex bezeichnet. Telemachos war der Sohn des Odysseus, der die Schwelle zum Schlafzimmer seiner Mutter bewachte, um die Ehre des Vaters zu schützen.

Paare, die es schon nicht als Eltern schaffen, das Familienfundament zu tragen, schaffen es nicht unbedingt leichter mit einem

---

154 Hyams, Helge-Ulrike: „Können Scheidungskinder glücklich werden?" in: GEO Wissen 34/2009
155 Steinerger, Petra: „Die Probleme von Patchworkfamilien" in Sueddeutsche. de v.22.12.2009
156 Marquardt, Elizabeth: „Kind sein zwischen Welten – Was im Inneren von Scheidungskindern vor sich geht", Paderborn 2007

neuen Partner. Denn die „alte" Elternschaft hat Priorität vor der neuen, kinderlosen Beziehung und belastet diese. Zuvorderst liegt da noch ein Problem beim Kindsvater, der zwar in fast 1/3 der Fälle entsorgt ist (aktiv oder passiv), in den anderen Fällen aber mit einigem Recht auf Erziehungsansprüche ungern verzichtet oder diese bei Fremden, ebenfalls zu Recht, zum Schutz seines Kindes zurückweist. Die Klagen der abgeschobenen und entsorgten Väter um den Umgang mit den gemeinsamen Kindern durch verweigernde Mütter sind Legion: „... *in unserem Rechtsstaat kann es Menschen, weit überwiegend Vätern, widerfahren, dass gegen ihren Willen und ohne ihnen anzurechnendes schuldhaftes Verhalten ihre Ehen geschieden, ihnen ihre Kinder entzogen, der Umgang mit diesen ausgeschlossen, der Vorwurf, ihre Kinder sexuell missbraucht zu haben erhoben und durch Gerichtsentscheid bestätigt und sie zudem durch Unterhaltszahlungen auf den Mindestbehalt herabgesetzt werden.* **Die Dimensionen solch staatlich verordneten Leides erreicht tragisches Ausmaß und sollte seinen Platz auf der Bühne, nicht in unserer Rechtswirklichkeit haben.**"[157]

Und Kinder spüren diesen Schmerz auf einer unbewussten Ebene. Auch das macht es für Patchwork-Väter nicht einfacher:
Hier ist neue Männersolidarität gefragt, nicht zuletzt zum Wohl der Kinder!
Ein Mann, der weiß, dass eine Frau zu „haben" eben auch Verantwortung tragen bedeutet, besonders bei einer Mutter; der mit der damit verbundenen Macht umsichtig umzugehen weiß, der „nimmt" auch keine gebundene Frau. Die ist nicht nur tabu, weil er den Ehemann und dessen Verantwortung und Gefühle achtet (er möchte doch selbst auch nicht als „Gehörnter" verletzt werden), sondern auch aus Egoismus, weil er seinen Selbstwert achtet. Er weiß, dass eine Frau, die im Herzen nicht frei für ihn ist, ihn de-

---

[157] Harald Schütz, Richter am OLG Bamberg am 10. Mai 1997 auf dem 49. Deutschen Anwaltstag (Amtsblatt 8+9/97 Seite 466-468, 1997)

mütigen wird, indem sie in den entscheidenden Momenten dem vorherigen Mann und den Kindern den Vorzug geben wird. Wo der vorherige Mann nicht mehr „da" ist, als Ex und „Erzeuger" vielleicht noch geduldet wird, steht immer das Kind zwischen Mutter und Stiefvater.

Schon in der Herkunftsfamilie wird das Kind oft genug als Beziehungs-Kitt missbraucht: „Ohne dich wären Papa und Mama schon lange nicht mehr zusammen – wir leiden aneinander nur wegen DIR!" Ob als Haltung oder konkrete Ansage, es ist ein Missbrauch am Kind, denn ihm werden die Probleme des Elternpaares angelastet! Ein Paar ist zunächst füreinander da, zum Segen des Kindes, nicht das Kind zum Segen der Eltern, denn damit wird es überfordert.

In der Reihenfolge der Bedeutung muss die Alleinerziehende erst an sich denken, um zweitens das Kind versorgen zu können. Beide sind mehr oder weniger fixiert auf den an dritter Stelle stehenden leiblichen Vater, der, ob an- oder abwesend, mit entscheidet (z. B. Wochenend- oder Urlaubsplanung). Und dann, an vierter Stelle, kommt dann der Neue. Wenn alle Mitglieder der Ex-Familie ihre Bedürfnisse formuliert und berücksichtigt finden, dann darf der Neue auch mal was sagen.

„Meist sind es die neuen Partner, die erst einmal lernen müssen: Dass die Kinder immer an erster Stelle kommen."[158] Das wird, ungefragt und selbstverständlich von der Autorin als Tatsache hingestellt. Aber muss das so sein? Vermutlich.

Als Mann mit gesundem Selbstwert tue ich mir eine solch fortgesetzte Zurücksetzung, die nichts mit mir persönlich zu tun hat, sondern systemimmanent ist, doch gar nicht an!

Wenn wir Männer uns grundsätzlich und absolut zurückhalten würden bei der Beziehung zu Alleinerziehenden, dann würde manche Frau sich vielleicht die Trennung auch etwas reiflicher überlegen – was letztendlich, zieht man die Erziehungsproblema-

---

158 Steinerger, Petra: „Die Probleme von Patchworkfamilien" a.a.O. S. 4

tik fehlender Väter und bei Scheidungskindern generell in Betracht, zum Wohle der Kinder wäre. Denn wie schreibt ein erwachsenes Scheidungskind, den Vater anklagend: *„Mein Vater hat sein Eheversprechen nicht gehalten. Deshalb konnte ich nichts von ihm lernen. Meine Mutter hat mir nichts über Männer beigebracht."* Das scheint **der größte Schaden für Scheidungskinder zu sein: Die Eltern haben keine Vorbildfunktion. Sie sorgen nicht für die wichtigen, sicheren inneren Instanzen, die Voraussetzung zur Identitätsbildung von Kindern sind.**" [159]

Meine Konsequenz: Zum Ersten würde ich als „Guter Mann" heute nicht wieder in eine Ehe einbrechen. Der Treueanspruch an Mann und Frau ist hoch, er lässt sich wohl nicht absolut verwirklichen, aber wir Männer haben ihn zu niedrig gehalten! Das Scheidungsrecht hat es den Frauen da leicht gemacht, leichter zumindest als den Männern, wenn es um die dahinter liegenden Versorgungsansprüche geht: *„Denn dieses sog. Ernährermodell ist **durch die deutsche Scheidungsgesetzgebung vor allem für Männer untauglich und gar zum Risiko geworden**: Eine Frau hat prinzipiell das Recht, eine Ehe einseitig zu beenden, worauf diese dann als zerrüttet gilt. Der Mann kommt aber nicht aus den Verpflichtungen heraus, er kann also ohne Zutun in eine schlechte Position geraten und über Jahrzehnte zu Zahlungen verpflichtet werden. Die üblichen Regelungen bzgl. der Kinder runden das Bild ab. Diese Dinge riegeln speziell bei aufgeweckten Männern den Wunsch nach Kindern komplett ab. Dies zeigen auch entsprechende Untersuchungen. Das wäre in jedem vergleichbaren Fall aber ganz ähnlich. Wenn ich als Arbeitnehmer das prinzipielle Recht besäße, ohne Begründung meinen Arbeitsplatz zu kündigen und dabei ein Recht auf Gehaltsfortzahlung erlangte, würde es über kurz oder lang keine Arbeitnehmer mehr geben. Arbeitgeber*

---

[159] DIE ZEIT (51/2002) über die Studie von Wallerstein, Judith S. „Und immer sind sie hungrig nach Liebe"

würden dann lockere Beziehungen zu jungen, dynamischen und leicht austauschbaren Freiberuflern bevorzugen".[160]
Auch die gemeinsame Erziehung nach der Scheidung liegt im Argen, das „Cochemer Modell", die gemeinsame Elternschaft auch nach der Trennung[161] aufrechtzuerhalten, ist kein Pflicht-, sondern ein aus Sicht der Kinder zu selten gewählter Ausnahmefall. Weswegen die von der Fortsetzung des Unrechts profitierende Scheidungsindustrie aus Anwälten, Jugendämtern, Psychologen … es auch ablehnt. Tausendfach wird dieses Leid der Kinder von scheidungswilligen Eltern und Richtern in Kauf genommen, wobei fast 80 % der Trennungen von den Frauen ausgehen.

Im Kern geht es mir um das Wohl der Kinder, und das leidet unter der Trennung der Eltern, weil die Untreue und in der Folge die Trennung seine Wurzel, nämlich die Liebe der Eltern zueinander, die Familie bedrohen. Zwar habe ich auch die überraschende Erfahrung gemacht, dass ich mit meiner für die Kinder neuen Offenheit als „neuer Freund" für Mutti, gerade bei Töchtern, durchaus willkommen war. Aber langfristig, wenn es an die wunden Stellen im Beziehungsalltag geht, fällt der neue Partner immer gegen den leiblichen Vater zurück, egal, wie falsch der sich objektiv verhalten haben mag: „DU hast mir gar nichts zu sagen, du bist nämlich nicht mein Papa!" Damit hat das Kind Recht! Und wenn es noch einen drauflegen will, ergänzt es, vielleicht schweigend in Gedanken: **„Und wenn du nicht spurst, mach ich hier solch einen Terror, dass du in zwei Tagen von Mutti rausgeschmissen wirst – du bist nicht der Erste, der gehen muss, denn nach Papa bist du austauschbar …!"** Die Erfahrung spricht dafür, dass Kinder die neue Beziehung auf Dauer als „Gift an der eigenen Wurzel"

---

160 Leserbrief von „peter49" auf den Artikel von S. Gaschke „Ihr Verlierer!" in „Die Zeit" vom 14.6.2006

161 Rudolph, Jürgen: „Du bist mein Kind: Die Cochemer Praxis – Wege zu einem menschlicheren Familienrecht", Berlin 2007 Informationen unter www.ak-cochem.de

bekämpfen: Leo, 5 Jahre, sagte beim Auszug seines Vaters: „Den Neuen, den töte ich!"[162]

Der neue Partner mag ja manches attraktive Attribut (Zeit, Aufmerksamkeit, vielleicht besseren finanziellen Status) mitbringen, doch in der Nähe zur Mutter nimmt er dem Kind etwas, das er durch nichts ersetzen kann. Das gilt besonders für die Söhne alleinerziehender Mütter, die oft in deren Bett schlafen müssen und von ihr emotional als „Prinz" oder gar Partnerersatz missbraucht werden. In diese für den Burschen zwar oft ungesunde Nähe und Intensität bricht der Stiefvater fast immer als Störfaktor in eine eingespielte Gemeinschaft ein. Alleinerziehende Mütter erwarten (grundlos!), dass sich der neue Partner in die Erziehung finanziell mit einbringt. Aber nur so weit, wie es ihre Bereitschaft erlaubt, auf Verantwortung und die damit verbundene Macht zu verzichten. So erfreulich der Umgang mit Kindern im Allgemeinen ist, es ist eben nicht nur ein Zuckerschlecken, sondern bringt Konflikte mit sich! Dazu kommt für den Stiefelternteil erschwerend, dass jede Erziehung, die in der normalen Elternschaft von beiden getragen wird, in der Stiefelternschaft erst den kritischen „Werte-Filter" des verbliebenen Elternteils passieren muss. In der regulären Elternschaft werden unterschiedliche Werte noch als Bereicherung empfunden: „Du weißt, der Papa denkt so, er hasst Lügen, der will das nicht, also halte dich dran!" Das mag auch in Patchwork-Familien, bei einander ergänzenden und entsprechenden Wertevorstellungen noch angehen – aber wehe, diese weichen im Einzelfall voneinander ab, wehe, der neue Partner leistet sich einen „Fehler", ist zu streng und von seinen Werten zu überzeugt: „SO spricht niemand mit meinem Kind! Raus!" Und dieses „Raus!" ist durchaus wörtlich zu nehmen – die Erziehungsfehler Fremder sehen

---

[162] Poelchau, Nina: „Der Tag, an dem Papa auszog" in SZ-Magazin 15/2005: *„Judith rennt aus dem Zimmer, donnert die Tür zu, wirft sich in ihrem Zimmer aufs Bett. Sie sehnt sich nach ihrem Papa. Sie hasst ihre Mutter. Zum Glück gibt es Leo, ihren Bruder, der neulich mit wildem Blick sagte:* **»Den Neuen, den töte ich.«** "

Mütter als latente Bedrohung für das Kind. Somit sind solche Fehler unverzeihlich.

Und wer macht (schon als Vater, wie viel leichter als Nicht-Vater?) keine Fehler?

Den Schmerz dieser Kinder kann ich nicht verantworten, und ich bin es auch meinem Seelenfrieden in Zukunft schuldig, Ehen auch in Krisen zu achten. Ebenso bin ich diese Achtung auch den Männern schuldig, die die Ehe mit geschlossen haben. Sie haben als Vater ebenso ein Recht auf die emotionale Unversehrtheit der Familie wie die Seelen der Kinder. Ich bin mir nach vielen persönlichen Versuchen, systemischen Workshops und Analysen darüber im Klaren, dass das Dilemma des Stiefvaters aus systemischer Sicht nicht lösbar ist. Anderes gilt natürlich für Waisen. Wer sich als Mann mit Verantwortungsbewusstsein sich selbst und Kindern gegenüber wirklich auf eine Patchwork-Familie einlassen will, der lese die Systemischen Analysen, besuche einen Workshop zum Systemischen Familienstellen und beobachte genau, wie unauflösbar problemgeladen und auf Dauer schmerzhaft eine solche Konstellation für alle Beteiligten aus der Struktur heraus – meistens – ist.

Ausnahmen bestätigen die Regel: Was erstaunlicherweise funktioniert hat, und zwar auch auf Jahre über die Beziehung hinaus, war die Ansage einer alleinerziehenden Mutter an ihre Kinder, als sie mich ihnen vorgestellt hat: *„Das ist der Thomas, das ist mein neuer Freund – und wenn der Thomas etwas sagt, dann gilt das genauso, wie wenn ich das sage."* Ich fand das sehr mutig, hatte plötzlich Verantwortung, war ergriffen vom Vertrauen, das diese Mutter in mich hatte. Die Kinder wussten sofort Bescheid, und die Beziehung zu ihnen war mit das Schönste während dieser Zeit. Der bis dahin im Ausland lebende und massiv abgelehnte Vater wurde übrigens im Lauf unserer Beziehung „integriert". Mutter und Vater gewannen ein entspanntes Verhältnis zueinander, und die Kinder verbringen seitdem gerne ihre Ferien bei ihm. Was der Patchwork–Beziehung am besten dient: Das Wohlwollen, vielmehr der ausdrücklich formulierte Segen des Ex-Mannes, etwa in der Art: „Du, meine Ex-Frau, wirst immer die Mutter unserer Kinder sein und ich immer ihr Vater. Und ich entlasse dich mit meinem Wohlwollen aus unserer Ehe und Partnerschaft und wünsche dir, den Kindern und eurer neuen Beziehung von Herzen viel Glück. Ich stehe zu euch."

Wie viel mehr Frieden läge nach solchen Worten auf der neuen Beziehung – aber welcher geschiedene Mann kann das zu seiner Ex, den Kindern und dem neuen Mann sagen?

Exkurs Ende

Frauen und ihr „Wert als Mensch"

Es ist einigermaßen pikant, dass Frauen seit der Emanzipation ihren „Wert als Mensch" in erster Linie über solche Attribute definieren, die typisch männlich sind. Das kommt mir ähnlich abstrus vor, wie wenn ich meinen Wert danach bemessen würde, wie sehr ich dem Ideal einer Katze nahe käme. Und in der Folge die Katze dafür verantwortlich machte, wie gut es ihr gelingt, mir genau diese Wertschätzung zu geben! Und tatsächlich wird der „Erfolg" der Frauenbewegung daran gemessen, inwieweit sich Frauen den Männern und deren Idealen angepasst haben: Wie viel Geld sie verdienen, wie hoch ihr Prestige, ihr Status ist, wie viele und welche Führungs- und Machtpositionen sie bekleiden.

Mit ihren Forderungen, die Emanzipation sei nicht eher vollzogen, bis Frauen überall das Gleiche verdienten wie Männer, hat sie das weibliche Selbstverständnis auf das Finanzielle reduziert. Das ist buchstäblich frauen-verachtend. Denn der (Selbst-) Wert eines Menschen hängt eben NICHT von seinem Verdienst ab. Was einen Menschen wertvoll macht, ist zunächst seine Fähigkeit zu lieben und diese Liebe zu zeigen. Das fehlt der Emanzipationsbewegung seit A. Schwarzer völlig. Und weil sie all das natürlich nicht aus sich selbst heraus erreichen, müssen dafür jährlich Millionen an Fördergeldern (von den Männern?) bereitgestellt werden, damit sie was werden? Weiblicher? Fraulicher? Oder „gleicher"?

So gesehen, hat die Frauenbewegung den Frauen nicht zu mehr Weiblichkeit, sondern zu mehr Männlichkeit verholfen. Mit höchst interessanten Ergebnissen: *„Das Leben der Frauen hat sich, gemessen an einer Reihe objektiver Maßstäbe, in den vergangenen 35 Jahren außerordentlich verbessert. Auf der anderen Seite schätzen Frauen den Grad ihres Wohlbefindens heutzutage schlechter ein, und zwar sowohl absolut als auch im Verhältnis zu Männern"...* *„Frauen sehen sich relativ schlechter dastehen, als wenn ihre Vergleichsgruppe nur Frauen einschlösse",* meinen die Wissenschaftler. *Insofern sei es durchaus möglich, dass die Frauenrechtsbewegung der vergangenen Jahrzehnte auch dazu beigetragen hat, dass Frauen zwar wirtschaftlich bessergestellt, aber dennoch weniger glücklich sind ...*[163]

Es ist doch einigermaßen erbärmlich: Seit Jahren werfen die Frauen uns Männern vor, die Gesellschaft, die Wirtschaft, die Umwelt „gegen die Wand zu fahren". Und alles, was sie dazu beitragen wollen, ist, auch auf den Fahrersitz zu kommen, um bei den gleichen Vorstandsgehältern, eben mit Vollgas, in Wirtschaft und Politik bei dem Übel mitzumachen. Eine Perspektive für eine subventionsfreie, wirtschaftlich tragbare Umwelt- oder ökologisch vertretbare Wirtschaftspolitik – Fehlanzeige. Die Emanzipation befindet sich da in schöner linker Tradition: „Alles, was Sozialisten von Geld verstehen, ist die Tatsache, dass sie es von anderen haben wollen." (Konrad Adenauer)

Das geht auf Friedrich Engels zurück, wie Karin Jäckel sehr anschaulich darlegt: Es ist das linke Ur-Dilemma der Emanzipation, das völlig zu Unrecht nur den Konservativen angelastet wird, die falsche Entwicklung nämlich, die Transzendenz der Frau im Berufsleben zu suchen: *„Die Befreiung der Frau schien plötzlich nur mehr durch das Abwerfen des Familienjochs und eigener außer-familiärer Erwerbstätigkeit möglich. Wie Simone de Beauvoir verkündete, läge die 'Transzendenz' der Frau im beruflichen*

---

163 Tigges, Claus: „Das Unglück der Frauen" in FAZ online vom 8.10.2007

Männerleben. Und Friedrich Engels hatte das Patentrezept dazu geliefert: Es wird sich dann zeigen, dass die Befreiung der Frau zur ersten Vorbedingung hat die Wiedereinführung des ganzen weiblichen Geschlechts in die öffentliche Industrie. Und die wiederum erfordert die Beseitigung der ... Einzelfamilie als wirtschaftlicher Einheit der Gesellschaft ... "
Wir Männer müssen uns diesen Verrat an der Familie durch den LINKEN Feminismus bewusst und öffentlich machen. DAS IST DIE WURZEL des familiären Unglücks, unseres, des männlichen, des kindlichen und des weiblichen selbst. Das Elend für die Frauen (!) wurde beschleunigt, als die Frauenkonferenz in Peking die Verwendung des Wortes „Mutter" als diskriminierend einstufte und Tausende von Frauen bei diesem Unsinn mitwirkten und ihn bis heute nachplappern. Es ist ein echter Anachronismus, das, was Frauen originär als das schöpferische Geschlecht ausmacht, als diskriminierend zu verteufeln. Aber das haben sich die Frauen selbst eingebrockt – sollen sie diese Suppe auslöffeln und den Feministinnen selbst den Kampf ansagen.
Sie brauchen uns nicht dazu.
Es ist zum Zweiten die kapitalistische wie auch, wie oben gezeigt, spezifisch sozialistische Durch-ökonomisierung des Privaten, die die Familien zerstört – der Tanz um das „goldene Kalb", das heute wirtschaftlicher Erfolg heißt. Die Stärkung des Männlichen in den Frauen durch die Frauenbewegung hat zum einen den Materialismus und zum anderen die Ideologisierung von Partnerschaft und Erziehung gestärkt – Weiblichkeit, Intuition, Mitgefühl und Familie sind dagegen auf der Strecke geblieben. All das, was die Familie durch die Segnungen der Emanzipation nicht mehr zu leisten vermag, soll der Sozialstaat abfedern, von der Kita bis ins Altersheim, immer schön in staatlicher Obhut, ... abhängig und damit manipulierbar. Was die von links zerstörte Familie nicht mehr vermag, muss der Staat richten. Und natürlich, den Gewerkschaften sei Dank, müssen die Sozialsysteme dazu immens weit aufgestockt werden. Das Ziel: „Das Private ist politisch!" rückt näher.

Dafür bekommen Akademikerinnen immer weniger Kinder, Mütter fühlen sich nicht ausreichend gewürdigt, Alleinerziehende dümpeln mit ihren Kindern in menschlichem und finanziellem Elend an der Armutsgrenze. Männer dagegen entziehen sich und treten in Zeugungsstreik. Ich gratuliere der erfolgreichen Frauenbewegung. Man sollte noch viel mehr Fördergelder bereitstellen für dieses individuelle und gesellschaftliche Chaos!

Für den verantwortlichen Mann, der die Nummer EINS für seine Familie ist, ist die Parole der 68er ad absurdum geführt: „Mein Privates ist privat – und das Öffentliche ist politisch – ICH übernehme die Verantwortung für meine Familie, kehre den Satz um und fordere – das Private geht den Staat nichts an, es ist privat!" Denn glücklich sind Frauen durch die Aufklärung eh nicht geworden: *„Insofern sei es durchaus möglich, dass die Frauenrechtsbewegung der vergangenen Jahrzehnte auch dazu beigetragen hat, dass Frauen zwar wirtschaftlich bessergestellt, aber dennoch weniger glücklich sind. "*[164]

Bei den ideologisch verbohrten Frauen ist zur Umsetzung dieser Idee keine Unterstützung zu erwarten, denn leider stehen spezifisch *weibliche Eigenschaften* bei der Frauenbewegung nicht so hoch im Kurs: *"Aus der Dialektik der Aufklärung: Sie arbeite immer länger, sagt Freundin E. bitter, um sich immer bessere Kinderbetreuung leisten zu können."* (Michael Klonovski)

Um für eine neue Form von Familie eine Frau zu finden, müssen wir Männer uns auf eine radikal andere ethische Basis stellen. Die unter Umständen jahrelangen Prozesse der Selbsterkenntnis, Selbsterfahrung und Psychagogik sind die Voraussetzung dafür, dass überhaupt eine Frau uns vertraut, diesen Weg mit ihr gemeinsam zu gehen. Erst das klare Bekenntnis zum großen Unterschied, zur männlichen Kraft aus der Eigenständigkeit heraus, gibt einer Frau die Chance, die Kraft der emotionalen Autonomie und Stabilität als männlichen Wert zu erkennen.

---

164 Tigges, Claus: „Das Unglück der Frauen " in FAZ online vom 8.10.2007

Wer aber Unterschiede sexueller Art zwischen Mann und Frau herausstellt, der wird als Mann schnell verdächtigt, sie (die Frauen) darauf zu reduzieren. Reduzieren, lat. „vermindern", ist bereits im Vorwurf entwürdigend, denn weder Hund noch Katze müssten sich reduziert vorkommen, nur weil man sich die Unterschiede zwischen beiden klar macht. Die Verachtung liegt in der Begriffswahl „Reduzierung" von Sexualität – und die kommt von der Frauenbewegung. *„‚Emanzipation des Weibes' – das ist der Instinkthass des missratenen, das heißt gebäruntüchtigen Weibes gegen das Wohlgeratene, – der Kampf gegen den ‚Mann' ist immer nur Mittel, Vorwand, Taktik."* Mehr und tiefere Analysen über die sprachlich boshafte und doppelzüngige Perfidie der Frauenbewegung unter www maskulist.de und in „Medusa schenkt man keine Rosen" von Michail A. Xenos.[165]

Das ganze Elend der Selbstverwirklichungs-Frauen schilderte Sabine Magerl im SZ-magazin in dem Artikel „37" vom 24.3.2006. Bereits die Einleitung ist Ausdruck der permanent leidend vorgebrachten Selbstinszenierung: *„Jetzt drücken wir mal auf die Tränendrüse – mit 17 wollten wir frei und unabhängig sein. Mit 27 einen tollen Job. Mit 37 wollten wir nur noch eins: Ein Kind. Doch was, wenn es jetzt zu spät ist?"*[166]

Mit fällt als Maskulist dazu nur eins ein: Ätsch. Ihr Egoistinnen, die ihr den Kern eurer Weiblichkeit, eure Rolle als Mutter so lange verachtet habt, leidet! Und das tun sie, in den ca. 120 Fertilitätskliniken in Deutschland – jeder Besuch ein Gang durchs Tal der Tränen.

Und „bis 37"? Sogenannte „Nur"-Hausfrau- und Mütterrollen werden in der Gesellschaft als nicht vollwertig betrachtet,[167] eher

---

165 Friedrich Nietzsche, zitiert nach Xenos, Michail A.: „Medusa schenkt man keine Rosen: Eine untypische Einstimmung in das ‚Jahrhundert der Frau'", Leipzig 2007
166 Magerl, Sabine in: SZ- Magazin v. 24.3.2006: „37"
167 Johannes B. Kerner während seiner Sendung „Tribunal für Eva Hermann" vom 9.10.2007

verachtet. Auch hier wird die Nazi–Keule geschwungen, wer anders denkt, ist ein NAZI, mindestens verdächtig, daher die Gedanken und der Mensch, der sie ausspricht, abzulehnen: Nicht nur die Welt der Sprache, auch das Bild der Familie ist aus den Fugen geraten, wie der Fall Eva Herman deutlich zeigte: *„Ziel eines Frauenlebens kann es doch wohl nicht sein, eine gute Mutter und Frau zu sein, sondern* [!] *ein vollwertiges Mitglied dieser Gesellschaft, auch auf dem Arbeitsmarkt und überall ..."*, sprach Kerner. Diese subtile bis offene Mütterverachtung tragen leider auch Mütter in sich: *„Bezeichnend für den Zeitgeist hält Bergmann die Reaktion seines Publikums, wenn er – wie jüngst bei der Friedrich-Ebert-Stiftung in Berlin – über die* **grundlegende Bedeutung von Mutterliebe referiert:** *'Dann zucken alle angewidert zusammen'".*[168]

Die Mütterverachtung der Frauen führt sie geradewegs ins Dilemma: Entweder fühlen sie sich als „Nur-Hausfrau und Mutter" minderwertig, oder überfordert und zerrissen zwischen Familien- und Berufsleben. Die damit verbundene Unzufriedenheit über ihre mehr ideologisch als dem Kind gegenüber verantwortungsbewusst gewählte Rolle als „vollwertiges Mitglied der Gesellschaft" übertragen Frauen unbewusst auf den Mann – und der Mann gibt ihr, ebenso unbewusst, Recht: *„Sagt eine Frau zu ihrem Mann: ‚Du bist zu beneiden, du führst ein interessantes Leben, während ich durch die Kinder ans Haus gefesselt bin', ist das nur dann keine Täuschung, wenn sie auf den Gegenvorschlag ‚Gut, dann geh du arbeiten und ich bleibe zu Hause' auch wirklich eingeht. Da Frauen aber wissen, dass die wenigsten Männer dies ernsthaft* [und auf Dauer!] *vorschlagen, können sie derartige Täuschungsmanöver gefahrlos vorbringen."*[169] Abgesehen von der Täuschung macht sie in dieser Argumentation auch noch die Kinder für ihre eigene

---

168 Focus, 1/2010 S. 37, dazu mehr für uns Männer in: Bergmann, Wolfgang: „Die Kunst der Elternliebe", Weinheim – Basel 2005, darin: „Der gute Vater 1-3": S. 99ff

169 Kricheldorf, Beate: „Verantwortung – nein Danke" a.a.O. S. 15.

Unzufriedenheit mitverantwortlich! Wohlgemerkt: Der fehlende Selbstwert der Frauen wird nicht nur den Männern angelastet. Auch die Anerkennung der eigenen Weiblichkeit wird nicht bei sich selbst gesucht. Für die Wiederherstellung derselben ist in den Augen der Frauen „die Gesellschaft" (also Männer!) verantwortlich! Ein Ärgernis für uns positiv- selbstbewusste Männer sind jene Geschlechtsgenossen, die diese Opferhaltung der Frauen auch noch unterstützen. Viele männlich-selbstbewussten Männer in den USA nennen uns europäische Männer nur noch „Pussies"!

An dieser mehr oder weniger offen vorgetragenen Opferrolle der Frau fühlen sich manche Männer sogar mit- und dauer-schuldig und gröhlen mit bei den Ärzten: „Männer sind Schweine!"

Diesen Anspruch, sie, die Frauen, aufzuwerten, (sie in ihrer widersinnigen VerMännlichung) anzuerkennen und diesen Anspruch zurückzuweisen, das ist die erste Aufgabe, um den Frauen die Chance zu geben, Selbstwert und -achtung in sich selbst, aus ihrem „Frau-Sein" heraus zu suchen und zu entdecken.

Das können sie umso leichter, je weniger wir uns von ihnen hinreißen lassen, ihre männlichen Anteile zu loben und anzuhimmeln und je klarer wir sie bei der Wahrnehmung, Akzeptanz und Entwicklung ihrer weiblichen Anteile unterstützen.

Frauen haben einen sozialen Bonus, als vormals „Unterdrückte" alles und immer mehr fordern zu dürfen, und sie haben einen moralischen Bonus, den sie aber bislang nicht bereit sind, mit einem Mehr an Verantwortung und Leistung einzulösen. Das zeigt sich immer und gerade dort, wo von ihnen „Quote statt Leistungsprinzip" gefordert wird.

Und wir Männer sind mitschuldig an diesem Ungleichgewicht. Unser schwerster Fehler: Weiblichkeit, insbesondere Mutterschaft quasi als Geburtsfehler, Schwäche, lebenslange Ungerechtigkeit anerkannt zu haben. Dass eine Frau sich, wie kein Mann es je vermag, auch als Mutter auf einzigartige Weise selbst verwirklichen kann, ist für Feministinnen und in der Folge für fast alle Frauen eine Kampfansage, für die mich das Feuilleton steinigen wird. Mir egal, denn *„Die Stärke unserer Überzeugung ist schlechterdings kein Beweis für ihre Richtigkeit." (John Locke, engl. Philosoph)* Dem halte ich vielmehr René Descartes entgegen: „Dubio sapientae initium" – Zweifel ist der Weisheit Anfang.

Mir bleibt der Satz einer anders denkenden Mutter im Ohr: *„Ich kenne das (Agentur-) Berufsleben. Ich weiß, dass ich dort nichts verpasse, wenn ich bei meinen Kindern bin. Und ich weiß, dass ich das Wichtigste auf der Welt verpassen würde, wäre ich im Büro und nicht bei den Kindern."* SO fühlt eine liebende Mutter! Und ich will nicht diejenige als Mutter meiner Kinder wissen, die sich am Computer bei Charts und Präsentationen wohler fühlt als mit unseren Kindern.

Wer nun als Mann diese weibliche Argumentation der pauschalen Herz- und Verantwortungslosigkeit und die unsinnige Schuldverschiebung nicht durchschaut, ist Geisel. Denn den unzulänglichen Selbstwert einer Frau[170] kann ein Mann im Leben nicht ausgleichen. Das spürt aber nur der nicht, der selbst keinen Selbstwert hat: Mutti hat ihn dazu benutzt, und das Muttersöhnchen hat sich eine Jugend lang prägend dafür abgestrampelt, dass es Mutti besser geht. Das kennt er, das kann er also gut – warum sollte er diese Rolle als Erwachsener ablegen? Hier finden sich Topf und Deckel: Die in ihrem Selbstwert verunsicherte Prinzessin und der ewige Prinz. Und die leben glücklich bis an das Ende ihrer Tage.

Warum sollte ich als kraftvoller, männlich-selbstbewusster Mann nicht eine Frau wählen, die genügend weiblichen Selbstwert hat, Kinder nicht als Ersatz für Selbstwert, sondern als Chance zur Selbstüberwindung (nämlich: unserer narzisstischen Bedürftigkeit) zu sehen, in die Rolle als Frau, Hausfrau und Mutter hineinzuwachsen, und diese aus sich heraus ausfüllen kann, ohne sich minderwertig zu fühlen?

---

170 Friedrich Nietzsche, zitiert nach http://www.maskulist.de/Vorwort2.htm

Die Entwicklung eines guten Selbstwertes für Frauen ist deren Thema; wir haben für den unsrigen zu sorgen.

Sich der Frauenbewegung so entgegenzustellen, braucht Mut und macht einen nicht zum Liebling beim Café-Latte-Kränzchen im örtlichen Müttercafé. Im Gegenteil: Dafür bläst es einem den Wind eiskalt von der gesamten Gesellschaft ins Gesicht. Denn obwohl es den Frauen trotz und seit der Emanzipation keinen Deut besser geht – im Gegenteil![171] – glauben sie fast alle an deren Segen für Frauen, Kinder und uns Männer.

Wer sich trotz allem der Emanzipation entgegenstellt, muss schon wegen der Selbstbezichtigung „Ich bin ein Maskulist" mit Anfeindungen rechnen: Während es völlig selbstverständlich ist, als Feministin für mehr Frauenrechte einzustehen, muss ein Mann mit massiver Anfeindung rechnen, wenn er ganz wertneutral als Maskulist für gleiche Männerrechte eintritt. Und dies nicht nur von Frauen. Auch Homosexuelle, klar, und viel vom geistigen Mainstream geistig glattgehobelte Männer glauben, mit Selbstverachtung bei Frauen punkten zu können. Wer von Anfang an mitgelesen hat, weiß, warum, und dass sie scheitern werden.

Als ich mich das erste Mal dazu bekannte, Maskulist zu sein, geschah etwas Seltsames. Auf die Ansage hin: „Ich bin Maskulist und dulde in meiner Umgebung keine männerverachtenden Äußerungen" wurde ich nach meinem „Outing" vom gesamten übrigen Team eines Workshops ausgeschlossen. Die mobbenden Frauen waren auch nicht in der Lage, die Probleme offen zu kommunizieren, im Gegenteil, die Initiatorin verließ nach meinem Wunsch, das Mobbing zu thematisieren, die Runde. Die Männer schwiegen. Ich habe viel gelernt, sehr viel. Das nächste Mal nehme ich mein Wutpaket mit: Ein Mann braucht nichts Falsches zu sagen, zu tun, oder zu unterlassen – manchmal reicht es, Mann zu sein, und man ist nicht nur unbeliebt, sondern wird verachtet. Das kann weh tun, will aber ausgestanden sein.

---

171 Tigges, Claus: „Das Unglück der Frauen " in FAZ online vom 8.10.2007

Also Männer, es braucht Mut!

Es jubeln ja der Emanzipation in erster Linie diejenigen Männer zu, die es jetzt umso leichter haben, mangels „Eiern" und Testosteron eine „Mutti" zu finden, die sie ... irgendwann rausschmeißt, weil sie ein weiteres „großes Kind" nicht mit durchfüttern will. *„Stuten, solange sie Mähnen haben, sind zu stolz, sich die Esel als Gatten gefallen zu lassen."* (Demokrit) Wer einmal mitbekommen hat, wie in solchen Runden über „emanzipierte" Männer gesprochen wird, denkt nach, denkt selbst und denkt um.

Auch Väter dürfen sich überfordert durch die Mütter fühlen! Wenn SIE, die Frauen, keinen Bock auf Windeln wechseln haben, denn das ist für Karrieremütter uncool, dann mag es heißen: „Ran, Mann!" Auch ich werde bei fremden Babys weich, spüre sie wirklich gerne auf meinem Bauch und liebe es, ihren unsicheren, suchenden Blicken Halt zu geben, Wärme und Vertrauen durch Haut, Hände und Augen zu vermitteln. Allerdings sind mir Männer unverständlich, die mit geistesabwesendem Blick und besabberter Schulter durch Cafés hatschen, aufgescheucht von der mit ihrer eigenen Rolle unzufriedenen Mutter oder dienstbeflissen dem Zeitgeist hinterherjapsen, das Baby wiegend zu beruhigen und nicht kapieren, dass sie mangels Muttermilch scheitern müssen! Ich bin immer versucht, so einem Typen entgegenzuhalten: „Hey, Alter, der Fratz ist wie ich: Der will Titten!"

Wer den ironischen Unterton nicht gelesen hat: Durch Schwangerschaft, Geburt und Stillen sind Kleinkinder viel stärker an die Mutter als an den Vater gebunden. Da sie ihre Umwelt auch stärker über Geräusche und Gerüche als visuell wahrnehmen, ist ihnen die Nähe der Mutter vertrauter als die des Vaters. Auch die Bedürfnisse des Kleinkindes betreffen eher die emotionale, nährende, weibliche Kraft als die rationale Potenz des Mannes. Weswegen bei den meisten Naturvölkern die Kleinkindererziehung mit gutem Grund bei den Frauen bleibt, bis die Burschen in der Zeit der

männlichen Pubertät zum Teil gewaltsam den Müttern entrissen werden, um männliche Werte kennenzulernen.
Ohne deren Ehrgeiz als „gute, moderne Väter" infrage zu stellen – es hat aus diesen physiologischen Gründen etwas Lächerliches, wenn Männer in punkto Intuition und Nähe bei Kleinkindern mit den Müttern wetteifern wollen.

Und, Mann, wenn dein Chef dir erklärt, dass auch dein Job wackelt, wenn du weiterhin am Morgen mangels Schlaf Flüchtigkeitsfehler machen solltest, dann sei KEIN emanzipierter Mann. Deine Frau kann morgen durchschlafen, bleib liegen. Und wenn sie sagt, der Mann von Nathalie, der Lars, der macht das ja auch! Dann erinnere sie: Lars ist arbeitslos.
Nein sagen zu üben, ist wichtig …

Mann, emanzipiere dich!
„Wie weiß ein Mann, dass es Liebe ist? – Ich kann mir anschauen, wie ich mit meinen Kindern bin und sagen: Das ist Liebe. Ich weiß genau, wie sich das anfühlt. Für sie würde ich mich vor ein Auto werfen. Heute würde ich das auch für meine Frau tun. Und für meine Ex-Frau wahrscheinlich auch immer noch … **Es ist, wenn einem das Wohl des anderen mehr am Herzen liegt, als das eigene … und es nicht als Opfer empfindet.**"[172]
„Haben Sie nie im Leben eine Frau getroffen, die Sie inspiriert hat zu lieben, sodass jeder ihrer Sinne erfüllt von ihr war? Man atmet sie. Man schmeckt sie. Man sieht seine ungeborenen Kinder in ihren Augen und man weiß, dass sein Herz ein Zuhause gefunden hat." (Johnny Depp in: Don Juan de Marco)
Und hat ein Mann auf der anderen Seite eine Frau gefunden, die von sich sagen kann: „Ich bin eine Frau, und das ist mal wirklich gut so!", dann hat sie, immer wieder erstaunlich, nicht nur kein Problem damit, sich von mir als Mann führen zu lassen, sondern

---

[172] Bruce Willis: „Ich stelle alles infrage", Interview in GQ, Mai 2010 S. 149

sie ist dankbar, mal einen Teil des Ballastes, der für sie Entscheidungen sind, abgeben zu können: Finanzen, Spiritualität und sexuelle Ausgeglichenheit und Zufriedenheit. Ich bin immer wieder überrascht, wie gerne eine mutig übernommene Führungs- und Entscheidungsverantwortung abgegeben wird. Wir gehen essen? Ich fahre dorthin, betrete selbstverständlich vorneweg das Lokal, biete ihr zwei von mir gewählte Sitzalternativen an und führe sie dorthin, helfe ihr aus dem Mantel, zeige Fürsorge. „Wo magst du sitzen – da oder dort?" Und sie strahlt, fühlt sich wohl!

Bis zum Streit

Wie oben angedeutet, ist es Aufgabe der Geführten, die männliche Führungs- Kraft infrage zu stellen. Sie testet, und das dient der Reflexion und Weiterentwicklung. In jeder Entwicklung gibt es Persönlichkeitsanteile, die „sich überlebt" haben, mit denen man sich objektiv behindert. Oft sind es alte Angewohnheiten, die abgelegt werden können. Ein liebender Partner sieht die positiven, nach Entfaltung strebenden Anteile, Potenziale im Gegenüber – und die „Schwächen", die behindern. Was als vernichtende Kritik empfunden werden kann, ist oft nur ein Charakterzug, ein Detail, eine alte Angewohnheit, vielleicht sogar noch aus der Pubertät, die der Reifung, der Entfaltung der Persönlichkeit im Wege steht. Als Mann habe ich die Aufgabe, diese Kritik anzunehmen.

Aber wie gehe ich mit Kritik konstruktiv und verantwortlich um?

2. Hingabe: „Wir müssen reden"

Die Ansage „Wir müssen reden!" löst bei vielen Männern Panikattacken und Fluchtgedanken aus. Nicht ganz grundlos. Denn das, was sie selbst von Müttern über Paar- und Beziehungsgespräche erfahren und so gelernt haben, ist selten dazu angetan gewesen, ihre Autonomie zu erhalten oder nur zu stärken. Verhandlungskonzepte müssen scheitern, wenn Frauen an Empathie und Emotionen appellieren, die uns aus Erfahrung nur überfluten und letztlich nur zum Absaufen bringen oder, günstigerenfalls, überfordern. Ob Urlaub oder Hausbau, Kindererziehung oder Karriere – es spielt eigentlich gar keine Rolle, worüber ein Paar spricht – wichtig ist allein die Form. Und da haben die wenigsten Erwachsenen an ihren Eltern ein gutes Beispiel gehabt. Die Form des Gespräches zu beachten und zu gestalten – das ist für den kraftvoll Führenden die Aufgabe, aus der sich im Laufe der Zeit Gesprächs- und damit Beziehungsqualität entwickelt. Die Frage, die das klärt: „Sag mal. wie redest du eigentlich mit mir?"

Basis ist auf beiden Seiten das dem Thema zugrunde liegende Gefühl. Nicht nur MANN geht mit Magengrummeln in das brisante Paargespräch, auch Frau bringt Belastungen mit. Im Vorfeld der Gespräche ist es daher hilfreich, sich einiges aus der Gefühlswelt der Frau klar zu machen. Mit diesen Überlegungen können wir einen Teil des Dampfes aus dem Kessel nehmen, durch den Gespräche mit Frauen oft belastet sind und so aus diesem Verständnis heraus Ruhe und Mitgefühl für ihr vielfältiges Dilemma entwickeln:

C.G. Jung brachte es zuerst auf den Punkt, warum es absolut sinnlos ist, mit Frauen zu streiten: *„Was also den Unterschied zwischen Mann und Frau in dieser Beziehung ausmacht, also den Animus gegenüber der Anima charakterisiert, so kann ich nur sagen: wie die Anima* [beim Mann] *die LAUNEN, so bringt der Animus MEINUNGEN hervor, und wie die Launen des Mannes aus dunklen Hintergründen hervortreten, so beruhen die Meinungen der Frau auf ebenso unbewussten, apriorischen Voraussetzungen ... Der Animus ist wie eine Versammlung von Vätern und sonstigen Autoritäten, die ex cathedra unanfechtbare ‚vernünftige' Urteile aufstellen ... zu einem Kanon durchschnittlicher Wahrheit, Richtigkeit und Vernünftigkeit zusammengehäuft ..., der sofort, wo immer ein bewusstes und ein kompetentes Urteil fehlt, mit der Meinung aushilft ..."*

*Bei intellektuellen Frauen veranlasst der Animus ein intellektuell und kritisch sein sollendes Argumentieren und Räsonnieren, das aber **im Wesentlichen darin besteht, einen nebensächlichen und*** *schwachen Punkt zu einer sinnwidrigen Hauptsache zu machen. Oder eine an sich klare Diskussion wird aufs Heilloseste verwickelt durch das Hereinbringen eines ganz anderen, womöglich schiefen Gesichtspunktes. Ohne es zu wissen, zielen solche Frauen bloß daraufhin, den Mann zu verärgern, womit sie dann dem Animus um so völliger verfallen. 'Leider habe ich immer Recht', gestand mir eine solche Frau."*[173] Und „Recht haben macht einsam", leider. Es ist schon grenzgenial, wie Jung en passant und wie vorausschauend er die Streit- und Gesprächskultur mit Emanzen beschreibt.

Frauen sind physisch immer noch das schwächere Geschlecht. Einen Mann an der Seite zu wissen, schützt sie tendenziell mehr, als allein zu sein – am Ende auch vor der Verachtung der Freundinnen, wieder mal und noch immer keinen abbekommen zu haben. Und: Aggression entsteht auch aus der Angst vor dem Verlust der Beziehung.

Das männliche Bedürfnis, seine Priorität in der Verwirklichung eines „höheren Zieles", seine Hingabe für sein individuelles „Geschenk an die Welt" (außerhalb der Beziehung) bedroht in den Augen der Frau die Beziehung. Denn ein Mann, der weiß, dass es einen Lebensgrund, einen höheren Sinn in seinem Leben gibt, (vgl. Kapitel „Potenziale, Ziele, Prioritäten") der ihm wichtiger ist, als jede (!) Beziehung, dessen Lebenssinn und dessen Verwirklichung wird für das Fürsorgebedürfnis der Frau eine ständige Bedrohung sein.

Und sie wird diese Prioritäten folglich massiv infrage stellen und unterminieren.

Das unterschiedliche Lebenskonzept ist die system-immanente und unausweichliche Ursache für Konflikte: „*Stellt ein Mann seine Beziehung höher als sein höchstes Ziel, schwächt er sich*

---

173 C.G. Jung: „Animus und Anima" a.a.O. S. 84 ff

selbst ... und betrügt seine Partnerin um einen wahrhaftigen Mann ..."[174]

Eine Frau will, dass ein Mann zu seiner Priorität steht – egal, was sie sagt! Man stelle sich den Ritter vor, der vom König gerufen worden ist, um mit dem Heer an der Landesgrenze zu kämpfen und das Land gegen Plünderer zu verteidigen. Er verabschiedet sich von Frau und Kindern. Sie weint, beklagt sich: „Du hast gesagt, du wolltest immer treu zu mir stehen – und jetzt lässt du mich allein ..!" Er hat zwei Möglichkeiten:

a.) „Schatz, DAS ist wichtiger – es geht nicht nur um dich und um uns. Es geht um uns alle: unser aller Kinder, euch Frauen und unsere Freiheit als Männer. Ich MUSS gehen. Aber ich verspreche dir: Ich werde auf mich aufpassen und deshalb wiederkommen." Und küsst sie fest, schaut ihr in die Augen, dreht sich um und geht. Oder b.) „O.k., du hast Recht, ich habe eh keine Lust, ich bleibe hier!" Kneift, legt die Rüstung wieder ab und macht den Kindern Abendbrot.

Abgesehen von der Metaphorik – es ist eine Geschichte, die Haltungsfragen klären soll und die spezifische Bedeutung für die männliche Integrität – wer es nicht aus sich selbst heraus weiß, der frage eine Frau, welcher Mann mit welcher Entscheidung für sie vertrauenswürdiger und attraktiver ist ...

Streit dient für Frauen auf einer unbewussten Ebene auch dazu, den „Claim", den Anspruch des Mannes an sie, zu testen. Keine wird es zugeben, aber die massiven Selbstzweifel über ihre Attraktivität, geschürt von Millionen Frauenzeitschriften mit den irrsinnigen Schönheitstipps, zahllosen Diäten, unerreichbaren Idealfrauen, Prominentengeschichten, neidischen Freundinnen, Friseusen, lassen sie sich oft nicht liebenswert fühlen. *„Gemessen an ihren Millionenauflagen sind* **Modezeitschriften das wahre Bildungszentrum der Weiblichkeit.** *Unermüdlich beliefern sie*

---

174 Deida, David: „Der Weg des wahren Mannes", Bielefeld 2007 S.37

ihre Leserinnen mit den immer gleichen Informationen, um aus ihm das zu machen, was sich «Frau» nennt. Dabei transportieren diese Journale ein infantiles Frauenbild, das geeignet ist, das gestörte weibliche Selbstbewusstsein zu zementieren, gegen das sie nur scheinbar aufbegehren."[175]

Leider haben sie oft auch nicht gelernt, z. B. von einer den Vater von ganzem Herzen liebenden Mutter, wie man Männer gut behandelt, und dass auch für SIE als Frau gilt: „Wenn du (Zärtlichkeit, Fürsorge, Sex, Komplimente ...) ernten willst, dann säe ...!", deshalb: Frauen haben Angst, vor Beziehungsverlust und Leere. Selbst wenn er weder auf der sachlichen Ebene wirklich gerechtfertigt, noch im Ergebnis wirklich gewollt ist, hier ist der Streit oft für sie eine Möglichkeit, in vielen Beziehungen leider die einzige Form, Kontakt herzustellen. Das heißt, mit dem Streit zwingen sie uns, ihnen Aufmerksamkeit zu schenken.

Sie wollen unsere Lebendigkeit sehen, den Kampf um und für die Beziehung. Das Gespräch ist die aller- langweiligste Form, diesen Kampf zu leben, denn all das könnten sie auch leichter haben: durch Sex. Und wir sollten ihnen diese Möglichkeit dazu zumindest zeigen! Es gibt so viele Möglichkeiten, Sex zu haben, und die innere Unruhe, vielleicht sogar ihren Zorn in Lust zu verwandeln. Das ist höchste Liebeskunst: Den Tiger am Schwanz zu packen und so zu versuchen, ihn zu halten, ist keine Art, ihn zu zähmen, ... Ist es PMS (Prämenstruales Syndrom), ist es Lust – wann gab es zum letzten Mal Sex? HIMMEL! Das ist viel zu lange her! Diese Frau ist wunderbar – weiß sie das nicht? „Was braucht sie gerade wirklich?", welcher Teil meiner Männlichkeit ist gefragt? Nun, manchmal hilft alles nichts, wir geraten, wir MÜSSEN ins Gespräch, und es ist wirklich ernst. Intuitiv haben wir gespürt, dass es ihr jetzt um die Sache geht, nicht um die Beziehung.

---

175 Schlaffer, Hannelore: Die Frau als Dummerchen – Erziehung zum Masochismus", NZZ online vom 22.8.2005

Sei ein Mann: Stell dich der Kritik!
Als Mann brauche ich zunächst Zeit, um loszulassen, was mich im Moment beschäftigt, um zur Ruhe zu kommen, um mich innerlich zu sammeln, um aus der Leere heraus etwas Neues aufnehmen zu können. Dazu gehört auch Kritik. Den nötigen Freiraum verschaffe ich mir. Wenn ich mich „überfallen" lasse, muss ich mich schützen und mir dazu Zeit und eine Auszeit nehmen. Das kommuniziere ich: „Meine Liebe, ich komme gerade aus dem Büro, ich brauche x Minuten, um runterzukommen, ich bin danach für dich da." Ich ziehe mich für die angegebene Zeit zurück, und dann bin ich **präsent** (Kapitel Präsenz I-III), aber *sowas* von …!
Ein Phasenkonzept hilft, mit der Kritik von Frauen, aber auch allgemein mit Kritik verantwortungsbewusst und führungsstark umzugehen (Danke an Dr. Stephan v. Stepski):

1. Zuhören
Ausreden lassen, ihre, meine persönlichen Anteile heraushören. Nachfragen, nachdenken, schweigen, nicht stoisch aussitzen, sondern um ein eigenes „Gefühl" für die Kritik zu bekommen. Blickkontakt halten. (⸺⸻▸ Kapitel Präsenz Aufmerksamkeit GEBEN)

2. Dem Gesagten „Raum" geben
Das heißt anerkennen, was zutrifft. Das Gefühl ausdrücken, das mit dem Anhören der Kritik auftaucht – bei mir, und nachfragen, welches Gefühl SIE mit dem Gesprochenen verbindet! Das Bild der Befreiung durch die Demut rundet sich auch für den Mann ab im Leitsatz Bert Hellingers, der leider zu oft nur zur ersten Hälfte zitiert wird: *„Die Frau folgt dem Mann – und der Mann dient der Frau."* Dieses „der-Frau-Dienen" drückt sich aus in der gelebten Ehrfurcht vor ihrer Intuition, der „gefühlten Wahrnehmung" dessen, was gerade ist, und meiner Selbstüberwindung, ihrer Wahrnehmung Raum zu geben – neben meiner tendenziell rationaleren Analyse in der Kommunikation. „[Frauen] *wissen generell eine Menge, intuitiv ... Frauen durchschauen den ganzen Mist ihres Mannes* [Schatten!] *besser als irgend jemand. Und zwar richtig*

schnell. Und sie haben immer Recht. Frauen funktionieren auf einer Wellenlänge, die für Männer unerreichbar ist." (Bruce Willis (!))[176]

3. Grenzen setzen.

Das ist besonders dann wichtig, wenn es sich um eine „Projektion" handelt, also ihre eigenen, verdrängten Anteile, die sie in den anderen, also in mich, hinein-„projiziert". Leider sind gerade solche Themen äußerst schmerzhaft, daher emotionsgeladen im Gespräch. Die Frage lohnt, offengelassen zu werden, um sie im Gespräch mit guten Freunden zu klären.

4. Kooperieren

Es ist die fortgesetzte Verdrängung eigener Gefühle, Bedürfnisse und das Sich-Drücken vor Mit- Verantwortung, was viele Paar-Autoren, -Therapeuten, -Berater und -Trainer zu der Idee verleitet: „Man muss doch nur einen Kompromiss finden!" Ich schreie laut zurück: „Nein! – Bloß nicht!!!" Der Unterschied ist derselbe wie zwischen Verzicht und Hingabe: Während bei einem Kompromiss beide Seiten auf einen Teil ihres Anspruches verzichten, zwingt eine Kooperation beide Seiten, mehr zu geben. Folglich stößt man nach einem Kompromiss mit einem Schnaps an, – nach einer Kooperationsvereinbarung: mit Champagner!

Das Zauberwort: „Was brauchst du?" Und Stille, dann die Antwort – aushalten.

„Was brauchst du – wirklich?" gibt dem Gegenüber die Chance, seine Bedürftigkeit zu spüren, seine Bedürfnisse auf den Punkt zu bringen, das eigentliche, vielleicht tiefer liegende Anliegen zu formulieren. Aggression entsteht aus der Angst vor Beziehungsverlust. Mit der aufmerksam gestellten und in Aufmerksamkeit (aus-)gehaltenen Frage stelle ich Beziehung her, indem ich Verantwortung übernehme, ihre Bedürfnisse ernst nehme und Bereitschaft zur Fürsorge zeige, aus der heraus das Vertrauen entstehen kann, da es mir auch um das Wohl des Gegenüber, um IHR Wohl, geht.

---

176 Bruce Willis: „Ich stelle alles infrage" Interview in GQ, Mai 2010 S. 206

In der psychologischen Interpretation des Märchens vom Fischer und seiner Frau stellt H. Jellouschek deutlich heraus,[177] dass es Frauen selten oder weniger um den materiellen Wohlstand, sondern meist um das gemeinsame Gefühl geht. Und wir Männer lernen müssen, uns geduldig dahinzu „arbeiten", diese Fähigkeit zu entwickeln. Wenn ich verantwortungsvoll führe, heißt Macht zu haben, eben auch mal: Mehr machen, oder noch besser: mehr machen lassen!

5. Sex wollen – und das zeigen
Die Beziehungsgespräche sind für uns Männer zäh und mühsam. Machen wir was draus!
Frauen haben leider häufig einen sehr geringen Selbstwert, was ihre Weiblichkeit angeht. Von der Mutter über Schwester, Freundinnen im Teenager-Alter und später über Medien und auch durch gescheiterte Beziehungen sehen sie sich und besonders ihre erotische Attraktivität immer wieder infrage gestellt. Mit zunehmendem Alter wächst dazu noch die Befürchtung, nicht mehr sexy zu sein. Wir Männer werden auch darauf getestet, ob wir sie wirklich begehren – eine Frau, die sich entzieht, will vielleicht wirklich keinen Sex. Aber häufig will sie einfach auch gegen ihren Widerstand das Begehren des Mannes spüren. Es ist immer eine Kunst, eine Gratwanderung, aber wer sein Begehren unterdrückt, gibt sich, der Beziehung, der Frau keine Chance, sexuell aktiv zu leben. Dieses Begehren (auch und gerade IM Streit!) aufrechtzuerhalten, auch zu kommunizieren, ist eine hohe Kunst. Ich bin selbst immer wieder überrascht, wenn sie mir gelingt, wenn Sex nicht statt, sondern aus der Versöhnung heraus entsteht. Weil ich führe ...

Sachliche Gespräche – sachlich führen
Im Laufe der Zeit einer Beziehung sind die Inhalte der Gespräche viel weniger prägend für die Qualität einer Beziehung als die be-

---

177 Jellouschek, Hans: „Wie Partnerschaft gelingt – Spielregeln der Liebe/Beziehungskrisen sind Entwicklungschancen", Freiburg 2009 S. 111ff

sondere Form. Wie gehen diesbezüglich die (Gesprächs-) Partner miteinander um? Wenn die Form respektvoll ist, können die Themen variieren, ein Gespräch „auf Augenhöhe" zweier gleichberechtigter Partner wird im Ausgang für beide offen sein. Und erhellend neue Einsichten und Erkenntnisse bringen. Das Gespräch ist eine Art Spaziergang über einen geistigen Rummelplatz: „Schau mal DA …, oh, lass uns DORT schauen …!"
Die Leichtigkeit, die es erlaubt, auf Augenhöhe miteinander quasi zu tanzen, ist nicht immer gegeben, sondern hängt von den Themen ab.
Als Mann habe ich andere Kompetenzen als eine Frau. Das berücksichtige ich, indem ich mit ihr festlege, bei welchen Themen sie und bei welchen Themen ich die Entscheidung treffe. In vielen Kulturen ist das ziemlich klar geregelt. Die alten Römer zum Beispiel übertrugen alle Entscheidungen im Haus der Frau, außerhäusige Entscheidungen traf der Mann.
Ich persönlich führe gern in Fragen von Spiritualität, Finanzen und Sex. Auch gegenüber Kindern gibt es ihnen Halt, wenn zwischen den Eltern geklärt ist, dass in Belangen von Jungs der Vater, aber in allen Fragen der Tochter die Mutter das letzte Wort hat. Jeder weiß, wer die Entscheidungen trifft. Das gibt nicht nur zwischen den Eltern, sondern auch den Kindern Sicherheit und Halt.
Wohlgemerkt – es gibt keinen Grund, auf gemeinsame Entscheidungen zu verzichten, im Gegenteil. Der Polarität, der Lebendigkeit der Beziehung und damit der gegenseitigen Attraktivität als Partner ist es aber förderlich, wenn auch IN der Beziehung jeder seinen eigenen Entscheidungsraum hat.
Die offenen Fragen („W-Fragen"), die den Gesprächspartnern den Raum geben, sich zu entfalten, haben für den das Gespräch Führenden gleichzeitig den Nachteil, dass die Inhalte kaum zu steuern sind. Das Gegenteil ist eine gemeinsame Bergtour – ohne Wegweiser: Hier braucht es mindestens einen, der das Ziel kennt und mit Kompass und Landkarte oder GPS umgehen kann.

Die beiderseitigen Führungsansprüche laufen immer wieder darauf hinaus, dass bei beiden „Spaziergängen" auch die sachlichsten Gespräche in streitige Rechthabereien ausarten. Weshalb Paare irgendwann eben gar nicht mehr miteinander sprechen – oder maximal 4 Minuten pro Tag. „Beiderseitige" Führungsansprüche ist das Reizwort in der Beziehung. Wer kann führen, wer trägt die Verantwortung für das Ziel, den Weg der Führung – und wer mag sich führen lassen?
Warum sollte er das tun? Weil er vertraut.
Und warum vertraut er? Weil der Führende sich seiner Verantwortung, aber auch seiner Grenzen, Makel und Schatten bewusst ist. Weil er das Einverständnis des Geführten hat, der ihm die Übersicht, die größere Erfahrung und daher Weitsicht, zu-traut, und dem Führenden sich anvertraut und die Aufgabe seines Wachstumsprozesses zu-MUTet.

Wer fragt, führt
Um als Mann nicht in belanglose Plauderei zu verfallen, sondern ein Gespräch zielorientiert zu führen, braucht es nicht nur die Entscheidungsmacht, die Herrschaft über die Sache, über die gesprochen wird. Dazu kläre ich ausdrücklich, indem ich mich abgrenze, worüber ich nicht, oder eben bereit zu sprechen bin.
Aber wie führe ich – und mit welchen Fragen?
Wenn der öffentliche Diskurs ein Spiegel des allgemeinen privaten Umgangs miteinander ist, dann wundert mich die Oberflächlichkeit der privaten Beziehungen nicht. Ich bin manchmal entsetzt, mit welcher Unfähigkeit des Fragens manche Prominenten-Interviews geführt werden. Unter dem Deckmantel des „investigativen Journalismus" grenzen diese Fragenkataloge an vorsätzliche Körperverletzung. Nach exzessiver Selbstdarstellung des Moderators und tendenziöser Beschreibung eines Sachverhalts folgt dann häufig eine geschlossene Frage, die der Interview-Partner eigentlich nur mit „Ja" oder „Nein" beantworten kann. Ich wünsche mir oft, er täte es, um die ans Unhöfliche grenzende Phantasielosigkeit des

Journalisten bloßzustellen. Schlimmer noch sind die Suggestiv-Fragen, die im Kern Behauptungen sind und den Gefragten manipulierend zur Zustimmung bewegen, ihn „festnageln" sollen. Meister dieses Fachs sind darin Michel Friedmann und Friedrich Küppersbusch. Die Härte der Vorverurteilung bestimmt den Grad der Unverschämtheit, mit der das Interview dazu benutzt wird, die eigene moralische Überlegenheit herauszustellen. Die Mitverantwortung des Delinquenten liegt in der Bereitschaft, sich dieser Form öffentlicher Entwürdigung überhaupt auszusetzen. Ein offenes, freundliches: „Wie reden Sie eigentlich mit mir?" sollte dem doch eine Grenze setzen können.

Wenn in der ziellosen Plauderei die offenen Fragen („Wie siehst du denn das …?") den Raum fast ins unendliche Plaudern erweitern, die geschlossenen und Suggestiv-Fragen den Partner unter Druck setzen – wie sieht denn dann die respektvolle und zielgerichtete Kommunikation aus?

Mit welchen Fragen führe ich das Gespräch, ohne meinen Partner unter Druck zu setzen?

Die offenen Fragen eröffnen Möglichkeiten, eine sogenannte „W-Frage" gibt dem Gesprächspartner den Raum, sich weit zu entfalten. Zielorientierte Gesprächsführung wird damit schwierig.

Schließe ich aber zusätzlich an die offene Frage zwei Alternativen an, führe ich den Partner genau dorthin: Die geschäftstüchtigeren italienischen Ober fragen gerne nach dem Dessert: „Was darf ich Ihnen noch bringen (offene W-Frage) – Espresso oder lieber einen Grappa?" (Alternativ-Frage) Diese Frageform enthält vier Tricks in einem Satz: Erstens unterstellt er mir, dass er mir noch etwas bringen darf. Das merke ich zweitens, nicht, weil er mir gleich zwei Alternativen anbietet, bei denen ich drittens, glaube, eine Wahl zu treffen, die er mir viertens, allerdings schon in den Mund gelegt hatte.

An keines von beiden, weder Espresso oder Grappa, hatte ich bislang gedacht, aber jetzt, da er fragt, bin ich so gut wie überredet.

Und ich fühle mich wohl dabei, weil ich nicht vergessen habe, dass ich beides hätte ablehnen können.

Wenn ich also die Dame meiner Wahl frage: „Schatz, wo magst du heute essen gehen – beim Italiener oder lieber Japanisch?", dann lasse ich ihr mit dieser Art der Frage Entscheidungsfreiheit, sogar die Möglichkeit, zu sagen: „Gar nicht, ich möchte, dass du kochst!" Aber ich habe klar meine Wünsche vorangestellt, biete Möglichkeiten an, lasse dem Partner eine Wahl und respektiere auch seine Wünsche. (Wenn ich selbst kochen kann und mag.)

Im Laufe des Gespräches, auch innerhalb eines Satzes, wächst die Aufmerksamkeit des Zuhörers langsam an. Der erste Teil des Satzes sackt nicht so tief ins Bewusstsein wie der letzte. Daher setze ich bei meinen Fragen die von mir bevorzugte Alternative ans Ende. (Sie merken, ich esse lieber Japanisch.)

Also: Nach der Entscheidung, worüber ich spreche, was ich infrage stelle und was nicht, entscheide ich für mich über das Ziel eines Gespräches. Danach führe ich dialektisch, durch polare Fragen, indem ich mit offenen („W"-) Fragen einen „Möglichkeitsraum" eröffne, und indem ich (zwei) zielführende Alternativen zur Entscheidung anbiete.

3. Freiheit und Vertrauen – Eine Frau führen

Von David Deida stammt ein wunderbares Beispiel, das die Frage klärt, warum Frauen Führung wollen und wie sie funktionieren kann (an Frauen gerichtet): Stell dir vor, es ist der Geburtstag der Frau. Dein Mann baut sich vor dir auf, schaut dir in die Augen, küsst dich und spricht: „Herzlichen Glückwunsch, meine Liebe! Ich hab was vorbereitet. Du hast 20 Minuten zum Packen, du wirst Bade- und Abendkleidung brauchen. Die Kinder sind bei den Großeltern. Wir werden morgen Abend um 8 Uhr zurück sein. Beeil' dich, ich freue mich!"

Oder folgende Variante: „Schatz, herzlichen Glückwunsch zum Geburtstag! Ich habe eine Überraschung für dich – ich mache heute alles, was du willst. Was wünschst du dir?"

Wer es nicht glaubt, stelle die Frage in einer Frauenrunde. Eine Frau, die sich als Frau fühlt, wird das erste Geburtstagsgeschenk bevorzugen. Und das heißt für uns Männer: FÜHRUNGSKRAFT entwickeln! Auf welchen Ebenen ein Mann diese Führungskraft entwickelt, ist dem Paar völlig selbst überlassen. Ich stelle drei Ebenen heraus:

a.) finanzielle Führungskraft

Klar, dass in obigem Beispiel die ganze Überraschung nicht ganz so gut ankommt, wenn er das Programm von *ihrem* Haushaltsgeld finanzieren muss. Um Gegenwart und Zukunft gestalten zu können, braucht es einen finanziellen Rahmen, einen Spielraum, in dem Mann gestalten kann. Den sich zu schaffen, ist Männersache. Gleichzeitig haben viele Frauen die Nase voll von Männern, die ihre Finanzen nicht geregelt bekommen. Die Selbständigkeit der Frauen braucht dazu nicht aufgegeben zu werden. Aber es zehrt an der männlichen Kraft und schlägt auf die Potenz, wenn ein Mann in den essentiellen Fragen der materiellen Freiheit und Sicherheit von einer Frau abhängig ist. Hausmänner können das bestätigen.

"Beim Geld hört die Freundschaft auf." Und fängt die Fürsorge an.

Fürsorge ist die menschlich warme Seite der Verantwortungsübernahme.

b.) Spirituelle Führung

Frauen werfen uns oft vor, wir Männer würden nur zwei Gefühle kennen: hungrig und geil. Gar keine so schlechte Vorstellung – aus spiritueller Sicht! Gehe ich morgens um halb 4 auf den Berg, um auf dem Gipfel meditierend den Sonnenaufgang zu feiern und kehre danach heim, dann wünsche ich mir von *IHR* zwei Portionen Milchreis: eine mit Pflaumenkompott, eine mit Zucker und Zimt.

Und dann können wir gerne über „das andere" männliche Gefühl sprechen.
Oder sie kommt mit auf den Berg.
Welche Form der Spiritualität, verstanden als Weg zur Freiheit von den Gebundenheiten des Ego, ich wähle, ist gleichgültig. Ob sie mich dabei begleitet, ist ihre Entscheidung. Der Weg zur Freiheit führt über die Demut – für uns beide. Ob ZEN-Kloster oder Mitgliedschaft in einem Fußball- oder Eishockey-Fanclub – die Gegner zwingen uns dann schon in die Demut ... Welcher Teil des Ego dabei bewusst werden soll, spielt (fast) keine Rolle, das ist ja bei jedem anders.

„Der Mensch ist nicht geboren, frei zu sein,
und für den Edlen ist kein schöner Glück,
als einem Fürsten, den er ehrt, zu dienen."

(Goethe: Torquato Tasso)

VII. Männliche Erziehung:
Über die Führung von Kindern

„Was hilft es, bessere Zeiten zu wünschen und zu hoffen? Ändert euch nur selbst, so ändern sich auch die Zeiten. Ohne Mühe geht nichts." B. Franklin

Männer, wir werden gebraucht! Nicht von den Frauen, die können das meiste selbst tun, sind stolz darauf, uns um die Ohren zu hauen, dass sie die Bohrmaschine bedienen können, im Job mehr verdienen als wir, etc. Sollen sie nur, das heulende Elend kommt für sie, ich verspreche es euch. Lasst sie in Ruhe, lasst sie allein. Sie werden alt. Schneller als wir. Deutlicher sichtbar. Ob Zeugungsfähigkeit oder die Attraktivität von Glatze oder grauen Haaren – im Alter haben wir Männer die Nase vorn. Das Leben mag grausam sein, aber es ist gerecht.

Bis dahin, gerade jetzt werden wir von den Burschen gebraucht. Die verdaddeln ihre Chancen in World of Warcraft, bei Doom oder Counterstrike, dabei werden sie zu Bewegungslegasthenikern, verfetten, ihre Schulleistungen und damit ihre Zukunftschancen sacken in den Keller. Warten wir nicht auf Politiker, Wissenschaftler, Lehrer, Sozialpädagogen, Soziologen, Juristen, … das dauert zu lange und wird nichts. Wir haben für die Burschen nur wenige Jahre Zeit. Und Frauen können aus Jungen keine Männer machen; das werden Memmen. Die Jungenbeauftragten sind WIR! Heute! Die Verantwortung werden uns die Frauen nicht freiwillig geben, wir haben sie gemeinsam, wir müssen sie uns wieder holen.
Es sind DEINE Kinder? Ran an die Arbeit. Nimm dir die Zeit. Sprich mit den Söhnen.

Es sind nicht deine Burschen? Sei bereit, suche sie dir, zeige ihnen, was du zu geben hast. *"Wir müssen nicht zuständig sein, um helfen zu können, wir müssen nur wollen."* Rupert Voß [178]

Und sprich zu ihnen nicht als „Opfer", sondern als MANN! Neulich, an der Tankstelle: „Jakob, bitte schnall dich an, ich will fahren!" – „Nö."

Warum auch? Der Papa hat eine Bitte ausgesprochen, und Jakob hat frei und souverän entschieden, der nicht zu folgen. Warum auch, wenn er nun mal keine Lust hat? Ich verstehe nur nicht, warum der Vater ihn darum gebeten hat?! Mit Sachkenntnis, Verantwortungsbewusstsein und Weitsicht eines Erwachsenen hat er entschieden, es sei besser für den Sohn, sich anzuschnallen. Warum muss man, zumal wenn dem Kind die Einsicht dazu fehlt, ihn *bitten*, sich anzuschnallen und ihm dazu Entscheidungsmacht in einem Feld (KFZ-Sicherheit) geben, worin es ihm an Wissen und Sorge für sich selbst fehlt?

Von Norbert Elias stammt die Beschreibung des „Homo Clausus", eines Menschen, der in Folge der Modernisierung sich in sich eingeschlossen hat, *„seine Gefühle nicht ausagiert, sondern alle spontanen Regungen kontrolliert oder gar einstellt. Das führt zu einer Distanzierung von seiner Um- und Mitwelt, wofür er gleichzeitig einen Verlust an Vitalität bezahlt. Der Homo clausus löst seine emotionale Bindung an die Welt letztlich deshalb, um keine Trennungsangst zu erleben."* [179]

Die spezifisch weibliche Erziehung trägt maßgeblich zur Kastration des emotionalen Selbst bei. Auch hier wird versucht, das Pendel in möglichst nur eine, die „angenehme", Seite schwingen zu lassen. Positiv soll das Kind motiviert werden, jede Frustration ist zu vermeiden. Folglich wird jeder Abbau von körperlichen Blähungen mit großem Hallo! begrüßt, die selbstverständlichsten Le-

---

178 Voß, Rupert: a.a.O.
179 Haubl, Rolf, a.a.O.: „Lebenskunst – die Fähigkeit, mit sich allein zu sein" in psychologie heute 03/2009 S. 22

bensbekundungen auf das Herzlichste gefeiert. Alles ist leicht; was nicht leicht ist, wird abgelehnt, braucht auch nicht entfaltet zu werden.

Die Maßlosigkeit des Lobes auf der einen Seite, die fehlende Abgrenzung auf der anderen Seite, hindern das Kind, eine reife, entspannte Haltung bezüglich seiner Fähigkeiten zu entwickeln. Und mit der Ablehnung negativer Gefühle beschneiden Eltern einen wesentlichen Teil des Kindes – sein emotionales Selbst. Erwachsene, die Aggression, Angst, Wut, Trauer nicht gut aushalten können, ersticken diese Gefühle auch gerne beim Kind. Eltern, die selbst keinen guten Bezug zu ihren „schlechten" Gefühlen haben, versuchen dann, sie entweder zu ignorieren, indem sie das Kind sich austoben lassen. Das kommt nicht nur einer Verachtung dem Kind gegenüber gleich, sondern ist auch eine Verachtung den eigenen Gefühlen gegenüber. Denn wer den Zornesausbruch des Kindes ignoriert, ignoriert auch die eigene Betroffenheit, tötet sein Mitgefühl ab. Drei Jahre später erfolgt dann der Anruf bei der Super-Nanny.

Oder solche Eltern versuchen, den Schmerz zu deckeln: „Wer wird denn weinen?" – „Tut schon GAR NICHT mehr weh!" – „Das war aber jetzt gar nicht lieb!" Häufig werden sie so abgeschnitten, anstatt vorbildhaft den eigenen negativen Gefühlen und denen des Kindes Raum zu geben, sie ernst zu nehmen, anzusprechen und sie so zu betrachten, so kennen und beherrschen zu lernen, damit auch ein Kind lernt, negative Gefühle auszuhalten.

Hier stecken für uns emotional vielschichtige und damit kompetente Männer die größten Chancen, die uns Kinder geben können: VITALITÄT, lebendige Gefühle. Aggression und Kämpfe, Siege und Niederlagen im Sport sind *das* Feld für Freude, Kummer, Schmerz, all die Gefühle, die die ach so vernünftigen Erwachsenen in der Berufswelt ausklammern (müssen?). Der fehlende Kontakt zum emotionalen Selbst besonders „vernunftbegabter", insbesondere intellektueller Männer scheint mir auch ein Grund für die weite Verachtung vonseiten vieler Migranten gegenüber uns Deutschen zu sein: In den Versuchen, Konflikte „rational" mit Verständnis zu lösen, ignorieren wir einen Teil unserer höchst menschlichen inneren Welt – eben die Gefühle. Das konkretisiert sich in dem häufig gehörten Vorwurf: „Du hast keinen Stolz, keine Ehre!" Als intelligenter, rationalisierender und damit in deren Augen schwach und gleichzeitig überheblich Agierender verachtet man Stolz und Ehre (s.o., sprach- geschichtliche Gründe) und fragt sich: „Was meinen die?" Genau dieser Konflikt und die spezifisch „deutschen" Defizite der political correctness, der Intellektuellen werden sehr anschaulich dargestellt in dem Film „Wut"[180].

Denn in der Folge dieser Entwicklung versuchten Eltern zunehmend, Kinder als „gleichwertige Partner" zu sehen und sie auch so zu behandeln. Aber das sind sie in den meisten Fällen nicht, wie das Beispiel oben zeigt. Ein „Hey! Ich habe was gesagt, hoffentlich wird's bald!" kann es da natürlich nicht geben!

Der Versuch, Mitarbeiter, Beziehungspartner und Kinder „auf Augenhöhe" anzusprechen, ignoriert nicht nur die unterschiedlichen Verantwortungsverhältnisse, er nimmt dem Führenden auch das Vertrauen in die eigene Gefühlswelt und in die größere Für-Sorge und Weitsicht. In dem Maße, wie der Erwachsene seine Verantwortung nicht wahrnimmt, lädt er sie dem Kind auf. Gerade Kinder werden dadurch überfordert und reagieren – zu Recht – darauf zornig.

Hier wäre keine Bitte vonnöten gewesen, sondern ein Befehl. „Jakob, anschnallen!" „Und warum?"

Ohne Begründung. Vater schaut dem Sohn tief in die Augen und sagt nur: „Jakob! - Weil ich das sage."

Der Befehl gilt in diesem Falle um seiner selbst willen. Die natürliche Autorität des Vaters ist Grund genug und *kann* einmal begründet werden: „Weil ich (noch) besser weiß, was für dich gut ist

---

[180] „Wut" von Oktay Özdemir, mit Corinna Harfouch, August Zirner, Deutschland 2007

– und du darauf vertraust. Wenn es um DEIN Wohlergehen geht, sage ich nicht 'Bitte.'"

Der Befehl, insbesondere Schutzbefohlenen gegenüber, ist ebenfalls seit der Nazi-Zeit arg in Misskredit geraten. Fast jeder assoziiert mit Befehl-Gehorsamsverhältnissen die Abhängigkeit und den Missbrauch, die Tyrannei, die Rücksichtslosigkeit.

Sehr ausführlich und für beide, den Befehlenden und den Gehorchenden, maximal herausfordernd, ist die radikal weitere Sicht dieses aus der Geschichte mit so viel Spannung aufgeladenen Verhältnisses. Marianne Gronemeyer entfaltet es in „Genug ist genug – Die Kunst des Aufhörens"[181]. Sie stellt überzeugend und gleichzeitig aufwühlend dar, warum Gehorsam, Gehorchen gegen die Freiheit (S. 32) über Einsicht (S. 39) und Vertrauen über die Vernunft hinaus (!) für beide Seiten Ausdruck der Liebe, als Gabe und Annahme sein kann: Die vertrauensvolle Hingabe im Gehorchen dient der Auflösung der Selbstbezogenheit, des Aufbaus von Vertrauen „ins Leben".

MANN

Mann – du Alles auf Erden,
fielen die Masken der Welt,
fielen die Helden, die Herden –-:
weites trojanisches Feld –

immer gewölke der Feuer,
immer die Flammen der Nacht
um dich, Tiefer und Treuer,
der das Letzte bewacht,

---

[181] Gronemeyer, Marianne: „Genug ist genug – Die Kunst des Aufhörens", Darmstadt 2008 S. 19 ff

keine Götter mehr zum Bitten,
keine Mütter mehr als Schoß –
schweige und habe gelitten,
sammle dich und sei groß! (Gottfried Benn)

1. Führung mit und zu männlicher Energie

„Zu den modernen Verhältnissen gehört, dass die Leute ungezogene, ungewandte Kinder haben, denen ihre sportlichen, großen Körper und eine sprachlose Muffigkeit etwas schwer Bewegliches, Möbelhaftes geben." (Martin Mosebach) Kinder können nerven. Nach meiner Erfahrung ist es bei ihnen ähnlich wie bei Frauen – sie wollen Aufmerksamkeit, Präsenz. Für mich sind solche Aufforderungen zu männlicher Hingabe immer so spannend wie der Einstieg in eine Achterbahnfahrt, denn das Kind ist immer wieder an einer anderen Entwicklungsstufe und fordert mich heraus, mich darauf einzulassen. Diese Hinwendung in Aufmerksamkeit kann ganz kurz sein – wenn sie denn intensiv ist und kein Alibi ist oder das Kind abwimmeln will, und sie auch nicht aus schlechtem Gewissen heraus geschieht, kann man fast spüren, wie sich die Unzufriedenheit und Unruhe löst. Sich hinwenden, in die Augen schauen, den Blickkontakt fordern, kurz schweigen und dann aus der Ruhe heraus fragen: „Was brauchst du?" – und schon kommt Ruhe ins Boot. Und schauen, was sich ergibt.

a.) Mentale und kognitive Führung

Neben den gemeinsamen Erlebnissen, die ich schon aus Liebe zu einem Kind schätze, um mich an seiner ureigenen Entwicklung in Gemeinsamkeiten und Unterschieden zu mir zu freuen, gilt es für mich auch, Werte zu vermitteln. Für mich als Erwachsener ist es heute spannend zu betrachten, wie männlich mein Vater uns erzogen hat. Es war entsetzlich viel Drill und Repression darunter – darauf hätte ich gerne verzichtet. Aber die sportliche Bildung, die Forderung von Kraft, Ausdauer, Disziplin, die Fähigkeit, wie er mich ermutigt hat, innere Widerstände in mir zu brechen, um diesen Triumph zu spüren, über mich selbst hinausgewachsen zu sein – das war Gold für die Seele.

Am anschaulichsten waren die Wettkämpfe mit ihm beim Streckentauchen. Nach dem Sprung vom Beckenrand die Züge durchziehen, die Atemnot überwinden, durchhalten, bis das Nichtschwimmerbecken erreicht wurde, auftauchen, japsen, JA! Weiter gekommen! Das Hochgefühl, der Stolz, mit dem ich die Leiter heraufstieg, beflügelt mich noch heute. Das nächste Mal vor dem Tauchen die Lungen vollgepumpt – und wieder weiter – bis der kleine Bruder, wie auch immer der das geschafft hat, vor mir die ganze Länge von 25 m schaffte. Ich war auch stolz auf ihn!

Männliche Führung hat für mich heute genau diese Ziele: Das körperliche und geistige Wachstum zu fördern, aus der Fülle des Lebens, der Vielfalt der Gesellschaft, in der Weite der abendländischen Kultur[182], in der Fülle der Natur und -Wissenschaft, im langen Lauf der Geschichte, auf der großen, weiten Erde – hier Orientierung und Halt zu geben in einer pluralistischen Zeit, konkrete, männliche Positionen und Haltungen, Standpunkte und Wege des Handelns suchen und bestimmen – das sehe ich als große Aufgabe spezifisch männlicher Führung.

Ich denke, die große Neugier der Kinder zu nutzen, sie zu sättigen mit wachsender Sachkenntnis, immer neue Grenzen aufzuzeigen und hinter diese zu schauen, das gibt ihnen in diesen Bereichen Kräftigung, innere Festigung und geistige Leistungsfreude, auch und gerade im fairen Wettbewerb mit Ausdauer. Ob in Sport oder Geschichte, Geografie und Kultur – es gibt so viel zu entdecken. André Heller hat mal einen feinen Bogen gezeichnet, nur einen Pinselstrich eines Gemäldes, der sich durch die reiche Kultur, Geschichte, Regionen, Ereignisse zieht:

---

[182] Nooteboom, Cees: „Armut unter einem Baldachin aus Gold – … wo führt es hin, wenn wir unsere eigene Kultur nicht mehr verstehen?" Die Zeit vom 25.1.2010

„Atemholen, einsam sein.
Herbst der Gedanken und letzte Zuflucht für mich.
Abendland, Abendland.
Ich achte und verachte dich,
Abendland, Abendland,
nicht meine Müdigkeit, sondern die
Sehnsucht nach Träumen lässt mich Schlaf suchen, die
bestürzende Möglichkeit der Verwandlungen meiner
Figur in andere Figuren und Schauplätze: in den von der
Vogelweide, Cervantes, Appollinaire und James Joyce;
Kinderkreuzzüge, Scheiterhaufen, Guillotinen, Kolonien
der Ehrlosigkeit, in Hurenböcke auf Heiligem Stuhl,
Expeditionen an den Saum des Bewusstseins, Bankrott
der guten Vorsätze, Kongresse der zynischen Lachmeister,
Marc Aurels ‚Astronomie der Besinnung', die Sturmtaufen
Vasco da Gamas, Leonardos Spiegelschrift,
Gaudis Anarchie der Gebäude, in Pablo Ruiz Picasso,
der die Wünsche beim Schwanz packte; den Aufstand
im Warschauer Ghetto, die großen Progrome Armeniens
und Spaniens, Parsifal, Hamlet, Woyzeck, Raskolnikow,
die Blumen des Bösen, de Sade, Hanswurst und
den Mann ohne Eigenschaften, ... [183]

Es hat Jahre gebraucht, wunderschöne Jahre der Entdeckungsreisen durch die Kulturgeschichte, bis all die Namen und Ereignisse einen Raum in meinem Kopf bekamen.
Aber diese Reisen sind letztendlich das, was uns zu kultivierten Menschen macht.

---

183 Heller, André: CD Kritische Gesamtausgabe 1967–1991, aus: „Abendland"

b.) Emotionale Führung

Mit meiner „Schattenarbeit" lerne ich immer wieder, auch die dunklen Seiten meiner Seele zu akzeptieren, sie möglicherweise sogar zu instrumentalisieren. Diese Erweiterung meines Selbstbildes ist eine spannende psychische Forschungsreise, die Kindern nicht vorenthalten bleiben sollte. Die Fähigkeit, sich selbst zu beobachten, sich zu fragen, ob das eigene Verhalten den angestrebten Zweck erfüllt, das können Kinder heute viel früher als wir Eltern es noch gelernt haben. Im Gegenteil: Aus systemischer Sicht leben Kinder aus, was wir Erwachsene als „sogenannte reife Menschen" in uns selbst ablehnen, verdrängt haben oder nicht erkennen wollen. Sie komplettieren das, was vonseiten der Eltern im Leben „fehlt", und leben diese „Fehler". Kinder werden selten anderen Leuten ähnlich, auch in Bezug auf ihre dunklen Seiten – sie sind somit der perfekte Spiegel der von und in uns abgelehnten seelischen Schatten-Anteile.

Gerade dort, wo sie uns extrem herausfordern, ist es unsere Pflicht, um ihres und unseres eigenen Wachstums willen, hinzuschauen!
Als Mann sehe ich es als meine Aufgabe an, Kindern das Vertrauen und den Mut zu geben, auch die „schlechten" Gefühle in sich zu erkennen, anzuerkennen und im Laufe der Jahre zu lernen, sie bewusst (verantwortlich) auszuleben. Weil ich vor kindlichen Gefühlen keine Angst zu haben brauche, kann ich sie tragen und ertragen. Das kann geschehen, indem ich dem Kind zeige, wie es sich von diesen nicht überfluten lassen muss, sondern in diesen Gefühlen sich und seine Grenzen findet. Für Männer wie Kinder ist das echte Medusa-Arbeit – im Kleinen: Medusa war ein weibliches Monster mit Schlangenkopf und von so furchtbarer Gestalt, dass jeder, der sie ansah, zu Stein erstarrte. Theseus konnte die furchtbare Medusa erst töten, indem er ihr einen Spiegel vorhielt. Dieses „Spiegeln" geschieht im Moment der Ansprache: Ich nehme Blickkontakt auf und frage „Du bist wütend?" – ich stelle mich dem kindlichen Gefühl und lasse es ganz genau so stehen. Das ist das Gegenteil von ignorieren, bagatellisieren, dem Abschneiden

der Gefühle, wie es beim Auftreten sogenannter „negativer Gefühle" bei vielen politisch korrekten Eltern gegenüber Kindern üblich ist.

Oder, bei extremen Ausrastern oder kleineren Kindern, liebe ich es, das Kind einfach nachzumachen. Ich verzerre das Gesicht ähnlich wie das Kind, schreie in derselben Tonlage und gestikuliere mit. Die Lautstärke zwingt das Kind zur Aufmerksamkeit, es sieht mich, erkennt sich selbst – und stockt, hält inne. Man sieht förmlich die Gesichtszüge entgleisen, ein staunendes „Was – DAS mache ICH gerade?!" ist im Gesicht ablesbar. Die Reflexion führt kurzzeitig zur Ruhe, aber die Aufregung sinkt, das Kind hat seinen eigenen Schatten, sich selbst im Spiegel gesehen, Medusa ist gebannt.

Wenn das Kind beginnt, sich zu beobachten, dann brauche ich den Anker des tieferen Selbst, des (sanften, liebevolleren) Beobachters meiner Gefühle in mir, um dem Kind zu zeigen, wie die „Innere Beobachtung" funktioniert. So entsteht ein kleiner innerer Abstand – auch schon im Kind, allein durch die Frage:

„Hat das Gefühl (MACHT über) dich – oder hast DU (Macht über) das Gefühl?!" – und beide Antworten sind akzeptabel! Wichtig ist nur, dass das Kind den Unterschied kennenlernt und in der Folge immer wieder übt, sich zu beobachten und zu reflektieren.

 So verlieren diese ihren Schrecken, wenn es erkennt: Ja, ich kann, darf Angst, Wut, Traurigkeit haben – „ich habe Gefühle – nicht sie haben mich!" Und gleichzeitig entsteht und wächst im Kind durch den Prozess der Beobachtung – das Selbst-Bewusstsein (!).

Die Übung, innerlich zur Ruhe zu kommen, können Kinder schon sehr früh beginnen: „Stell dir vor, du könntest fliegen, raus aus deinem Körper. Dann würdest du dich mit deinem Geist dort oben auf den Schrank setzen. Und sehen, wie dein Körper hier unten sitzt. Beobachte dich: Was tut dein Körper? Oh, er zappelt – warum? Und – wie sieht der aus? Wie kann er stillsitzen?"

So entsteht bei Kindern die Fähigkeit zur Selbstbeobachtung, zur Kontemplation.
Und was gibt es Schöneres, als beim eigenen Kind den Willen und die Kraft zur Meditation zu entdecken?

2. Manifest: Männliche Essenz

Was ist ein „Guter Mann" – heute und in Zukunft?

Ein „Guter Mann" ist nicht – er wird. Seine Entwicklung ist idealistisch, daher begleitet von menschlichen Fehlern in Vergangenheit und Zukunft.

Aber als Idealist orientiert er sich an seinen Idealen und Werten, die er in sich selbst gefunden hat und weiterzugeben gewillt ist.

1.) Achtung, Respekt vor der Natur, seinen Eltern, Selbstachtung für seinen bisherigen Lebensweg und Neugier für seine eigene seelische Entwicklung.
2.) Er beachtet die 10 Gebote.
3.) Er achtet die Unterschiedlichkeit der Geschlechter, fördert und nutzt die Unterschiede im gegenseitigen Wohlwollen zur gemeinsamen spirituellen, psychischen und materiellen Entwicklung.
4.) Herkunfts- und gegenwärtige Familie sind das Zentrum seiner Fürsorge.
5.) Er übernimmt Verantwortung, indem er für die Folgen seines Handelns gerade steht – für und gegenüber Frau, Kindern, Mitarbeitern. Mit der Frau führt er seine Familie spirituell und finanziell zukunfts- und verantwortungsbewusst.
6.) Er pflegt Männerfreundschaften mit Herzlichkeit zur gegenseitigen, konstruktiv-kritischen Unterstützung.
7.) Er hat ein positives Verhältnis zur schöpferischen, erkundenden männlichen Aggression und pflegt seine Neugier auf persönlicher, spiritueller, wissenschaftlicher, kultureller, sportlicher und sozialer Ebene.

Zum Schutz seiner Werte, insbesondere von Schwächeren, scheut er keine entschiedene destruktive Aggression.
8.) Körperliche und strukturelle Gewalt lehnt er ab und kann sie ggf. konstruktiv kanalisieren.
9.) Ihm ist bewusst, dass jede Organisation (von der Familie bis zum Staatenbund) zu ihrem Erhalt mehr Einsatz von jedem Mitglied benötigt, als sie jedem Einzelnen zurückgeben kann. Daher gibt er stets mehr, als er für sich selbst verlangt. Jede Ausbeutung lehnt er ab.
10.) Er vertraut auf und liebt das Leben.

Praktisches:
- Er kennt sein Lebensziel, das ihm wichtiger ist als er selbst
- und als jede Frau.
- Er bietet „Struktur", spricht und handelt in Verbindlichkeit, in Raum und Zeit.
- Er ist fokussiert.
- Er lernt zu schweigen, zuzuhören und mitzufühlen.
- Er steht zu seinem Eros und lebt ihn.
- Er steht zu seinen Fehlern in der Vergangenheit und zu seinen Schwächen. Und er achtet darauf, seine Fehler in Zukunft zu vermeiden.

Literaturhinweise, Quellen

(Zitate aus Tageszeitungen sind bei Druckstellung online abrufbar)

Persönlichkeitsentwicklung

- Anthony, Carol K.: „I Ging – Das kosmische Orakel", München 2004
- Behrendt, Joachim Ernst: „Nada Brama – Die Welt ist Klang" (CD bei 2001)
- Borlinghaus, Ralf: FAZ-Blog „Coach me, if you can" v. 11.1.2009
- Fahrun, Joachim: „Sinkender Wohlstand: Wie Menschen mit weniger Geld glücklich
- werden", Welt online v. 4.5.2010
- Fischer, Theo: „Wu wei – Einführung in die Lebenskunst des Tao", Reinbek 2009
- Galliker, Mark und Klein, Margot: „Knigge lesen: Zur Bedeutung des 'Umgangsbuches für die Kommunikation in der bürgerlichen Gesellschaft'", in: Psychologie und Geschichte Jg. 3./4, S. 46 ff
- Golas, Thaddaeus: „Der Erleuchtung ist es egal, wie Du sie erlangst", München 2008
- Gronemeyer, Marianne: „Genug ist genug – Die Kunst des Aufhörens", Darmstadt 2008
- Haubl, Rolf: „Lebenskunst – die Fähigkeit, mit sich allein zu sein" in psychologie heute 03/2009
- Heflik, Roman: „Vergebung für einen Teufel" in Spiegel online vom 8.12.2005
- Jellouschek, Hans: „Wie Partnerschaft gelingt – Spielregeln der Liebe/Beziehungskrisen sind Entwicklungschancen", Freiburg 2009

- Jung, C.G. „Die Beziehung zwischen dem Ich und dem Unbewussten", München 2007
- Kachler, Roland: „Meine Trauer wird Dich finden", Stuttgart 2005
- Krishnamurti, Jiddu: „Einbruch in die Freiheit", München 2004 (27. Auflage)
- Lao-Tse: „Tao te king", Diederichs, München
- Lusseyran, Jacques: „Gegen die Verschmutzung des Ich", Stuttgart 1971
- Lütkenhaus, Ludger: „Nichts", Frankfurt/Main 2003 (bei 2001)
- Lynch, Dudley, Kordis, Paul: „DelphinStrategien – Management in chaotischen Systemen", Fulda 1992
- Remmler, Helmut: „Mit Vierzig fängt das Leben an" aus der Reihe „Mit Märchen leben: Der Königssohn, der sich vor nichts fürchtet", Stuttgart/Zürich 2001
- Schellenbaum, Peter: „Das Nein in der Liebe – Abgrenzung und Hingabe in der erotischen Beziehung", München 2008
- Schulz von Thun, Friedemann: Das Innere Team in: „Miteinander reden 3"
- Suzuki, Shunryû: „Seid wie reine Seide und scharfer Stahl", München 2002
- Thompson, Evan: in „In der Ruhe liegt die Kraft" in fr-online vom 30.7.2009
- Wais, Mathias: „Ich bin, was ich werden könnte – Entwicklungschancen des Lebenslaufs", Stuttgart, Berlin 2001
- Werner, Götz: „Wach geküsst – das eigene Leben unternehmerisch gestalten", Interview in DIE ZEIT Nr. 20 v. 12.5.2010
- Wilhelm, Richard: „Das I Ging – Das Buch der Wandlungen", Unveränderter Nachdruck der Ausgabe Jena 1924, Wiesbaden 2004
- Yalom, Irvin D.: „Die Liebe und ihr Henker", München 1999, S. 53, 54

- Zöller, Ulrike zitiert bei Gühlich, Dorette: „Langeweile – die produktive Kraft" in psychologie heute 2/2009

Erziehung

- Arendt, Hannah: „Die Krise in der Erziehung" in: „Zwischen Vergangenheit und Zukunft" (Vortrag 1958)
- Bergmann, Wolfgang: „Die Kunst der Elternliebe", Weinheim – Basel 2005
- Bergmann, Wolfgang: „Weibliche Pädagogik – Jungs von heute: verweichlicht und verweiblicht" in WELT online vom 23.2.2010
- Betz, Robert: „Vater Deiner Jugend, Tor zu Deiner Freiheit", ders.: „Mutter Deiner Jugend, Tor zu Deiner Freiheit" (CDs)
- Hoffmann, Arne: „Rettet unsere Söhne", München 2009
- Hyams, Helge-Ulrike: „Können Scheidungskinder glücklich werden?" in: GEO Wissen 34/2009
- Marquardt, Elizabeth: „Kind sein zwischen Welten – Was im Inneren von Scheidungskindern vor sich geht", Paderborn 2007
- Nooteboom, Cees: „Armut unter einem Baldachin aus Gold", Die Zeit vom 25.1.2010
- Poelchau, Nina: „Der Tag, an dem Papa auszog" in SZ-Magazin 15/2005
- Reinhart, Melanie: *„Chiron – Heiler und Botschafter des Kosmos"*, Wettswil, 1993
- Rudolph, Jürgen: „Du bist *mein* Kind: Die Cochemer Praxis – Wege zu einem menschlicheren Familienrecht", Berlin 2007
- Sax, Leonard: „Jungs im Abseits – 5 Gründe, warum unsere Söhne immer antriebsloser werden — Die aufrüttelnde Analyse eines Kinderarztes", München 2009
- Spitzer, Manfred: „Vorsicht Bildschirm. Elektronische Medien, Gehirnentwicklung, Gesundheit und Gesellschaft." In: Transfer ins Leben. Band 1., Stuttgart

- Voß, Rupert: „Herzschlag – mein Engagement für Menschlichkeit", München 2009
- Wallerstein, Judith S.: „Scheidungsfolgen – Die Kinder tragen die Last. Langzeitstudie über 25 Jahre", Münster 2002

Männlichkeit

- Bergmann, Wolfgang: „Die Kunst der Elternliebe", Weinheim – Basel 2005, darin: „Der gute Vater"
- Coleman, Daniel: „EQ – Emotionale Intelligenz", München 1997
- Deida, David: „Der Weg des wahren Mannes", Bielefeld 2006
- FOCUS 1/2010 „Stimme macht Erfolg", S. 52 ff
- Grün, Anselm: „Kämpfen und Lieben: Wie Männer zu sich selbst finden",
- Münsterschwarzach 2003
- Haubl, Rolf, Prof. Dr. Dr.: „Lebenskunst – die Fähigkeit, mit sich allein zu sein" in psychologie heute 03/2009
- Hollstein, Walter: „Was vom Manne übrig blieb – Krise und Zukunft des starken Geschlechts", Berlin 2007
- Hollstein, Walter: „Das Weibliche ist heute mehr wert als das Männliche", Interview auf „Väteraufbruch für Kinder" Vafk.de v. 7.1.2010
- Klonovski, Michael: „Der Held. Ein Nachruf" in: eigentümlich frei, Heft 92 Mai 2009, S.18-26
- Leimbach, Bjørn: "Männlichkeit leben", Hamburg 2008
- Möller, Markus-Lukas: „Die Wahrheit beginnt zu Zweit – Das Paar im Gespräch", Reinbek 2007
- Riek, Matthias: „Das Geschenk der Ohnmacht – eine Erweiterung unserer Liebesfähigkeit" in: Connection Nr. 80
- Willemsen, Roger: „Männer" in Süddeutsche Zeitung vom 31.10./1.11.2008 Nr. 254

Gesellschaft

- Ates, Seyran: „Einfache Parolen schüren den Hass", Spiegel online – Politik v. 22.1.2008
- Bielenstein, Daniel: „Die Frau fürs Leben" (Roman), Berlin 2003
- Colapinto, John: „Der Junge, der als Mädchen aufwuchs", München 2002
- Dahlkamp, Silvia: „Im Gefängnis merkt Ihr, dass Ihr der Arsch seid." Spiegel online, panorama vom 12.1.2009
- Deresiewicz, William: „Internet, Ort der Einsamkeit." Interview auf sueddeutsche.de vom 18.2.2010
- Fromm, Erich: „Die Furcht vor der Freiheit", München 1990
- Gaschke, Susanne: „Ihr Verlierer" in DIE ZEIT v.14.6.2006
- Gerhardt, Rudolph; Zerback, Thomas; Kepplinger, Mathias: „Jugendkriminalität – Wir Richter sind auch nur Menschen", FAZ v. 11.1.2008
- Gronemeyer, M.: „Wieviel Arbeit braucht der Mensch?", im Netzwerk Gesellschaftsethik e.V. Im Internet unter: Denk-doch-mal.de
- Hanfeld, Michael: „Maulkorb für Ermittler" in FAZ v. 6.1.2008
- Hüther, Gerald: „TV der Zukunft – Ist da jemand?" Interview in sueddeutsche.de, 27.4.2009
- Jäckel, Karin: „Die heroisierte Alleinerziehende und die verniedlichte Vaterlosigkeit des Kindes" in: Gruner, Paul Hermann, und Kuhla, Eckhard: Befreiungsbewegung für Männer, Gießen 2009 S. 68Ff
- Kant, Immanuel: „Kant Brevier" darin: „Was ist Aufklärung?", Frankfurt/Main 1974
- Kricheldorf, Beate: „Verantwortung – Nein Danke! Weibliche Opferhaltung als Strategie und Taktik", Frankfurt 2006
- Kuhn, Philip,: „Von der Uni in die Armut", Welt online v. 22.1.2010

- Leising, Daniel in: Psychologie heute 07/2003, „Die Allergrößten", S. 30 ff (Narzissmus)
- Lessing, Doris: „Lay off men, Lessing tells feminists", The Guardian, 14.8.2001
- Lütz, Manfred: „Irre! Wir behandeln die Falschen! Unser Problem sind die Normalen", Gütersloh 2009
- Magerl, Sabine in: SZ- Magazin v. 24.3.2006: „37"
- Matussek, Matthias: „Die vaterlose Gesellschaft – Überfällige Anmerkungen zum
- Geschlechterkampf", Reinbek 1999
- Miegel, Meinhard: "Zufrieden trotz sinkenden materiellen Wohlstands", Studie des Ameranger Disput der Ernst Freiberger Stiftung (DenkwerkZukunft)
- Mönch, Regina: „Tottreter" in FAZ v. 25.1.2009
- Rasche, Uta: „Das Dilemma der Männer – Der Wandel der Rollenbilder hat auch die Männer erfasst" in FAZ v. 3.3.2010
- Rifkin, Jeremy: „Langfristig wird die Arbeit verschwinden – Deutschland führt Scheindiskussion" in Stuttgarter Zeitung v. 29.4.2005
- Röhl, Bettina: „Der Sündenfall der Alice Schwarzer? – das schreckliche Schicksal der Zwillingsbrüder Reimer" in Cicero online spezial
- Savvakis, Michail in: www.maskulist.de/Vorwort1.htm
- Seifert, Heribert: „Journalisten – links, aber unparteiisch?" in NZZ v. 30.8.2006
- Schirrmacher, Frank: „Junge Männer auf Feindfahrt", F.A.Z., 15.1.2008, Nr. 12 S. 31
- Schlaffer, Hannelore: „Die Frau als Dummerchen – Erziehung zum Masochismus", NZZ online vom 22.8.2005
- Schneider, Regula: „Sexual-Lockstoffe – Die Pille stört die Partnerwahl", www.Ktipp.ch
- Sieburg, Friedrich: „Die Lust am Untergang", Edition Antaios, Albersroda 2010

- Steinberger, Petra: „Die Probleme von Patchworkfamilien" in Sueddeutsche.de v. 22.12.2009
- Teubner, Markus, Deutsches Jugendinstitut, Projekt: Stieffamilien in Deutschland
- Tigges, Claus: „Das Unglück der Frauen " in FAZ online vom 8.10.2007
- Weiss, Anne und Bonner, Stefan: „Generation Doof", Bergisch Gladbach 2008
- Widmer, Urs: „Vom Leben, vom Tod und auch vom Übrigen dies und das – Frankfurter Poetikvorlesungen", Zürich 2007
- Veiel, Andreas in: brand eins (Fünzig) 07/2004 Schwerpunkt: radikal. „Der Unbeugsame" (über Alfred Herrhausen)
- Zastrow, Hans und Feuchtenberger, Anke: „Gender: Politische Geschlechtsumwandlung", Leipzig 2007

„Seid gewiss, das Geheimnis des Glücks ist die Freiheit. Das Geheimnis der Freiheit ist der Mut."   Perikles

Mut? Mut! „Eier! Wir brauchen Eier!"   Oliver Kahn

Die Geheimnisse des Großen und des Kleinen, des Makro- und des Mikrokosmos finden sich in über 1.500 Büchern, Hörbüchern und DVD-Film-Dokumentationen des Münchner Verlags Komplett-Media.

Kostenlose Kataloge liegen bereit.
(Tel. 089/ 6 49 22 77)

Einen schnellen Überblick gibt auch das Internet:
www.der-wissens-verlag.de